高等院校跨境外贸与物流系列教材

国际物流与运输

International Logistics and Transportation

郑俊田 编著

中国海关出版社

·北京·

图书在版编目（CIP）数据

国际物流与运输 / 郑俊田编著. — 北京：中国海关出版社, 2018.8
ISBN 978-7-5175-0290-6

Ⅰ. ①国… Ⅱ. ①郑… Ⅲ. ①国际物流－货物运输－高等学校－教材 Ⅳ. ①F259.1

中国版本图书馆CIP数据核字（2018）第137957号

国际物流与运输
GUOJI WULIU YU YUNSHU

作　　者：郑俊田
责任编辑：李易飏
助理编辑：刘白雪
出版发行：中国海关出版社
社　　址：北京市朝阳区东四环南路甲1号　邮政编码：100023
网　　址：www.hgcbs.com.cn
编 辑 部：01065194242-7548（电话）　01065194231（传真）
发 行 部：01065194221/4238/4246（电话）　01065194233（传真）
社办书店：01065195616（电话）　01065195127（传真）
www.customskb.com/book（网址）
印　　刷：北京天宇星印刷厂　经　　销：新华书店
开　　本：889mm × 1194mm　1/16
印　　张：20.25　字　　数：397 千字
版　　次：2018年8月第1版
印　　次：2018年8月第1次印刷
书　　号：ISBN 978-7-5175-0290-6
定　　价：48.00元

Preface
前　言

随着经济全球化的发展，越来越多的企业开始推行国际化战略，在全球范围内寻找贸易机会，努力开拓国际市场、建立异国生产基地和寻求最好的异国贸易伙伴，全球化已经成为国内企业追求的远大目标。

随着全球经济一体化趋势的不断增强，各国在国际分工的基础上，形成的合作交往日益密切，相互联系、相互依赖、共同发展，已经是当今世界经济发展的一个主要特征。这一特征使得现代企业必须打破原有的国家及地域局限，在全球范围以内配置资源，开展经营活动，使得企业的产品和服务能够跻身于全球流通市场当中，这便是国际物流蓬勃发展的重要动因。

经济全球化必然要把国际物流作为依托，国际物流是实现经济全球化和产品无国界，以及企业参与国际市场竞争的基础和保障。

国际物流是国内物流的延伸，是国际贸易的一个必然组成部分，各国之间的贸易最终都需要通过国际物流的方式来实现。近年来我国的物流，特别是沿海地区的物流国际化趋势更加明显，国际货物运输、国际货运代理等国际物流业务快速增长，已经成为我国对外开放的保障和经济增长支柱。

国际物流运作的环境远比国内物流更加复杂，它是在不同的国家和地区之间的贸易往来，物流活动的距离更长，单证更加复杂，在产品和服务方面，顾客的需求变化莫测，并且存在文化和法规的差异。国际物流运作的复杂性，使得物流管理的难度加大。为了保障我国全球经济活动的顺利运转，专业化物流管理和实际运作人才的培养势在必行。

本书正是为了适应我国高校物流专业建设中对物流管理与物流工程专业教材的需要，旨在适应我国物流运作国际化、现代化发展之需要，为培养高素质的现代物流管理人才提供指导。

本书以国际物流与运输的运作及管理实务为主要内容来进行阐述，注重实用性，以适应高等本科教育为主的教学要求，可以作为各类大专院校物流管理专业和外贸相关专业本科教学用书，也可以作为各类物流行业管理人员和从业人员培训教材或参考书籍。

本书的内容全面、完整、精练，作为操作性课程教材，主要侧重于国际物流与运输实务的阐述和分析，既可以用作高校相关专业师生的教学用书，也可以作为物流实务专业人才培养和再教育的学习参考用书。

在本教材具体的编写过程当中，夏兰对全书的统稿与定稿，给予了极大的帮助，在此特表感谢。

郑俊田

2018年4月于对外经济贸易大学

Content

目 录

第一章 国际物流概述

第二章 国际货物运输

第四章 全球供应链

第五章 国际物流中的通关实务

第八章　国际物流信息系统与标准化

第九章　国际货物运输保险

第一章

国际物流概述

CHAPTER 1

本章学习目标

1．国际物流的概述
2．物流系统的构成与功能活动
3．国际物流的含义
4．国际物流的特点
5．国际物流与国际贸易的关系
6．国际贸易术语

本章核心内容

物流　供应物流　生产物流　销售流动　回收物流
废弃物流　企业物流　社会物流　综合物流　国际物流
绿色物流　增值服务　工厂交货　工厂交货　船边交货
边境交货　目的港船上交货　国际贸易　目的港码头交货
未完税交货　完税后交货

Section 1

第一节 国际物流概述

一、物流的定义

“物流”是物的流动或实物流通的简称，它是指实现与完成物质实体转移的过程。自从“物流”这一概念被提出以后，全世界许多国家与地区的物流组织，以及企业界、学术界的相关人士，都提出了关于物流的定义。

（一）美国物流管理协会对物流的定义

美国物流管理协会对物流的定义，在全世界的影响最大，也最具有代表性。美国物流管理协会对物流的定义，曾经作出过多次修改。

2002年，美国物流管理协会对物流的定义为：物流是供应链管理过程的一部分，是对货物、服务以及相关信息从起源地到消费地的有效率、有效益的正向与反向流动与储存，进行计划、执行与控制，以满足顾客的需求。

因为有人提出“计划、执行与控制”实际是管理职能，美国物流管理协会于2003年再一次修订了物流的定义，在此次的修订当中，将“物流”改为“物流管理”，将“供应链管理过程”改为“供应链管理”。修改之后的定义：物流管理是供应链管理的一部分，是对货物、服务以及相关信息从起源地到消费地的有效率、有效益的正向与反向流动与储存，进行计划、执行与控制，以满足顾客的要求。

美国物流管理协会自2005年1月1日起更名为“美国供应链管理专业协会”。美国物流管理协会对物流的定义所进行的多次修改，以及对协会的更名，体现出了美国物流界对物流核心价值的认识，也反映出他们对物流认识的深入与物流内涵与外延的变化过程，也足以使得我们能够认识物流与供应链、物流管理与供应链管理的关系，以及供应链管理的重要性。

（二）欧洲对物流的定义

欧洲物流协会于1994年发表的《物流术语》当中，将物流定义为：物流是在一个系统之内，对人员及商品的运输、安排，及与此相关的支持活动的计划、执行与控制，以达到特定的目的。

（三）日本对物流的定义

日本日通综合研究所于1981年在《物流手册》上，对物流作出定义：物流是物质资料从供给者向需求者的物理性转移，是一种创造时间性、场所性价值的经济活动。从物流的范畴来分析，它包括包装、装卸、保管、库存管理、流通加工、运输、配送等多种活动。若不经过这些过程，物就无法移动与流通。

（四）中国对物流的定义

2001年，我国颁布了由当时的国家科学技术委员会、国家技术监督局、中国物资流通协会共同组织编写的《物流术语国家标准》。在《物流术语国家标准》当中，对于物流的定义：物流是物品从供应地向接收地的实体流动过程，根据实际需要，将运输、储存、装卸、搬运、包装、流通加工、配送、回收、信息处理等基本功能，实施有机的结合。

在2006年的《物流术语国家标准》（修订版）当中，我国对物流的定义修改为：物流是为物品及其信息流动提供相关服务的过程。

上述这些对物流的定义虽然各不相同，却有如下几个共同点：物流是物质实体转移的一种活动；物流是满足顾客需要的一个过程；物流是由多项活动要素所共同组成的。

二、物流的分类

对于物流的分类，可以有多种方式方法。

（一）根据物流发生的阶段与过程分类

根据物流发生的阶段与过程，可以将物流分为供应物流、生产物流、销售物流、回收物流与废弃物流。

1. 供应物流

它是指为生产企业提供原材料、零部件或其他物品以及为销售企业提供商品之时，物品在提供者与需求者之间的实体流动。

2. 生产物流

它是指在生产过程当中，原材料、在制品、半成品、产成品等，在企业内部的实体流动。

3. 销售物流

它是指生产企业、流通企业在出售商品之时，物品在供方与需方之间的实体流动。

4. 回收物流

它是指不合格物品的返修、退货，以及伴随货物运输或搬运过程当中的包装容器、装卸工具与其他可再利用的物品等，经过回收、分类、再加工、使用的流动过程。

5. 废弃物流

它是指生产企业制造各种产品之时，所产生的副产品（比如钢渣、煤矸石等）、废弃物，以及各种生活消费品当中的废弃物（比如垃圾）等，在收集、分类、加工、包装、搬运、处理过程当中的实体流动。

（二）根据物流的边界与活动范围分类

根据物流的边界与活动范围，可以将物流分为企业物流、社会物流、综合物流与国际物流。

1. 企业物流

它是指发生在本企业内部的物品实体流动，对于工业企业来说，就是指生产物流。

2. 社会物流

它是指在全社会的范围内，企业外部以及企业相互之间错综复杂的物流活动的总称。

3. 综合物流

它是指物质资料在生产者与消费者之间，以及生产过程的各阶段之间流动的全过程。简而言之，综合物流包括了社会物流与企业物流，它涉及供应部门向生产制造企业供应生产资料的供应物流；商品物质实体从生产者到消费者流动的销售物流；物资在本企业内部各个环节、各个工序之间流动的生产物流、回收以及废弃物流等。

4. 国际物流

它是指世界各国（或地区）之间，因国际贸易活动而产生的商品实体从一个国家（或地区）流转到另一个国家（或地区）的物流活动。随着全世界范围内国际贸易的发展，物流的国际化趋势越来越突出，“物流无国界”的现状，已经被人们公认与熟悉。国际物流要比国内物流更加复杂，它需要国际间的良好协作，同时也需要国内各方面的重视与配合。

三、物流系统的构成与功能活动

从物流系统的角度来分析，物流是一个过程，这个过程是“物”的流动与存储的过程，也包含信息的传递过程。这个过程是由物流系统的若干基本功能相互协调共同完成的，从而实现客户的物流需求。物流系统的基本功能，是任何一个物流系统工程所必须具备的功能，包括如下七项：运输、储存、装卸搬运、包装、流通加工、配送与信息处理。

（一）运输

运输是指物品借助于各种动力，实现其在不同地点之间的空间位置转移的过程。在运输过程当中，不改变产品的实物形态，也不增加其数量，物流部门通过运输解决物资在生产地点与消费地点之间的空间距离问题，创造商品品种的空间效用，来实现其使用价值，并且满足社会的需要。可以见得，运输是物流当中极为重要的一个环节，是物流系统当中的一个核心活动。

物流系统当中的运输功能，需要运输服务的提供方与需求方共同参与来完成。运输的主要目标，包括如下两个。

1. 实现流体的空间位移

空间位移越大，运输费用就会越高。因而在设计运输功能之时，物体是否需要发生空间位移，有多少物体要发生空间位移，或者要发生什么样的空间位移（包括位移的方向、距离、时间、频率等）都是需要优先考虑的问题。这些虽然不是物流系统决策方面的问题，但是它们会向物流系统下运输订单。

2. 降低运输费用

如果说上面的问题是一个确定的问题，那么现在这个降低运输费用的问题，则是运输必须达到的服务目标，那就是如何在满足服务目标第一位的基础上组织运输，能令运输的总成本降至最低。

在设计系统之时，应当根据所担负的业务范围、货运量的大小以及其他各子系统的协调关系，考虑如下这几个问题：运输方式的选择；运输路径的确定；运输工具的配备；运输计划的制订；运输环节的减少；运输时间的缩短；运输质量的提高；运输费用的节约；作业流程的连续性；服务水平的保证。

（二）储存

储存（保管），是物流活动的一项重要内容，通过储存（保管）货物解决生产与消费在时间、数量与方式当中的差异，来创造物品的时间效用。做好储存工作的基本目标包括三个：第一，满足生产与销售对自愿库存的需要；第二，要尽可能地降低库存成本，特别是要降低非自愿库存的成本；第三，降低储存作业的成本，加快储存作业的速度。这三个目标的区别在于，第一个目标在于服务，后面的两个目标都是降低成本，而这三个目标应当同时达到。

按照储存作业的功能，可以分为仓储管理与库存控制这两类。仓储管理，是对在库或者在途商品的数量与品质以及运作进行管理，防止商品数量短少与质量产生变化；此外，还需要提高劳动生产率，以及减少在储存作业过程当中的保管、装卸、包装费用以及商品损耗，来加快商品在仓储过程当中的作业速度。库存控制，是对于库存的数量、时间、地区分布与结构，进行规划与控制的物流管理活动。

仓储，属于物流的一个业务环节，仓库是物流活动的主要场所。在设计储存系统时，应当根据仓库所处的地理位置、周围环境以及物流量的多少、进出库的频度等情况，考虑如下几个方面的问题：仓库建设与合理布局；最大限度地利用仓库容积；货物堆码、存放的科学性；有利于在库物品的保养防护；加强入库验收、出库复核；加快出、入库的速度；降低库存，合理储存，从而防止缺货与积压；进出库方便；仓库安全。

（三）装卸搬运

装卸搬运是物流过程当中，不能缺少的一项作业活动。尤其是在运输与保管的过程当中，基本都离不开装卸搬运（有时是同步进行）。装卸搬运本身虽然不能产生价值，但是它在物流的过程当中，对保护货物的使用价值与提高物流效率、节省物流费用等，有着很大的作用与影响力。在设计装卸搬运系统时，应当根据作业场所、使用机械以及物流量的多少，考虑如下几个方面的问题：装卸搬运机械化程度的确定；装卸搬运机械设备的选择；装卸搬运辅助器具的准备；装卸搬运省力化的措施；制定装卸搬运作业的程序；配合其他子系统进行协同作业；节约费用；操作安全。

（四）包装

在整个物流过程当中，包装也是一个重要的环节。商品在生产、流通的过程当中，因为不同的目的会需要包装，因而表现出下列几种相应的包装形式。

1. 销售包装

销售包装是将生产出来的产品，包装成为具有同一数量标准与规格的单元，以便利于展示与销售，这种包装作业是生产过程的一部分。

2. 物流包装

为了方便在物流的过程当中，进行运输、储存、装卸、堆码、发货、收货、销售等作业，需要将一定数量以销售包装形式而存在的商品，再包装成为一定数量的单元，或者对外包装进行加固、分装、重新包装等操作，这种包装便是物流包装。物流包装是在物流过程的各个阶段完成的。

在设计包装系统时，应当根据不同的商品，采用不同的包装机械、包装技术与方法，并且应当考虑如下这几个方面的问题：包装机械的选择；包装技术的研究；包装方法的改进；包装标准化、系列化；节约包装的材料；降低包装的费用；提高包装的质量；方便顾客的使用。

（五）流通加工

流通加工，指的是在流通领域物流过程中的加工，是为了销售或者运输，以及提高物流效率而进行的加工，实际上它是生产过程在流通过程当中的延续。通过加工，商品能够更加适应消费者的需求，比如大包装改为小包装，大件物品改为小件物品等。同时，在生产的过程当中，也包括一些外延加工，比如钢材、木材的剪切，为商品贴识别码、拴挂标签等。流通加工系统的设计，应当根据加工物品、销售对象与运输作业的要求，考虑如下这几个方面的问题：加工场所的选定；加工机械的配置；加工技术、方法的研究；制定加工作业的流程；加工物料的节约；降低加工的费用；提高加工的质量；加工产品适销情况的反馈。

（六）配送

配送，是物流活动当中会接触到千家万户的一项作业。它与运输的区别在于，运输一般指距离远、大批量、品类比较复杂的货物输送。配送当中的送货，在运输当中属于二次运输、终端运输。在进行配送系统设计之时，应当根据其配送区域、服务对象与物流量的大小，考虑如下几个方面的问题：配送中心地址的选择；配送中心作业区的合理布置（包括到货验收区、货物保管区、加工包装区、分货拣选区、备货配送区）；配送车辆的配置；装卸搬运机械的选用；配送路线的规划；配送业务的合理化；制定配送作业的流程；配送的及时性；提高服务的水平。

（七）信息处理

物流信息系统，既是物流系统当中的一个独立子系统，又是为物流总系统服务的辅助系统，它的功能贯穿于物流各子系统业务的活动当中。物流信息系统，支持着物流各项业务活动，它通过信息的传递，将运输、储存、包装、装卸搬运、配送、流通加工等业务活动联系起来，使之相互协调一致，从而提高物流整体的作业效率，以取得良好的经济效益。

物流系统与生产、销售系统之间有着紧密的联系，这种联系主要是依靠信息流来完成的，因而，可以将物流信息处理分为如下两个部分：

第一，物流作为一个系统，与其他任何一个系统一样，所需要的一般信息处理，有人称之为事务处理，比如人、财、物信息的处理，决策支持方面的信息处理等。

第二，有关物流特殊性方面的信息处理，主要是针对物流系统相对于商品流系统、生产系统等来说所具有的特殊业务进行的信息处理它又包括两个部分：一是物流系统内部的物流业务信息处理，包括从各种物流业务当中衍生出来的信息处理，比如按物流系统的功能要素——运输、储存、包装等划分的业务信息系统等；二是物流系统与外部系统的物流信息处理。生产系统、销售系统、客户服务系统当中与物流相关的信息处理越来越重要，比如生产系统需要跟踪在物流过程当中的原材料、半成品或者产成品的库存、运输、配送等状况；销售系统需要实时跟踪处在物流环节的商品库存、运输、配送的状况等；用户需要查询处于物流系统的配送或者退货信息，这是物流系统与其他外部系统进行有机集成的重要保证，实则也是物流系统通过信息流与其环境进行联系的表现形式。

在设计物流信息系统之时，应当考虑如下三个方面的问题：系统的内容、系统的作用与系统的特点。为了组织好物流，必须采用一系列的基础设施、技术装备、操作工艺与管理技术，并且不断进行改造更新。物流大系统的环境，将会影响到物流信息系统的内容、作用与特点。

Section 2

第二节　国际物流的发展与特点

一、国际物流的含义

国际物流是相对于国内物流来说的，是不同国家（地区）之间的物流，是跨国界的、流通范围扩大了的物品的实体流动，它是国内物流的延伸与进一步扩展。国际物流是国际贸易的一个必然组成部分，各国之间的贸易往来，最终都要通过国际物流来实现。

由于国际分工的日益细化与专业化，任何国家都不可能包揽一切的专业分工，因而必须进行国际间的合作与交流。随之而来的国际间的商品、物资的流动，便形成了国际物流。只有国际物流的工作做好了，才能将国外客户需要的商品，适时、适地、按质、按量、低成本地送达，从而提高本国商品在国际市场当中的竞争力，扩大对外贸易。同时，将本国需要的设备、物资等商品，及时、高效、便宜地进口到国内，满足国内人民的生活、生产建设、科学技术与国民经济发展的需要。

广义的国际物流，包括国际贸易物流与非国际贸易物流。其中，国际贸易物流是指组织国际贸易货物（进出口货物）在国际之间的合理流动，是根据国际贸易的需要，发生在不同国家（地区）之间的物流。具体来说，就是当商品的生产与消费，分别在两个或两个以上的国家（地区）独立进行之时，为了克服生产与消费之间的空间距离和时间间隔，对商品进行时间和空间转移的活动。即卖方交付货物和单证，收取货款，买方支付货款、接受单证与收取货物的过程。非贸易货物的国际物流，是指各种展览品、行李物品、办公用品、援外物资等非贸易货物在国际之间的流动。由于在国际物流当中，是以国际贸易物流为主的，所以这里所讲的国际物流，主要指国际贸易物流。

二、国际物流的发展过程

国际物流活动会随着国际贸易与跨国经营的发展而发展。国际物流活动的发展，经历了如下这几个阶段。

（一）第一个阶段

第一个阶段是20世纪50年代至80年代初，这一阶段的物流设施和物流技术得到了极大的发展，建立了配送中心，广泛地运用电子计算机进行管理，出现了立体无人仓库，一些国家建立了本国的物流标准化体系。物流由PD（Physical Distribution）阶段发展到了Logistics阶段。物流系统的改善，促进了国际贸易的发展，物流活动已经超出了一国的范围，但是物流国际化的趋势，还没有得到人们的重视。

（二）第二个阶段

第二个阶段是20世纪80年代初至90年代初，随着经济技术的发展和国际经济往来的日益扩大，物流国际化的趋势开始成为世界性的共同问题。美国密歇根州立大学教授唐纳德·J·鲍尔索克斯认为，进入80年代后，美国经济已经失去了兴旺发展的势头，陷入了长期倒退的危机之中。因此，必须强调改善国际性物流管理，降低产品的成本，并且要改善服务、扩大销售，在激烈的国际竞争当中获得胜利。

与此同时，日本正处于成熟的经济发展期，以贸易立国，努力要实现与其对外贸易相适应的物流国际化，并且采取了建立物流信息网络、加强物流全面质量管理等一系列措施，提高了物流国际化的效率。这一阶段物流国际化的趋势，仅局限在美国、日本与欧洲一些发达国家和地区当中。

（三）第三个阶段

第三个阶段是20世纪90年代初至今，这一阶段国际物流的概念与重要性，已经为各国政府和外贸部门普遍地接受。贸易伙伴遍布全球，必然要求物流国际化，即物流设施国际化、物流技术国际化、物流服务国际化、货物运输国际化、包装国际化与流通加工国际化等。

世界各国广泛地开展国际物流方面的理论与实践的探索和研究。此时，人们已经形成了共识：只有广泛地开展国际物流合作，才能够促进世界经济的繁荣，实现物流无国界的良好局面。

三、国际物流的特点

国际物流是指按照国际分工协作的原则，依照国际惯例，利用国际化的物流网络、物流设施与物流技术，实现物品在国际之间的流动与交换，以促进区域经济的发展与世界资源的优化配置。国际物流是国际贸易与跨国经营服务，它以最佳的方式与路径，以最低的费用与最小的风险，保质、保量、适时地将物品从一国的供应方转给另一国的需求方。

相对于国内物流，国际物流具有如下各项特点。

（一）国际物流的系统范围广泛，政策性强

物流本身的功能、要素系统与外界的沟通已经很复杂，国际物流又在这复杂的系统当中增加了不同国家（地区）的要素，这不仅使得地域和空间变得广阔，而且所涉及的国内外因素更多，所需要的时间更长，带来的直接后果是难度与复杂性有所增加，风险也有所增大。正因为如此，国际物流一旦融入了现代化系统技术，其效果就会十分显著。

国际物流作为国际贸易的一个组成部分，在物流过程当中，需要经常同国外发生直接或间接的联系，这种联系不仅是经济上、业务上的联系，而且也会涉及国际之间的政治问题。所以，国际物流既是一项经济工作，也是一项政策性很强的涉外活动。

（二）物流环境存在差异，其“游戏规则”具有国际性

国际物流的一个突出特点，是各国物流环境的差异性，尤其是物流软环境的差异。不同国家物流的不同，以及适用法律的不同，使得国际物流的复杂性远远高于一国范围以内的物流；不同国家的不同经济和科技发展水平，会造成国际物流处于不同科技条件的支撑之下，甚至有些地区根本无法应用某些技术，而迫使国际物流全系统的水平下降；不同国家的不同标准，也造成了国际间的物流“接轨”困难，使得国际物流系统难以建立；不同国家的不同风俗人文，也使得国际物流受到了很大的局限。

由于物流环境的差异，国际物流过程需要在多个不同法律、人文、习俗、语言、科技、设施的环境之下运行，这无疑会大大增加国际物流的难度与系统的复杂性。

在国际物流活动当中，由于其复杂性、差异性，要求国际物流活动的参与者不能强迫其他参与者都遵守本国的相关规定。因此，在国际物流的发展过程当中，也逐渐形成了一些各国普遍遵守的国际通则。例如，我国国内水路运输对承运人实行严格责任制，而在国际海运当中，对承运人实行不完全的过失责任制。由此可见，国际物流中的“游戏规则”具有国际性。

（三）运输距离长，中间环节多，时间性强，风险较大

国际物流是不同国家之间的物流，所以，国际物流的运输距离比国内运输距离更长。

由于运输的距离长，在运输过程当中往往需要使用多种运输工具和变换不同的运输方式，造成装卸搬运和换装的中间环节多。

当前在国际市场当中，出口商品的竞争十分激烈，不仅要求商品本身的质量好，而且要求上市的速度快，以提高出口商品的竞争能力，并且巩固与扩大销售市场。所以，国际物流的时间性很强。

国际物流的运输距离长，中间环节多，涉及面广，情况复杂多变，其风险也比国内物流要大得多。国际物流可能会遇到的风险，包括政治风险、经济风险、自然风险和意外事故等。例如，在国际物流运输当中，由于运输距离长、时间增加、中途转运、装卸频繁等原因，物品遭受灭失、损坏的风险增大；由于汇率的变化、企业资信问题等原因，国际物流运作当中会面临更多的信用及金融风险等。

（四）对技术与标准化的要求更高

在国际物流当中，生产企业或货主会在很大的程度上，依靠第三方物流经营者提供的物流服务与情报、信息以及相关单证，而这些信息交流的工作必须要有国际化的信息系统作为支持。国际化信息系统，是国际物流非常重要的一个技术手段。此外，在国际物流当中，海上运输、航空运输以及国际多式联合运输等，都是国际物流采用的主要运输方式。国际物流的运输线路长，对于运输途中物品保管、存放条件的要求高，运输环境较为复杂，因此，必然要使用专业化与大型的运输工具和运输设备，来提高运输的效率，节约物流成本。

要使得国际间的物流畅通起来，统一标准是非常重要的。如果没有统一的标准，国际物流水平将难以提高。目前，美国、欧洲基本实现了物流工具、设施标准的统一，比如统一托盘规格，统一集装箱规格，使用统一的条码技术等，这大大降低了运转的难度，提高了运输的效率，节约了物流的费用。而那些尚未实现物流标准化、采用统一标准的国家，在国际物流的货物转运、换装等诸多方面，会耗费更多的时间与费用，这必将会影响其物流的国际竞争能力。

四、国际物流的最新发展趋势

随着经济全球化的发展，科学技术尤其是现代信息技术、通信技术的提高，以及跨国公司的出现所导致的本土化生产、全球采购与全球消费趋势的凸显，当前国际物流的发展呈现出一系列新的趋势。

（一）第三方物流快速发展并且在国际物流当中逐渐占据主导地位

第三方物流（Third Party Logistics）是指在物流渠道当中，由中间商提供专项或全面的物流系统设计，以及系统运营的物流服务模式。因此，第三方物流服务的提供者，就是一个为外部客户管理、控制和提供物流服务的公司，他们并不参与客户企业的经营业务，仅是第三方，但是作为供应链的合作伙伴、战略联盟，通过提供一整套的物流服务，来提高供应链的竞争优势。

国际物流当中的大多数第三方物流公司，是以传统的“类物流”业为起点而发展起来的，比如仓储业、运输业、空运、海运、货运代理与企业内部的物流部门等，在国际物流不断发展的环境之下，他们根据客户的不同需要，在传统业务服务的基础上，通过增加服务内容，提高服务质量，为客户提供各具特色的物流服务，来扩展物流服务的业务链，进而向第三方物流服务提供商转化。

目前，全球的第三方物流市场具有潜力大、渐进性与增长率高的特征，这种状况使得第三方物流企业拥有大量的服务客户，并且使得第三方物流在国际物流服务当中，占据着主导地位。

（二）绿色物流成为国际物流追求的目标

物流虽然促进了经济的发展，但是物流的发展同时也会为自然环境带来许多不利的影响，比如运输工具的噪声、污染排放、交通阻塞，以及对生产和生活中的废弃物的不当处理所造成的环境污染等。为此，21世纪对物流提出了新的要求，即实现绿色物流。绿色物流的实现，要求做好这两方面的工作：一是在物流系统与物流活动的规划与决策当中，尽量采用对环境污染小的方案，比如使用新能源汽车，采用排污量小的货车车型，近距离配送，夜间运货以减少交通堵塞、节省燃料与减少排放等；二是建立工业与生活废料处理的物流系统。

（三）物流产业由单一业种向多元化业态发展

在经济发达的国家，随着电子商务、网络技术以及物流全球化的迅速发展，广义的区域物流与企业物流，通过上、下游的延伸与拓展，呈现出了相互融合的趋势。这一趋势促使物流企业模式即物流产业经营类型与业态，向着多样化与细分化的方向发展。根据对全球前20位专业物流公司经营模式的分析，我们可以将国外物流产业经营类型与业态粗略地归结为如下三类：

1. 由交通运输、邮电业发展起来的物流企业；

2. 由零售业、批发商发展起来的物流企业；

3. 由大型制造企业物流部门发展起来的物流企业。

（四）增值服务不断增加

现在的物流服务，已经远远超出了传统意义上的货物运送、仓储或者寄存等基本的物流服务的内容。对于现代物流企业来说，传统的业务形式已经无法满足客户的需求和适应企业竞争的需要。所以，一方面要增加新的业务内容，扩大业务范围；另一方面也要不断地推陈出新，为客户提供增值性服务，以提高自身的竞争能力。

物流增值服务（VAS，Value Added Services）起源于竞争激烈的信件与包裹快递业务，现在则在整个物流行业当中全面地展开，无论是在海运、空运还是陆运，事实上几乎所有和物流有关的公司，都在想方设法地提供增值服务。全球性的大运输公司与快递公司，选择为顾客提供一站式的服务，他们的服务涵盖了每件产品从采购到制造、仓储入库、外包装、配给、发送与管理返修以及再循环的全过程。

比如，传统的物流企业——船运公司，现在不仅仅负责运输货物，还提供诸如打制商业发票、为货物投买保险与管理运输全程的服务，即提供完整的供应链物流管理服务，使得客户可以在第一时间追踪到自己的货物方位、准确进程与实际费用。

在给客户提供更多更具灵活性与高效增值服务的理念下，物流企业不但扩大了业务的范围，而且比原来仅仅提供货物运输和储存等基本服务挖掘到了更多的利润源。在国际物流业竞争日趋激烈的情况之下，为客户提供新颖独特的增值服务，已经是提高企业竞争力的一个重要手段。

Section 3

第三节　国际物流与国际贸易

一、国际物流的意义

随着经济全球化的发展，越来越多的企业开始推行国际化战略，在全球范围内寻找贸易机会，努力开拓国际市场，建立生产基地、寻求最好的贸易伙伴，全球化已经成为国内企业追求的目标。国际物流是经济全球化的依托，是实现经济全球化和产品无国界，以及企业参与国际市场竞争的基础和保障。

此外，随着跨国公司经营的发展，据有关统计，目前跨国公司控制了全球生产总值的40%左右、国际贸易的50%以上与国际投资的90%。跨国公司正在由各国子公司独立经营的阶段，向着围绕公司总战略协同经营一体化的方向发展，从而使得物流对于国际经济和贸易产生的影响和意义变得更大，这种影响表现在如下各方面当中。

1. 经济全球化必然要求国际物流作为强大的物质技术基础，物流技术与物流产业的发展，为在世界范围内实现产品无国界提供了可能性；

2. 面对世界级的竞争对手，物流服务与物流成本变得更为关键，企业必须寻求新的方法来创造自己的竞争优势；

3. 企业在全球范围内的采购与销售，使其与贸易伙伴之间的供应链变得更长、更为复杂，成本也更高，因此，必须依靠出色的物流管理，来充分利用全球的贸易机会。

二、国际物流与国际贸易的关系

国际贸易（International Trade）是指世界各国（地区）之间的商品以及服务和技术的交换活动，包括进口与出口两个方面。从一个国家的角度来看，这种交换活动称为该国的对外贸易（Foreign Trade）；从国际的范围来看，世界各国对外贸易的总和，构成了国际贸易，又称为世界贸易（World Trade）。国际物流是随着国际贸易的发展而产生与发展起来的，并且已成为影响与制约国际贸易进一步发展的重要因素。国际物流与国际贸易之间存在着非常紧密的关系。

（一）国际物流是实现国际贸易的必要条件

国际贸易是国际之间的商品流通与商品交换，进出口商品在空间上的流通范围更为广泛，地域也更大。其中，国际物流更是不可缺少的重要环节。在一笔具体的进出口交易之中，买卖双方签订合同后，只有通过物流过程，按照约定的时间、地点和条件，将商品交给对方，贸易的全过程才算完成。如果没有国际物流，国际贸易将无法开展和进行。

尤其是在当前的国际贸易当中，由于国际市场的竞争十分激烈，交易双方对交货的时间、运送速度和运输费用等更为重视，快速、及时、安全、优质的物流活动，不仅能够保证供应，能按时交货，还有利于抢占市场，扩大商品的销路。反之，如果装运不及时，运输迟缓，到货的速度慢，就会影响贸易的开展与进行，甚至还会减少销路，失去市场，造成经济方面的损失与信誉上的不良影响。

（二）国际贸易能促进物流的国际化

第二次世界大战后，出于恢复重建工作的需要，各国积极研究与应用新技术、新方法，来促进生产力的迅速发展，世界经济呈现出了繁荣兴旺的景象，国际贸易的发展极为迅速。同时，由于一些国家和地区资本积累达到了一定程度，本国或本地的市场已经不能满足其进一步发展经济的需要，加之交通运输、信息技术及经营管理水平的提高，出现了为数众多的跨国公司。

跨国经营与国际贸易的发展，促进了实物与信息在世界范围内的大量流动和广泛交换，物流国际化成为国际贸易和世界经济发展的一种必然趋势。

（三）国际贸易的发展对物流提出了新的要求

随着世界经济的快速发展与全球生产力布局的改变，国际贸易表现出了一些新的趋势和特点，从而对国际物流提出了更新、更高的要求。

1. 质量要求

国际贸易的结构正在发生着巨大的变化，传统的初级产品、原材料等贸易品种，在逐步让位于高附加值、精密加工的产品。高附加值、高精密度商品流量的增加，对于物流工作的质量提出了更高的要求。同时，由于国际贸易需求的多样化，造成了物流的多品种、小批量化，从而要求国际物流向着优质服务和多样化的方向发展。

2. 效率要求

国际贸易活动的集中表现，是合约的订立与履行。而国际贸易合约的履行，是由国际物流活动来完成的，因而会要求物流高效率地履行合约。从输入方面的国际物流来看，提高物流效率最重要的是如何高效率地组织所需商品的进口、储备与供应。也就是说，从订货、交货，直至运入国内保管、组织供应的整个过程，都应当加强物流管理。根据国际贸易商品的不同，采用与之相适应的现代化运输工具与机械设备等，都对提高物流效率起到重要的作用。

3. 安全要求

由于国际分工与社会生产专业化的发展，大多数商品开始在世界范围内分配和生产。国际物流所涉及的国家多、地域辽阔、在途时间长，会受到气候、地理条件等自然因素和政局动荡、罢工、战争等社会政治因素的影响，因此，在组织国际物流之时，对运输方式和运输路径的选择，要密切地注意所经地域的气候条件、地理条件，还应当注意沿途所经国家和地区的政治局势、经济状况等，以防止这些不可抗拒的自然力和人为因素，造成货物的灭失。

4. 经济要求

国际贸易的特点，决定了国际物流的环节多、备运期长。在国际物流领域当中，控制物流费用、降低成本，具有很大的潜力。对于国际物流企业来说，选择最佳的物流方案，提高物流的经济性，降低物流的成本，保证服务的水平，都是提高竞争力的有效途径。

总之，国际物流必须要适应国际贸易结构和商品流通形式的变革，向着国际物流合理化的方向发展。

三、国际贸易术语

（一）国际贸易术语的含义与作用

在国际货物买卖、运输、交接的过程当中，需要办理进出口清关手续、安排运输与保险、支付各项税款与费用。货物在装卸、运输的过程当中，还可能会遭到自然灾害、意外事故和其他各种外来损害。

有关上述事项，由谁来承办，费用由谁承担，风险如何划分，买卖双方在进行交易磋商、签订合同之时，必须要予以明确。为了简化手续与交易过程，以便双方当事人的成交，买卖双方一般是采用某种专门的用语，来表明各自的权利与义务。这种用来表示交易双方所承担的责任、费用与风险的专门术语，称为贸易术语（Trade Terms），又称为价格术语。

贸易术语是国际贸易发展到一定历史阶段的产物，它的出现也推动了国际贸易的发展。因为它的出现与广泛应用，对于简化交易手续、缩短洽商时间与节约费用支出各方面，都发挥了重要的作用。

许多国际组织，都制定各自的规则用来解释贸易术语，这些规则在国际贸易当中都具有不同程度的影响。但是，其中最有影响力的要属国际商会制定的《国际贸易术语解释通则》。该通则是由国际商会于1936年在法国巴黎制定的，当时定名为*INCOTERMS 1936*，其副标题为*International Rules for the Interpretation of Trade Terms*，即《1936年国际贸易术语解释通则》。

后来，为了使其内容进一步符合国际贸易业务当中的一般做法，国际商会先后于1953年、1967年、1976年、1980年、1990年与2000年，对其进行了六次修改与补充。《国际贸易术语解释通则》将每种贸易术语项下卖方与买方各自应当承担的责任义务，排列成为相互对应的10项内容，如表1-1所列。

表1-1　《2000年国际贸易术语解释通则》中规定的买卖双方义务

卖方义务	买方义务
A1. 提供符合合同规定的货物	B1. 支付货款
A2. 许可证、批准文件以及海关手续	B2. 许可证、批准文件以及海关手续
A3. 运输合同和保险合同	B3. 运输合同与保险合同
A4. 交货	B4. 受领货物
A5. 风险转移	B5. 风险转移
A6. 费用划分	B6. 费用划分
A7. 通知买方	B7. 通知卖方
A8. 交货凭证、运输单证或相等的电子单证	B8. 交货凭证、运输单证或相等的电子单证
A9. 核查、包装及标记	B9. 货物检验
A10. 其他义务	B10. 其他义务

《2000年国际贸易术语解释通则》（以下简称为《通则》）根据卖方承担义务的不同，将13种贸易术语按照不同的类别，分为E、F、C、D四个组，如表1-2所列。

表1-2　《2000年国际贸易术语解释通则》中术语的分类

E组　启运	EXW（Ex Works）	工厂交货
F组　主运费未付	FCA（Free Carrier） FAS（Free Alongside Ship） FOB（Free On Board）	货交承运人 装运港船边交货 装运港船上交货
C组　主运费已付	CFR（Cost and Freight） CIF（Cost, Insurance and Freight） CPT（Carriage Paid To） CIP（Carriage and Insurance Paid To）	成本加运费 成本、保险费加运费 运费付至 运费和保险费付至
D组　到达	DAF（Delivered At Frontier） DES（Delivered Ex Ship） DEQ（Delivered Ex Quay） DDU（Delivered Duty Unpaid） DDP（Delivered Duty Paid）	边境交货 目的港船上交货 目的港码头交货 未完税交货 完税后交货

在表1-2中，E组只有一个术语，即EXW，是指在商品产地交货。F组包括FCA、FAS与FOB这三种术语。在采用装运地或装运港交货条件成交，而主要运费未付的情况之下，即要求卖方将货物运至买方指定的承运人之时，应当采用此术语。

C组包括CFR、CIF、CFT与CIP这四种术语。按照这些术语成交的，卖方必须要订立运输合同，但是货物从装运地启运之后，所发生的货物损坏或灭失，以及由此产生的额外费用，卖方不承担责任。

D组包括DAF、DES、DEQ、DDU、DDP这五种术语。按照这些术语成交的，卖方必须承担将货物运往目的地国家交货地点的一切费用、风险与责任。

《2010年国际贸易术语解释通则》（*The Incoterms Rules or International Commercial Terms 2010*）简称《2010通则》（“*Incoterms 2010*”），是国际商会根据国际货物贸易的发展对《2000年国际贸易术语解释通则》做的修订版本，于2010年9月27日公布，2011年1月1日开始在全球范围内实施，《2010通则》较《2000通则》更准确标明各方承担货物运输风险和费用的责任条款，令船舶管理公司更易理解货物买卖双方支付各种收费时的角色，有助于避免现时经常出现的码头处理费（THC）的纠纷。此外，新通则亦增加大量指导性贸易解释和图示，以及电子交易程序的适用方式。

虽然《2010通则》于2011年1月1日正式生效，但并非《2000通则》就自动作废。因为国际贸易惯例本身不是法律，对国际贸易当事人不产生必然的强制约束力。国际贸易惯例在适用的时间效力上并不存在“新法取代旧法”的说法，即《2010通则》实施之后并非《2000通则》就自动废止，当事人在订立贸易合同时仍然可以选择适用《2000通则》甚至《1990通则》。

相对《2000通则》，《2010通则》主要有以下变化。

1. 13种贸易术语变为11种；
2. 贸易术语分类由四级变为两类；
3. 使用范围的扩大至国内贸易合同；
4. 电子通讯方式被《2010通则》赋予完全等同的功效。

（二）主要的贸易术语

1. FOB船上交货（Free On Board）。按照*INCOTERMS 2000*的解释，采用FOB术语成交之时，卖方所承担的基本义务，是在合同规定的装运港与规定的期限内，将货物装上买方指定的船只，并且及时通知买方。货物在装船时越过船舷后，风险即由卖方转移至买方。

卖方要自负风险和费用领取出口许可证或其他官方证件，并且负责办理出口手续。要自费提供证明他已经按照规定完成交货义务的证件。在买方要求并且由买方承担风险和费用的情况下，卖方要给予一切协助，以取得提单或其他运输单据。买方要负责租船订舱、支付运费，并且将船期、船名及时通知卖方。

货物在装运港装船之时越过船舷后的其他责任、费用，也都由买方负担，包括获取进口许可证或其他官方证件，以及办理货物入境的手续和费用。如果买方指定了船只，而未能及时地将船名、装货泊位以及装船日期通知卖方，或者买方指派的船只未能承载货物，或者在规定的期限终了之前停止装货，买方要承担由此产生的一切风险与损失，但前提是货物已经被清楚地分存或被指定为供应本合同之用。

当买卖双方不愿意把货物越过船舷作为卖方完成交货义务的依据之时，比如集装箱运输情况下，船舷并无实际意义，应当使用“货交承运人（FCA）”术语。

2. CFR成本加运费（Cost and Freight）。按照《通则》的解释，采用这一术语之时，卖方承担的基本义务是在合同规定的装运港与规定的期限内，将货物装上船，并且及时通知买方。货物在装船越过船舷时，风险即从卖方转移至买方。

CFR条件下卖方的责任与买方的责任，与FOB条件下卖方和买方的责任是类似的，不同之处在于，在CFR条件之下，与船方订立运输契约的责任，由卖方来承担。卖方要负责租船订舱、支付到指定目的港的运费。但是从装运港至目的地的货运保险，仍然由买方负责办理，保险费也由买方负担。因此，卖方在货物装船之后，必须要及时向买方发出装船通知，以便买方办理投保手续。

当买卖双方不把货物越过船舷作为卖方完成交货义务的依据之时，应当使用“运费付至（CPT）”术语。

3. CIF成本、保险费加运费（Cost，Insurance and Freight）。在采用这一贸易术语之时，卖方的基本义务，是负责按通常的条件租船订舱，支付到目的港的运费，并且在规定的装运港和装运期内将货物装上船，装船后要及时地通知买方。

此外，卖方还要负责办理从装运港到目的港的海运货物保险，支付保险费。在实际业务当中，有人称CIF为“到岸价”，但是，按照CIF条件成交之时，卖方在装运港完成交货任务，而并不保证将货物运送到岸。卖方承担的风险，也只限于货物越过船舷之前的风险。货物越过船舷之后的风险，一概由买方承担。

在货物装上船之后，自装运港到目的港的通常运费、保险费以外的费用，也要由买方承担。除此之外，买方还要自负风险与费用，取得进口许可证或其他官方证件，办理进口手续，并且按合同的规定支付货款。

CIF条件与CFR条件下，卖方与买方的责任是相似的，不同的是在CIF条件之下，卖方还必须办理货物在运输途当中灭失或损坏风险的海运保险，因此，要由卖方订立保险合同并且支付保险费。

需要指出的是，从交货的方式上来看，CIF是一种典型的象征性交货（Symbolic Delivery）。卖方要凭单交货，买方要凭单付款。只要卖方如期向买方提交了合同规定的全套合格单据（名称、内容与份数相符的单据），即使货物在中途发生损坏或灭失，买方也必须履行付款的义务。反之，如果卖方提交的单据不符合要求，即使货物完好无损地运达目的地，买方仍然有权拒付货款。

4. FCA货交承运人（Free Carrier）。根据《通则》的解释，卖方只要将货物在指定的地点，交给买方指定的承运人，并且办理了出口清关手续，即完成交货。若买方指定承运人以外的人领取货物，则当卖方将货物交给此人之时，即视为已经履行了交货义务。

需要说明的是，交货地点的选择对于在该地点装货与卸货的义务会产生影响。若是卖方在其所在地交货，则卖方应当负责装货。若卖方在任何其他的地点交货，卖方则不负责装货。该术语可以用于各种运输方式，包括多式联运。

相对于*INCOTERMS 1990*，FCA术语的变化最大。新术语的规定相对简单，没有了运输方式的区别和集装箱货与非集装箱货的区别，但是规定了是否在卖方所在地交货的区别。如果指定地点是卖方的场所，当货物装上买方或买方代理人指定的承运人提供的运输工具之时，即完成交货；如果指定地点在卖方的场所之外，当货物交由买方指定的或卖方选择的承运人或另一人支配、没有卸离卖方的运输工具时，交货即完成。

5. CPT运费付至（Carriage Paid to）。根据《通则》的解释，采用CPT术语成交的，卖方要自付费用订立将货物运至目的地指定地点的运输合同，并且负责按照合同规定的时间，将货物置于承运人（在多式联运情况下，交给第一承运人）处置之下，至此完成交货任务。

卖方在交货之后，要及时通知买方。买方自货物交付承运人处置之时起，即要承担货物灭失或损坏的一切风险。买方还要在双方所约定的目的地指定地点，受领货物、支付货款，并且负担除了运费以外的货物自交货地点直到运达指定目的地为止的各项费用，以及卸货费与进口税款。

由于CPT适用于各种运输方式，包括多式联运，因此，卖方无论是在出口国内地还是在港口交货，都要负责货物出口报关的手续与费用。卖方提交的单据，也要包括出口报关所需的出口许可证以及其他的官方证件。除此之外，卖方还需要提供商业发票或相等的电子单证，以及通常的运输单据。

6. CIP运费保险费付至（Carriage and Insurance Paid to）。按照CIP的条件成交，卖方要负责订立运输合同并且支付将货物运达指定目的地的运费，还要办理货物运输保险，且支付保险费。卖方要在合同规定的装运期内，将货物置于承运人或第一承运人的处置之下，即完成交货义务。

交货后要及时通知买方，风险也于交货之后转移给买方。买方在合同规定的地点受领货物，支付货款，并且负担除了运费、保险费以外的货物自交货地点直到运达指定目的地为止的各项费用，以及装卸费与进口税捐。

在CIP条件之下，卖方的交货地点、风险划分界限都与CPT相同，差别在于采用CIP之时，卖方增加了保险的责任与费用。所以，在卖方所提交的单据当中，也比CPT条件下相应增加了保险单据。对于其他单据的要求，都与CPT相同。该术语适用于各种运输方式，包括多式联运。

（三）其他的贸易术语

1. EXW工厂交货（Ex Works）。这一贸易术语是指当卖方在其所在地或其他指定的地点（比如工场、工厂或仓库），将货物交给买方处置之时，即是完成交货。

卖方的基本任务，是在合同规定的时间、地点，将符合合同要求的货物，置于买方的处置之下，就等于完成了交货义务，卖方承担的风险也随着交货义务的完成，而转移给买方。买方则要负责将货物从交货地点运至最终目的地，承担其间的全部风险、责任与费用，包括货物出入境的手续与有关费用。

2. FAS船边交货（Free Alongside Ship）。FAS是指卖方要在规定的交货期内，将符合合同规定的货物交到约定的装运港买方指派的船只的船边。卖方要在船边完成交货义务，买卖双方负担的风险与费用，也都是以船边为界进行划分的。

在按照这一贸易术语进行成交之时，卖方要提供商业发票，并且自负费用与风险，提供通常的证明完成交货义务的单据。在买方要求并且由买方承担费用与风险的情况之下，卖方可以协助取得运输单据。另外，*INCOTERMS 2000*当中，要求卖方办理出口清关手续。

3. DAF边境交货（Delivered At Frontier）。采用DAF条件之时，交货地点是在两国边境的约定地点，因此，卖方承担的基本义务是将货物运到边境的指定交货地点，办理货物的出口手续，承担有关的费用。在进入进口国关境之前，只要将货物置于买方的处置之下，即是完成交货。卖方应当提交的单据，包括商业发票或相等的电子单证，在必要之时，需提供证明所交货物与合同规定相符的凭证。此外，卖方还要提供通常的运输单据或在边境指定地点交货的其他凭证。

买方要负责在边境指定地点接受货物，办理进口手续，支付进口税款，并且承担接收货物之后的一切风险与费用。就是说，买卖双方所承担的风险，都是以两国边境指定的交货地点为界的。

4. DES目的港船上交货（Delivered Ex Ship）。在这一贸易术语之下，卖方要负责将合同项下的货物，按照通常线路与惯常方式，运到指定的目的港，并且在合同规定的交货期内，在目的港的船上将货物置于买方的控制之下，即是完成交货。

在此之前，卖方要将船名与船舶预计到港时间及时通知买方。卖方在目的港船上交货之时，风险便转移给买方。买方负责在船上受领货物之后的一切风险、责任与费用。因此，在目的港卸货的责任和费用，货物进口结关的手续及有关费用，都是由买方承担。

在海轮能直接靠岸的情况之下，DES是名副其实的“到岸价”。因为，卖方要负责将货物安全运达目的港，在船上将货物实际交给买方，才算是完成交货。卖方要承担运输途中的风险，其办理保险事宜，完全是为了自己的利益。

5. DEQ目的港码头交货（Delivered Ex Quay）。采用DEQ术语成交之时，卖方要负责将合同规定的货物按照通常航线和惯常方式，运到指定的目的港，并且负责将合同规定的货物从船上卸到码头上。卖方要在规定的交货期内，在指定目的港的码头，将货物置于买方的处置之下，即是完成交货。在此之前，卖方要将船名和船舶预计到港的时间，及时通知买方。而买方要承担在目的港码头交货后的一切风险、责任与费用。

按照DEQ术语成交的，卖方需要提交商业发票或相等的电子单证，必要之时，还要提供证明货物符合合同规定的其他凭证。此外，卖方要提供提货单和（或）通常的运输单据，使买方得以在码头提货。另外，*INCOTERMS 2000*当中，要求买方办理进口清关手续，并且在进口之时支付一切办理海关手续的费用、关税、税款与其他费用。

6. DDU未完税交货（Delivered Duty Unpaid）。在采用这一贸易术语之时，卖方要以通常条件自费订立运输合同，将货物按照通常的线路和惯常方式，运达指定的约定地点。卖方在合同规定的交货期内，在约定的地点，将货物置于买方的处置之下，即是完成交货。在此之前，要及时向买方发出交货通知，以便于买方受领货物，风险也于交货之时转移给买方。

卖方应当承担将货物运至进口国内，双方约定的目的地的一切费用与风险（不包括货物进口之时所需要支付的关税、税捐与其他费用），以及办理海关出口手续的费用与风险。卖方在规定的期限内，在指定的地点，将货物置于买方的处置之下，即是完成交货。进口报关的手续及证件，要由买方负责办理，进口之时征收的进口税和其他费用，也是由买方负担。此外，买方还要承担因其未能及时办理货物进口报关而引起的费用与风险。

7. DDP完税后交货（Delivered Duty Paid）。DDP是指卖方在指定的目的地，办理完进口清关手续，并且将货物交给买方，即是完成交货。卖方必须要承担将货物运至指定目的地的一切风险和费用，包括在需要办理海关手续之时，在目的地应当交纳的任何“税费”

（包括办理海关手续的责任与风险，以及交纳的手续费、关税、税捐和其他费用）。

卖方需要提供的单据主要有商业发票或相等的电子单证，在合同有规定之时，还要提交证明货物与合同相符的其他凭证。卖方还需要提供为买方收取货物所需的提货单或通常的运输单据。除此之外，卖方还要自负风险与费用，取得出口许可证、进口许可证以及其他办理货物出入境手续所需的官方证件。

EXW术语下，卖方所承担的责任最小；而DDP术语下，卖方所承担的责任最大。

（四）《2010 通则》术语的变化说明

1. 两种新的术语——DAT 和 DAP

通则已经将13种不同的术语减为11种。DAT和DAP(指定目的地和指定地点交货)，取代了DAF、DES、DEQ和DDU。所谓DAT和DAP术语，是“实质性交货”术语，货物运至目的地过程中涉及的所有费用和风险由卖方承担。此术语适用于任何运输方式，因此也适用于各种DAF、DES、DEQ以及DDU以前被使用过的情形。

2. 11 种贸易术语的分类

《2000通则》中的13种术语按术语缩写首字母分成四组，即E组（EXW）、F组、C组以及D组。这种分类反映了卖方对买方的责任程度。FCA，或者适用国内贸易的EXW，利用交货的完成以及在尽可能早的时间把风险转移给买方从而赋予卖方最少的责任。相反地，D组术语，或者说“实质性交货”术语，利用交货的完成以及在尽可能晚的时间把风险转移给买方从而赋予卖方最多的责任。这种分类仍然很重要，尤其是在当事人对《2010通则》中的中11种贸易术语作出选择时。

然而，《2010通则》将这11种术语分成了截然不同的两类。

第一类包括那些适用于任何运输方式，包括多式运输的七种术语。EXW，FCA，CPT，CIP，DAT，DAP和DDP属于此类术语。这些术语可以用于没有海上运输的情形。但要谨记，这些术语能够用于船只作为运输的一部分的情形，只要在卖方交货点，或者货物运至买方的地点，或者两者兼备，风险转移。

第二类，实际上包含了比较传统的只适用于海运或内河运输的4种术语。这类术语条件下，卖方交货点和货物运至买方的地点均是港口，所以“唯海运不可”就是这类术语标签。FAS、FOB、CFR、CIF属于本类术语。

3. 国内和国际贸易术语

贸易术语在传统上被运用于表明货物跨越国界传递的国际销售合同。然而，世界上一些地区的大型贸易集团，像东盟和欧洲单一市场的存在，使得原本实际存在的边界通关手续变得不再那么有意义。因此，《2010通则》的编撰委员会认识到这些术语对国内和国际销售合同都是适用的；所以，《2010通则》在一些地方作出明确说明，只有在适用的地方，才有义务遵守出口/进口所需的手续。

两方面的发展使国际商会确信在这个方向上作一个改动是适时的。首先，一个强有力的证据就是事实上很多交易者将通则普遍运用于纯粹的内贸合同。另一个原因就是在美国人们更愿意选择通则而不是统一商法典装运和交货条款运用于国内贸易。

4. 使用指南

每一种《2010通则》中的术语在其条款前面都有一个使用指南。指南解释了每种术语的基本原理：何种情况应使用此术语；风险转移点是什么；费用在买卖双方是如何分配的。这些指南并不是术语正式规则的一部分，而是用来帮助和引导使用者准确有效地为特定交易选择合适的术语。

5. 电子通讯

通则的早期版本已经对需要的单据做出了规定，这些单据可被电子数据交换信息替代。不过现在《2010通则》赋予电子通讯方式完全等同的功效，只要各方当事人达成一致或者在使用地是惯例。在2010的生命期里，这一规定有利于新的电子程序的演变发展。

6. 保险

《2010通则》是自全协会货物保险条款修改以来的第一个版本，这个最新版本在所修改内容中充分考虑了这些保险同款的变动。《2010通则》在涉及运输和保险合同的A3/A4条款中罗列了有关保险责任的内容，原本它们属于内容比较泛化而且有着比较泛化标题“其他义务”的A10/B10款。在这方面，为了阐明当事人的义务，对A3/A4款中涉及保险的内容做出修改。

7. 有关安全的核准书及这种核准书要求的信息

如今对货物在转移过程中的安全关注度很高，因而要求检定货物不会产生因除其自身属性外的原因而造成对生命财产的威胁。因此，在各种术语的A2/B2和A10/B10条款内容中包含了取得或提供帮助取得安全核准的义务，比如货物保管链。

8. 码头装卸费

按照“C”组术语，卖方必须负责将货物运输至约定目的地：表面上是卖方自负运输费用，但实际上是由买方负担，因为卖方早已把这部分费用包含在最初的货物价格中。运输成本有时包括货物在港口内的装卸和移动费用，或者集装箱码头设施费用，而且承运人或者码头的运营方也可能向接受货物的买方收取这些费用。譬如，在这些情况下，买方就要注意避免为一次服务付两次费，一次包含在货物价格中付给卖方，一次单独付给承运人或码头的运营方。《2010通则》在相关术语的A6/B6条款中对这种费用的分配作出了详细规定，旨在避免上述情况的发生。

9. 连串销售

在商品的销售中，有一种和直接销售相对的销售方式，货物在沿着销售链运转的过程中频繁地被销售好几次。在这种情况下，在一连串销售中间的销售商并不将货物“装船”，因为它们已经由处于这一销售串中的起点销售商装船。因此，连串销售的中间销售商对其买方应承担的义务不是将货物装船，而是“设法获取”已装船货物。着眼于贸易术语在这种销售中的应用，《2010通则》的相关术语中同时规定了“设法获取已装船货物”和将货物装船的义务。

《2010通则》中，按照镜像原则，A条款下反映的是卖方的义务，相应地，B条款下反映的是买方的义务。但是由于一些短语的使用贯穿整个文件，《2010通则》打算在其正文中对以下被列出来的词语不再作解释，以以下注解为准。

承运人：就《2010通则》而言，承运人是指签署运输合同的一方。

出口清关：在遵守各项法律法规的前提下办理出口手续，并支付各种税费。

交货：这个概念在贸易法律和惯例中有着多重含义，但是《2010通则》中用其来表示货物缺损的风险从卖方转移到买方的点。

电子数据:由一种或两种以上的和相应纸质文件功效等同的电子信息组成的一系列信息。

“包装”和“存放”：这些短语被用于不同的目的：

（1）遵照合同中所有要求的货物包装。

（2）使货物适合运输的包装。

（3）已包装好的商品转载进货柜或其他运输工具。

复习思考与讨论

1. 简述物流的定义。
2. 物流的分类有哪些?
3. 物流系统的构成与功能活动分别是怎样的?
4. 国际物流的含义是什么?
5. 国际物流的发展过程是怎样的?
6. 国际物流的特点有哪些?
7. 国际物流的最新发展趋势是怎样的?
8. 国际物流的意义是什么?
9. 国际物流与国际贸易的关系是怎样的?
10. 国际贸易术语的含义与作用是怎样的?

CHAPTER 2

第二章

国际货物运输

本章学习目标

1．国际货物运输的概述

2．国际海洋运输

3．国际铁路运输

4．国际航空货物运输

5．国际集装箱运输

6．国际多式联合运输

本章核心内容

国际货物运输　交通运输部门　外贸部门　进出口商

运输代理人　国际海洋运输　班轮运输　海运提单　租船运输

租船方式　租船合同　海上货物运输事故　国际铁路运输

国际铁路联运　国际航空货物运输　国际航空货物运输组织

国际民用航空组织　国际航空运输协会

国际货运代理人协会　班机运输　包机运输　集中托运

陆空陆联运　航空快递　航空进出口货物运输　航空运单

国际航空货物运费　国际集装箱运输　集装箱运输

集装箱货物运费　国际多式联合运输

Section 1

第一节　国际货物运输概述

运输针对其运送对象来说，可以分为旅客运输与货物运输两大类。针对货物运输来说，可以按地域分为国内货物运输和国际货物运输两大部分。国际货物运输，是指货物借助各种运力，利用各种运输手段和工具，实现其在不同国家和地区之间的空间位置上的转移。

国际货物运输按照运送货物的性质，可以分为国际贸易货物运输和非国际贸易货物（展览品、行李物品、办公用品、援外物资等）运输这两种。由于在国际货物运输当中，主要是国际贸易货物的运输，非国际贸易货物的运输所占的比重较小，所以，国际货物运输也被称为国际贸易运输，本章所说的国际货物运输，指的便是国际贸易货物运输。国际货物运输作为国际商品流通不可缺少的一个基本环节，是国际物流的一个重要组成部分，也是国际物流活动的核心。

一、国际货物运输的作用与意义

国际贸易货物运输所进行的，是国家与国家、国家与地区之间的商品运输。商品运输是指随着商品生产和商品交换，而发生和发展的生产与交换活动。在商品经济条件之下，存在着生产和消费之间在空间上的矛盾，具体表现为生产和消费在空间上相互分离，在地点上存在距离的特点。

要解决这一矛盾，就必须要通过商品的运输来实现商品在空间位置上的转移，消除产销空间的距离。如果没有商品运输，商品流通和交换将无法顺利开展和进行。因此，商品运输被视为一项很重要的经济活动，在国际贸易和国际物流当中，起到十分重要的作用。

（一）国际货物运输是实现国际贸易的重要保证

国际贸易进行的是国际之间的商品流通和商品交换，进出口商品在空间上流通的范围极为广阔，地域很大，国际货物运输成为实现国际贸易不可缺少的一个基本环节。在一笔具体的国际贸易交易当中，商品在成交以后，只有通过商品运输，按照约定的时间、地点和条件，将商品交给对方，贸易的全过程才算最后完成。所以，如果没有运输的介入，国际贸易是无法开展和进行的。

尤其是在当前的国际贸易当中，国际市场竞争十分激烈，交易双方对交货时间、运送速度和运输费用等条件和因素都极为重视。快速、及时、安全、优质的货物运输，不仅能够保证按时交货，保证交易的实现，而且还有利于占领市场，扩大商品的销路，赢得信誉。

（二）国际货物运输能够促进国际贸易的发展

随着经济的不断发展，生产规模的日益扩大，产品的数量越来越多，随之就需要不断去寻求和开辟更多和更广阔的市场空间。世界各国之间的贸易往来，经济技术的交流和国际市场的形成，都是把国际货物运输作为前提条件的。而国际运输业的发展，运输工具的日趋现代化，运输体系结构的逐步完善，以及国际运输组织管理水平的不断提高，不仅使得开拓越来越广阔的国际市场成为可能，而且提高了运输的效率，加快了货物运输的速度，从而加速了货物的周转，缩短了商品流通的时间，又进一步促进了国际贸易的发展。

（三）国际货物运输是国际物流的核心活动

国际物流是根据国际贸易的需要，发生在不同国家之间的物流，即各种进出口商品在国际间的物质实体的转移，这种转移既包括作为进出口商品的“物”在空间上的位移，又包括其在时间上的延续。由此可见，运输和储存，是国际物流的两大核心功能。而在国际物流当中进行“物”的转移，始终不可能脱离位置的移动，并且运输的效率、质量，会直接影响国际物流的速度与效益，由此决定了运输在国际物流当中占据着非常重要的地位，甚至在许多时候，都成为了国际物流的代名词。

（四）国际货物运输是国际贸易的组成部分，也是降低国际物流成本的重要影响因素

在国际贸易当中，商品的交易价格包含商品的运价，商品运价和商品的生产价格一样，都是随着国际市场供求关系的变化而围绕着基本价值上下波动的。商品运价的变化，会直接影响国际贸易商品价格的变化。而国际货物运输的主要对象，是国际贸易商品，所以国际货物运输也是一种国际贸易。不过，这种国际贸易用于交换的，不是有形的物质形态的商品，而是一种无形的、特殊的商品——运输服务（商品空间位移）。

对于从事国际运输的企业来说，通过提供运输服务，开展无形贸易，获取运输收入，还可以为国家创汇，从而成为我国外汇收入的重要来源。所以，国际货物运输本身，又是一种无形的国际贸易。

国际货物运输的路线长，运输的环节多，产生的运输费用高，运输费用在国际物流费用当中，所占的比重很大，约为50%。因此，节约运输费用对于降低国际物流的成本和费用，有着直接的影响和作用。

二、国际货物运输的特点

与国内货物运输相比，国际货物运输具有如下这几个方面的主要特点。

（一）国际货物运输是一项政策性很强的涉外活动

国际货物运输作为国际贸易的一个组成部分，在组织货物运输过程当中，需要经常同国外发生联系，这种联系不仅是经济上、业务上的联系，而且会涉及国际之间的政治问题。同时，国际政治、经济形势的变化，也会直接或间接地影响到国际货物运输。所以，国际货物运输既是一项经济工作，又是一项政策性很强的涉外活动。

（二）国际货物的运输路线长，中间环节多

国际货物运输所进行的，是国家与国家、国家与地区之间的商品和货物的运输，其运输距离要比国内货物运输长得多。

由于运输的距离长，在运输过程当中需要采用各种运输方式，使用不同的运输工具，经过多次装卸搬运，使得商品交接、转运和换装等运输中间环节增多。

（三）国际货物运输涉及的部门多，运输的过程复杂多变

货物在国际之间的运输过程中，涉及国内外许多不同的部门，要与不同国家和地区的货主、中间代理人、交通运输部门、商检机构、保险公司、银行、海关等各个部门、方方面面打交道。

同时，由于各个国家和地区的政治、经济、法律、金融、货币制度不同，政策法令规定不一，贸易运输习惯和经营上的做法也有着很大的差异，这些都增加了运输组织的难度和运输过程的不确定性。而国际政治风云的变幻，经济形势的变化与各种自然灾害，都会对国际货物的运输产生影响，所以，国际货物运输又是一项复杂多变的运输组织工作。

（四）国际货物运输的时间性强，风险比较大

在国际市场中，出口商品的竞争十分激烈，商品的价格瞬息万变。若要在竞争中取胜，不仅要求商品本身的质量好，而且要求上市的速度快。针对进口商品来说，大多是国

内建设和生产所急需的商品，如若运输迟缓，到货的速度慢，就会影响到生产的进度和重点建设的按期完成。

所以，国际货物运输的时间性很强。在贸易合同当中，货物的装运期和交货期，都被列为合同的条件条款。如果违反了这些条件，即是构成了根本性的违约。因此，能否按时装运进出口商品，也是关系到重合同、守信用的一项大问题。

由于国际货物的运输距离长，中间环节多，涉及面广，情况复杂多变，时间性强，其风险性也比较大。针对国际货物运输风险大的特点，为了转嫁运输过程的风险损失，在国际货物运输当中，对于各种进出口货物和运输工具，都需要办理运输保险。

三、国际货物运输的组织机构

国际货物运输是实现进出口商品，在不同国家和地区之间空间位置转移的过程。与完成此过程有关的方面，包括货物所有者、国际运输的参与者和运输服务的提供者。因此，国际货物运输的组织机构和关系方，主要是由如下这三大部分所组成。

（一）交通运输部门

交通运输部门是指专门经营海上、铁路、公路、航空等客货运输业务的企业和部门，比如船公司、铁路和公路运输公司、航空公司等。这些交通运输部门，拥有大量的交通运输工具，掌管着各种交通设施与设备，其主要任务是为社会提供运输服务，在国际运输关系当中，是以承运人的身份出现的，是国际货物运输的实际承担者。

（二）外贸部门或进出口商

外贸部门或进出口商，是指专门经营进出口商品业务的部门或企业。比如，各专业进出口公司和其他拥有进出口权的企业或部门等。这些外贸企业为了履行国际贸易合同，必须负责办理进出口商品运输手续，在国际货物运输当中，他们被统称为货主，是国际货物运输中的托运人或收货人。

（三）运输代理人

运输代理人是接受委托人的委托，在合法授权的范围以内，代办各种运输业务并且按提供的劳务收取报酬（比如代理费、佣金）的人。

随着国际贸易的发展，国际运输的领域不断扩大，运输业务日益繁杂，手续越来越多，从而使得无论是任何一个承运人还是货主，都很难亲自去办理每一项具体的运输业务。许多业务和手续，都需要委托代理人代为办理。针对这种需求，在国际运输领域当中，专门从事运输代理业务的代理行和代理人，便应运而生。根据代理业务性质与代理业务范围的不同，运输代理可以分为货运代理、船务代理、租船代理和咨询代理等。

随着国际贸易和国际货物运输的发展，国际运输代理已经成为一项世界性的行业，其业务涉及国际运输领域当中的各个环节，是国际货物运输不可缺少的一个重要组成部分。

四、国际货物的运输方式

国际之间的货物运输，是通过各种运输方式，使用不同的运输工具来实现和完成的。我国的国际货物运输方式，主要有海洋运输、铁路运输、航空运输、邮政运输、公路运输和以集装箱为媒介的国际多式联合运输等。

海洋运输是国际货物运输当中一种最主要的运输方式。国际贸易总运量中，大部分货物都是通过海洋运输的方式来完成的。海洋运输按照船舶经营方式的不同，分为班轮运输和租船运输这两种形式。国际货物陆上运输的方式，有铁路运输和公路运输。铁路运输包括国内铁路货物运输和国际铁路货物联运两个部分。

航空运输是一种运输快捷、运输质量很高的现代化货物运输方式，随着航空运输事业的不断发展，航空运输的货运量不断增加。邮政运输是把邮政部门作为货运代理人的运输服务形式，其主要是通过各种运输方式，尤其是航空运输的方式来完成的。

将两种或两种以上单一的运输方式组合起来，便形成了多种运输方式之间相互衔接进行连贯运输的方式，称为国际多式联合运输。国际多式联合运输具有许多优于单一运输方式的特点，是一种现代化的新型运输方式。

各种运输方式各有其特点，对于不同货物的运输具有不同的适应性。在国际货物运输当中，应当根据运输货物的性质、特点和对运输条件的要求，来选择适当的运输方式。

Section 2

第二节　国际海洋运输

一、国际海上货物运输概况

海上运输是一种历史悠久的国际贸易运输方式，国际贸易所进行的是全世界范围内的商品交换，而在我们生存的地球上，海洋占地表的面积约为70%以上，这种地理条件决定了海上运输在国际贸易运输当中的重要地位。

我国有良好的海湾和优良的建港条件，沿海有许多终年不冻的优良港口，长江等江河沿岸也有许多对外开放的港口，进行海上运输的条件十分优越。除了这些地理条件的因素以外，海上运输方式具有许多优点，从而使其成为国际贸易运输当中最重要的一种运输方式。

（一）国际海上货物运输的特点

1. 运输量大，通过能力强

海上运输船舶的载运能力，要远远大于铁路和公路运输货车的载运能力。随着科学技术的进步和造船业的发展，海上运输船舶逐渐向着专业化、高速化和大型化的方向发展，目前超巨型油轮的载运量，已达到60万吨以上，巨型集装箱船的载箱能力，已达到10000标准箱以上。此外，海上运输利用海上的天然航道，能够四通八达，不像铁路与公路运输那样受到道路与轨道条件的限制，通过的能力很强。

2. 运输的成本低

海上运输主要是利用天然水域和航道，除了在港口建设和船舶的购置方面，需要花费一定的投资外，在水域和航道的建设方面，几乎不需要再花费投资。

加之船舶的能源消耗量比较低、载运量大、具有规模效益等原因，海上运输成为各种运输方式当中，运输成本最低的一种。

3. 对货物的适应能力强

海上运输货船能够适应固体、液体和气体等多种货物运输的需要。各种专业化运输船舶，比如油船、液化气船和集装箱船等的产生，为国际贸易货物采用海运的方式提供了条件。同时，海船货舱的容积大，可以装载体积大、分量重的货物，对于超长、超大、超重货物的运输，也有着很强的适应性。

4. 运输的连续性差，风险比较大

海上运输受到自然条件，尤其是季节、气候条件的影响很大，比如河流航道在冬季结冰和港口封冻、枯水期水位变低，都会影响到船舶的正常航行。同时，在国际海上货物运输当中，船舶长时间地在远离海岸的海洋上航行，海洋环境复杂，气象多变，随时都有可能遭到狂风巨浪、暴雨、雷电、海啸、浮冰等自然灾害的袭击，遇险的可能性比较大。与其他的运输方式相对比，海上运输的准确性、连续性和安全性，相对比较差。

5. 运输速度慢

船舶的体积大，受水流的阻力大，行驶的速度慢，加之运输中换装、交接等中间环节多，所以运输的速度慢。加之海上运输的距离长，因此运输的时间长。

（二）海上货物运输船舶

1. 海上货船的种类

船舶是海上运输的工具，海上货物运输船舶的种类有很多，按照其用途的不同，可以分为干货船和液体船两大类。

干货船根据所装货物和船舶的结构、设备不同，可以分为杂货船、干散货船、冷藏船、木材船、集装箱船、滚装船和载驳船等。

液体船主要是用来装运液体货物的船舶，其根据所装货物种类的不同，又可以分为油船和液化天然气船。

2. 船舶吨位

船舶吨位是船舶大小的计量单位，分为重量吨位和容积吨位这两种。

（1）船舶的重量吨位

船舶的重量吨位，是表示船舶重量的计量单位，包括排水量吨位与载重吨位这两种。

排水量吨位，是船舶在水中所排开水的吨数，也就是船舶自身重量的吨数。根据船舶装载状态的不同，排水量吨位又分为空船排水量、满载排水量和实际排水量这三种。

空船排水量又称为轻排水量，是船舶在空载之时的排水量，包括船舶本身、船员和必要的给养物品的重量，是船舶最小限度的重量。

满载排水量又称为重排水量，是船舶在装货和载客后，吃水达到最高载重线时的排水量，是船舶最大限度的重量。

实际排水量，是船舶各个航次装货、载客后的排水量。

船舶排水量的计算公式如下：

$$排水量（长吨）=\frac{船长 \times 船宽 \times 船舶吃水 \times 方模系数 \times（立方英尺）}{35（海水）或36（淡水）（立方英尺）}$$

$$排水量（公吨）=\frac{船长 \times 船宽 \times 船舶吃水 \times 方模系数 \times（立方米）}{0.9756（海水）或1（淡水）（立方米）}$$

公式中的“船舶吃水”，是指由船舶龙骨最底部至水平线之间的距离，也就是船体在水面以下的深度。“方模系数”是指船舶入水部分的体积，与有同等的长、宽、深的长方体体积的比率。方模系数因为船型的不同而有所不同，一般为0.3～0.85不等。

载重吨位是船舶的载重量单位，代表着船舶的载重能力。载重吨位可以分为船舶总载重吨与净载重吨。

总载重吨是指船舶根据载重线标记，规定所能装载的最大限度的重量，是船舶所载运的货物，船上所需的淡水、燃料与其他储备物品重量的总和。

总载重吨=满载排水量-空船排水量

净载重吨是指船舶所能装载货物的最大限度的重量，又称为载货重吨，是从船舶总载重量当中，减去船舶所需要储备的燃料、淡水和其他储备品的重量，最后所得的差数。

（2）船舶的容积吨位

船舶的容积吨位又称为注册吨位，是表示船舶容积的单位。这种吨位是各海运国家为船舶注册，而规定的一种以吨为单位的计算和丈量方法，以100立方英尺或2.83立方米为一注册吨。容积吨位分为容积总吨与容积净吨这两种。

容积总吨又称为注册总吨，是将船舶甲板以上及甲板以下，所有围蔽空间的容积总和，按照100立方英尺或2.83立方米为一注册吨的标准，所折合的吨数。

容积净吨又称为注册净吨，是将船舶可供装货和载客的容积，按照100立方英尺和2.83立方米为一注册吨的标准，所折合的吨数。

3. 船舶载重线

船舶载重线是船舶满载之时的最大吃水线，以载重线标志的形式，绘制在船舶左右两侧船舷中央，以此来限制船舶的最大吃水，用于确保船货和人员运输的安全。船舶载重线标志，包括甲板线、载重线圆盘与各条载重线，如图2-1所示。

图2-1 船舶载重线的标志

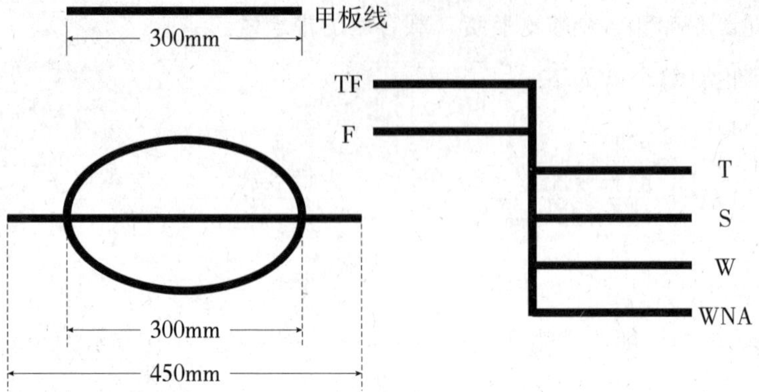

图中各条载重线的含义为:

TF：热带淡水载重线。船舶航行于热带地区淡水中时，最大吃水线不得超过此线。

F：淡水载重线。

T：热带海水载重线。

S：夏季海水载重线。此线与载重线圆盘上的水平直线，处于同一高度。

W：冬季海水载重线。

WNA：北大西洋冬季载重线。船长在100.5米以下的船舶，在冬季月份航行经过北大西洋（北纬36°以北）时，最大吃水线不得超过此线。

4. 船 级

船级是表示船舶技术状况的一种指标，凡是注册总吨在100吨以上的海运船舶，必须在某船级社或船舶检验机构的监督之下制造。每艘船建造完毕之后，由船级社或船舶检验机构，对船体、船上机器设备、吃水标志等项目和性能，来进行鉴定，发给船级证书。船级证书的有效期限一般为四年，四年期限届满后，要重新予以鉴定。

船级社又称为船级协会，是专门从事船级核定工作的行业组织。世界上比较著名的船级社包括英国劳埃德船级社（LR），德国劳埃德船级社（CL），挪威船级社（NV），法国船级局（BV），日本海事协会（NK），美国航运局（AB）等。其中，英国劳埃德船级社是世界上历史最悠久、规模最大的船级社。中国船级社是中华人民共和国交通部所属的船舶检验局。

船舶入级的作用，在于保证船舶的安全航行，有利于国家对船舶进行技术监督，促进船舶技术管理水平的提高，同时也可以为托运人和租船人择优选择船只，以及为保险公司决定船、货保险费率提供参考依据。

5. 船籍与船旗

船籍是指船舶的国籍。船籍是由船舶所有人，向本国或外国的船舶管理部门，办理所有权登记，在取得本国或登记国的国籍证书以后获得。

船旗是指商船在航行当中，悬挂的其所属国的国旗，船旗是船舶国籍的标志。按照国际法的规定，商船是船籍国浮动的领土，因此船舶无论是在公海还是在其他国海域当中航行，都需要悬挂船籍国的国旗，船舶有义务遵守船籍国法律的规定，并且受到船籍国法律的保护。

第二次世界大战之后，一些海运业比较发达的国家和地区，比如美国、希腊、日本、中国香港和韩国的船东，纷纷将船舶转移到外国去进行登记，这种在外国登记、悬挂登记国的国旗，并且在国际航运市场上运营的船舶，被称为方便国旗船。这种方便国旗船，可以使得船东逃避国家的重税和军事征用，自由地制订运价，而不受政府管制，可以自由地处理船舶和运用外汇，自由地雇用外国船员，支付比较低的工资，降低船舶的标准，以节约船舶的维修费用，从而降低运营成本，增强船舶的竞争能力。

而公开允许外国船舶在本国登记的国家和地区，主要有利比里亚、塞浦路斯、巴拿马、新加坡、巴哈马、百慕大等国家和地区。对于这些接受登记的国家和地区来说，通过这种登记收取登记费用，可以为本国增加外汇收入，所以直到现在，方便国旗船的方式仍然十分盛行。

6. 船舶的主要文件

船舶文件是证明船舶的所有权、性能、技术状况和运营必备条件的各种文件的总称。船舶只有通过法律登记和技术鉴定，并且取得各类有关的文件证书之后，才能够参加运营。从事国际航行的船舶，必须要具备的船舶文件证书，主要有如下这七种。

（1）船舶国籍证书（Certificate of Nationality）；

（2）船舶所有权证书（Certificate of Ownership）；

（3）船舶船级证书（Certificate of Classification）；

（4）船舶吨位证书（Tonnage Certificate）；

（5）船舶载重线证书（Certificate of Loadline）；

（6）船员名册（Crew List）；

（7）航行日志（Log Book）。

此外，还有轮机日志、卫生日志与无线电日志等。

二、班轮运输

班轮运输（Liner Transport）是指船舶在固定的航线上和港口间，按照事先公布的船期表往返航行，并且按事先公布的运费率收取运费的一种船舶经营方式。

（一）班轮运输的特点

1. 班轮运输具有四个固定的特点，即在运输当中有固定的航线、固定的港口、固定的航行时间与相对固定的运费费率。

2. 运输当中对于船舶停靠的港口，无论货物数量的多少，一般都可以接受托运。

3. 承托双方的权利、义务、责任和豁免，以船公司签发的提单条款为依据。

4. 运价以内包括货物的装卸费用，货物的装卸、配载由承运人负责，承托双方不计算滞期费与速遣费。

（二）班轮公会

班轮公会（Freight Conference），又称为航运公会、航运同盟，俗称“水脚公会”，是由两家或两家以上在同一条航线上经营班轮运输业务的船公司，为了避免相互之间的竞争，维护共同的利益，通过在运价和其他经营活动等方面采取签订协议的做法，而组成的国际航运垄断组织。

世界上第一家班轮公会，是在1875年8月，由经营英国与印度港口之间货物运输的英国航运公司组成。此后，班轮公会的数量不断增加，最多时世界上有400多家班轮公会。

班轮公会的主要业务，是限制和调节班轮公会内部的相互竞争，以及防止与对抗来自班轮公会外部的竞争，以达到垄断货载的目的。在限制和调节班轮公会内部竞争方面，采取的做法有协定费率、统一安排运营和统筹分配收入等。在防止和对抗来自外部的竞争之时，采取的办法有实行延期回扣制和合同费率制，以及安排战斗船等。

参加班轮公会的会员，分为两种：一种是参加公会控制全部航线的完全会员，另一种是只参加部分航线的会员。针对参加公会的条件来说，一种是开放型公会，凡是申请的船公司都可以参加；另一种是封闭型公会，只有具备一定资格和航行实绩的船公司，可以经过讨论通过后参加。

（三）班轮运费的计算

班轮运费是班轮运输中承运人根据运输契约完成货物运输后，向托运人收取的报酬。班轮运价是计算班轮运费的单价或费率，影响班轮运价的主要因素，是运输成本、货物的价值和特性、运输量与运输距离、航线和港口的条件，以及航运市场的结构和竞争状况等。

1. 班轮运费的构成

班轮运费是由基本运费和附加运费两部分所组成。基本运费是对于任何一种托运的货物，必须要计收的运费，是根据航线上的各基本港之间进行运输的平均费用水平，而向普通货物收取的费用，构成全程运费当中应收取运费的主要部分。

附加运费是在收取基本运费的基础上，根据运输当中发生的特殊情况和需求，而额外收取的一部分费用。

班轮基本运费的计算标准，有如下这几种。

（1）按照货物的毛重计收，在运价表当中用字母“W”表示。

（2）按照货物的体积（或尺码吨）计收，在运价表当中用字母“M”表示。

（3）按照商品的价格计收，在运价表当中用“Ad. Val.”表示。即是按该种商品FOB价的一定百分比计收运费。由于运费是根据商品的价格来确定的，所以又称为从价运费。

（4）按照货物的毛重、体积或价格收费，由船方选择其中收费最高的一种计收运费，在运价表当中用“W/M”或“W/M or Ad. Val.”表示。

（5）在货物的重量和体积当中，选择计收较高的运费以外，还要加收从价运费，在运价表中用“W/M plus Ad. Val.”表示。

（6）按照货物的件数计收运费。

（7）对于大宗低价值货物，采取由船、货双方临时协商议定运价的办法，来计收运费。

在运价表当中，计算单位为运费吨，包括重量吨和体积吨这两种。不同国家或地区采用不同的单位制，但是大部分国家都趋向于采用国际单位制，即以1公吨为1重量吨，以1立方米为1尺码吨。但是，英国和某些欧洲国家的船公司，仍然把1长吨作为1重量吨，把40立方英尺作为1尺码吨。因此，在计算运费之时，如果商品的重量和体积单位，与运价表当中的重量、体积单位不符，就需要进行换算。

在班轮运输当中，如果遇到意外或特殊情况，产生了对于运输服务的特殊需求，从而导致班轮公司的运输成本增加，为了使得增加的运输成本得到一定的补偿，需要在班轮基本运费的基础上，额外加收一部分的费用，这些额外加收的运费便是班轮运费的附加费。班轮运费附加费的种类繁多，主要包括如下各项。

（1）超重附加费

是当一件商品的毛重超过规定重量之时，所增收的附加运费。超重货物在装卸、配载等方面，会增加额外的劳动和费用，所以船公司要加收超重附加费。

（2）超长附加费

是当一件货物的长度超过规定标准之时，所增收的附加运费。与货物超重一样，超长货物在装卸、配载之时，也会增加额外的劳动和费用，所以船公司要加收超长附加费。

（3）转船附加费

对于运往非基本港口的货物，需要在中途的某个港口换装另一运输船舶转运至目的港，为此船方加收的附加费，称为转船附加费。

（4）直航附加费

对于运往非基本港口的货物，当运输的货量达到一定的标准之时，船方可以安排直航卸货，为此而加收的附加费，便是直航附加费。直航附加费一般要比转船附加费低。

（5）选卸附加费

又称为选港附加费，由于买卖双方贸易当中的原因，有些货物在办理托运之时，还不能确定具体的卸货港，需要在预先选定的两个或两个以上的卸货港当中进行选择，为此而加收的费用，称为选卸附加费。

（6）变更卸货港附加费

是由于收货人、交货地变更或清关问题等原因，货物在装船之后，需要变更卸货港，不在提单上原定的卸货港卸货，而增收的费用。

（7）港口附加费

是指由于一些港口设备差、装卸效率低、费用高而增加了船舶的运输成本，船方为了弥补损失所加收的费用。

（8）港口拥挤附加费

是由于港口拥挤，船舶需要长时间的等候泊位，为了弥补船期损失而收取的费用。该项附加费是一种临时性的附加费，变动性比较大。

（9）绕航附加费

由于某种原因，船舶不能按照正常的航线，而必须绕道航行，从而增加了运输成本，为此而加收的费用，称为绕航附加费。绕航附加费也是一项临时性的附加费。

（10）燃油附加费

燃油价格上涨，使得船舶的燃油费用支出超过了原核定运输成本中的燃油费用，承运人在不调整原运价的前提之下，为了补偿燃油费用的增加而收取的附加费。燃油附加费是临时性的附加费，当燃油价格回落以后，此项附加费会随之调整或取消。

（11）货币贬值附加费

是由于国际金融市场汇率发生变动，计收运费的货币贬值，承运人的实际收入减少，为了弥补所受的损失而加收的附加费。

班轮运费附加费的项目种类有很多，除了上述主要的附加费之外，还有一些其他的附加费，比如冰冻附加费、熏蒸附加费、洗舱费，等等。班轮运费附加费的计算方法，主要有两种：一种按照海运费吨若干金额计收，另一种按照基本运费的一定百分比收取。

2. 班轮运费的计算方法

（1）班轮运费的计算公式

根据班轮运费的构成，其计算公式为：

$$F=Fb+\sum_{i=1}^{n}S_i\ (i=1,\ 2,\ \ldots,\ n)$$

公式中：F为班轮总运费；Fb为班轮的基本运费；S_i为第i项运费附加费；n为运费附加费的项数。

（2）班轮运费的计算步骤

1）根据装货单留底联或托运单，来确定货物装货港和目的港所属的航线。查明货物名称、重量、体积、装卸港口，是否需要转船或要求直航，以及卸货港的选择等；

2）根据货物的名称，从有关的运价表当中，查出该货物的运价等级与计费标准；

3）查找所属航线的等级费率表，确定该等级货物的基本费率；

4）查出各项应当收附加费的计费办法以及费率；

5）将各项数据代入班轮运费的计算公式当中，进行计算。

（四）班轮运输的货运程序及货运单证

班轮运输的货运程序，是从承运人揽货和托运人订舱开始的。

揽货是船公司为了使自己所经营的船舶，在载重量和载货舱容积这两方面，都得到充分地利用，以取得最佳的经济效益，通过各种途径从货主那里争取货源的行为。为此，船公司要在所经营班轮航线的各挂靠港口及货源腹地，通过自己的营业机构或代理人，与货主建立业务关系；在报纸、杂志上刊登船期表，以便货主办理订舱和托运手续；通过与货主、无船公共承运人或货运代理人等签订货物运输合同或揽货协议，来争取货源。

订舱是托运人向班轮公司申请货物运输，承运人对这种申请给予承诺的行为。在国际贸易之中，以CIF或CFR价格成交的货物，由出口商安排货物运输，所以订舱工作多数是在装货港或货物输出地，由出口商进行办理。以FOB价格条件成交的货物，则是由进口商办理货物运输，因此订舱工作就可能是在货物的卸货地或输入地，由进口商办理。

办理订舱之时，托运人应当向船公司或其在装运港的代理人，提出货物装运的申请，递交托运单（Booking Note，B/N）。托运单是托运人根据买卖合同和信用证的有关内容，向承运人或其代理人办理货物运输的书面凭证。承运人接受承运之后，要在托运单上签章确认，然后发给托运人装货联单。此时，承运人与托运人之间，对货物运输的相互关系即告建立。

装货联单，又称为下货纸，是指接受了托运申请的船公司，签发给托运人的、要求船长接受单上记载的货物，并且将货物装船承运的凭证。在目前，我国各个港口所使用的装货联单的组成不尽相同，但主要是由如下这三联所组成。

第一联为留底联，用以编制载货清单。第二联为装货单（Shipping Order，S/O），是托运人向海关办理货物出口报关的单证，只有海关在此单上加盖放行图章以后，货物才准许装船出口，所以装货单又常被称为“关单”。第三联为收货单（Mate's Receipt，M/R），是指某一票货物装上船以后，由船上的大副签署给托运人的，作为证明船方已经收到该票货物并且已装上船的凭证。所以，收货单又称为“大副收据”或“大副收单”。

装货联单填妥以后，经过船公司审核无误签章留底后，将装货单和收货单交还给托运人，至此，即表示船公司已经确认了托运人的订舱。

订舱以后，托运人持装货单以及有关单证，向海关办理货物出口报关、验货放行的手续，海关在装货单上加盖放行图章后，货物即可准予装船出口。

船公司接受货主的订舱后，根据装货单联中的留底联，将全船待运货物按照目的港与货物的性质归类，依照航次靠港的顺序，排列编制全船装载货物的汇总清单——装货清单（Loading List：L/L）。装货清单的内容，包括船名、装货单号码、件数、包装、毛重、估计立方米以及特种货物对于运输的要求或注意事项的说明等。

装货清单既是大副编制积载计划的主要依据，又是供现场理货人员进行理货、港口安排驳运、进出库场以及掌握托运人备货和货物集中情况等的业务单证。当发生增加或取消货载情况之时，船方会及时编制“加载清单”（Additional Cargo List）或“取消清单”（Cancelled Cargo List），并且及时分送于各有关方。

大副根据装货清单编制货物积载计划，交给分送理货代理人、装卸公司等，按照计划装船。货物积载计划，是在出口货物装船之前，对于货物装船的顺序和货物在船上的装载位置等情况，做出安排的详细计划，用以指导有关方面安排泊位、货物出舱、下驳、搬运等工作。由于这个计划是以图表的形式来表示的，即用图表的形式表示货物在船舱内的装载情况，形象具体地显示出每一票货物在船舱以内的位置，所以该计划也称为积载图（Stowage Plan）。

在货物装船之前，大副是根据装货清单上记载的货物资料，来制订货物积载计划，但是在实际装船过程中，往往会因为各种客观原因，使得装货的实际情况与计划安排有出入，因此，在每一票货物装船以后，应当重新标出货物在舱内的实际装载位置，最后绘制一份准确的“货物积载图”。

在办妥订舱和报关手续以后，托运人应当向船方交货，进行货物装船。在集装箱班轮运输当中，由于班轮公司基本上都是把CY/CY作为货物的交接方式，所以集装箱货物的装船工作，都是由班轮公司来负责。在杂货班轮运输当中，由于运输货物的种类繁多、包装各异，为了提高装船的效率，加速船舶的周转，减少货损货差的现象，对于普通货物的交接装船，通常是采用由班轮公司在各装货港指定装船代理人，由装船代理人在各装货港的指定地点，接受托运人的交货，办理交接手续以后，将货物集中整理，并且按次序进行装船的形式，即所谓的“仓库收货，集中装船”的形式。对于特殊货物，比如危险品、鲜活货物、贵重货物、重大件货物等，通常采用由托运人将货物直接送到船边的形式，即采取现装或直接装船的形式。

当每一票货物全部装上船后，现场理货人员即核对理货计数单的数字，在装货单上签注实装数量、装船位置、装船日期，并一一签名，再由理货长审查并且签字，然后随同收货单一起交给船上大副。船上大副审核属实以后，在装货单和收货单上签字，留下装货单，将收货单退还给理货长转交给托运人。大副在签署收货单之时，需要认真地检查装船货物的外表状况、货物标志、货物数量等情况。如果货物有外表状况不良、标志不清，货物有水渍、油渍或污渍等情况，或者货物有数量短缺、损坏的情况，大副会将这些情况记载在收货单上，这种在收货单上记载有关货物外表状况不良或有缺陷的情况说明，称为“批注”（Remark）。有大副批注的收货单称为“不清洁收货单”，而收货单又是托运人向船公司换取提单的凭证，所以，不清洁收货单会转嫁到提单上，产生不清洁提单。

托运人取得收货单以后，即可以凭提单要求船公司签发提单。在预付运费的情况之下，托运人付清运费以后，船公司签发已经装船提单。提单具有货物收据、物权凭证和运输合同业已存在的证明功能，是班轮运输当中最重要的单证之一。托运人取得提单以后，持提单及有关单证，到议付银行结汇，取得货款。议付银行将提单以及有关单证，邮寄给开证银行。

货物装船完毕以后，船公司编制出口载货清单。载货清单（Manifest，M/F）又称为“舱单”，是在货物装船完毕以后，根据大副收据或提单编制的一份按卸货港顺序逐票列明全船实际载运货物的汇总清单。

载运清单是国际航运实践当中一份非常重要的通用单证，既是船舶办理报关手续的单证，是海关对于进出口船舶所载运货物进出国境，进行监督管理的单证，又是港方及理货机构安排卸货的单证之一。在我国，载货清单还是出口企业在办理货物出口以后，申请退税、海关据以办理出口退税手续的单证之一。

因此，在船舶装货完毕离港以前，载货清单送船长签字以后，要向海关办理船舶出口手续，并且留下数份载货清单随船同行，以备中途挂港和到达卸货港之时，办理进口报关手续时使用。进口货物的收货人在办理货物进口报关手续之时，载货清单也是海关办理验放手续的单证之一。

船公司在卸货港的代理人接到船舶抵港电报以后，通知收货人船舶到港日期，以做好提货准备。收货人接到付款通知后，到开证银行付清货款取回提单。

卸货港船公司的代理人，根据装货港船公司的代理人寄来的货运单证，编制进口载货清单，以及有关船舶进口报关和卸货所需要的单证，约定装卸公司、理货公司，联系安排泊位，做好接船及卸货准备。

船舶抵港以后，船公司在卸货港的代理人，随即办理船舶进口手续，船舶靠泊后开始卸货。

卸货采用驳船作业之时，使用过驳清单（Boat Note）。过驳清单是根据卸货之时的理货单证来编制的，它是作为证明货物交接和表明所交货物实际情况的单证。由收货人、卸货公司、驳船经营人等，收取货物的一方与船方共同签字确认。当一票货物所卸下的数量与载货清单上所记载的数量不符，发生溢卸或短卸之时，由理货员编制货物溢短单（Overlanded & Shortlanded Cargo List），并且由船方与有关方（收货人、仓库等）共同签字确认。卸货完毕后，理货员根据卸货过程当中发现的货物破损、水湿、水渍、渗漏、霉烂、生锈、弯曲变形等情况，来编制货物残损单（Broken & Damaged Cargo List），以证明货物的残损情况。货物残损单也必须要经过船方签字确认。以上三种单据，是收货人向船公司提出损害赔偿要求的证明材料，也是船公司处理收货人索赔要求的原始资料与依据。

收货人持正本提单，向船公司在卸货港的代理人处办理提货手续，付清应付的费用以后，换取代理人签发的提货单（Delivery Order，D/O）。提货单又称为小提单，是收货人凭以提取货物的单证。提货单的性质与提单的性质完全不同，它只是船公司指令装卸公司或码头仓库，向收货人交付货物的凭证，不具备流通与其他的作用。因此，在提货单上一般会记有“禁止流通”的字样。

收货人办理货物的进口手续，支付进口关税以后，持提货单到码头仓库或船边提取货物。

（五）海运提单

海运提单（Bill of Lading，B/L）是指用以证明海上货物运输合同和货物，已经由承运人接管或者装船，以及承运人作为保证，据以交付货物的单证。海运提单在国际班轮运输当中，既是一份重要的业务单证，又是一份重要的法律文件。所以，提单是国际海上货物运输当中，最具有特色的运输单据。

根据海运提单的性质，按照法律的规定，海运提单具有如下这三项主要的作用：第一，是证明货物已经由承运人接管或已经装船的货物收据；第二，是海上货物运输合同的证明；第三，是承运人凭以交付货物的物权凭证。

随着国际贸易的发展，国际海上货物运输当中所遇到的海运提单的种类也越来越多，从不同的角度可以对提单进行如下分类。

1. 按照货物是否已经装船，可以将提单分为已装船提单和备运提单

（1）已装船提单

是指整票货物全部装船以后，由承运人或其代理人向托运人签发的提单。在该提单上，除了载明其他通常的事项之外，还需要注明装运船舶的名称和货物实际装船完毕的日期。

（2）备运提单

又称为收讫待运提单，是指承运人虽然已经收到货物但是尚未装船，应托运人的要求，向其签发的提单。在备运提单上没有明确的装船日期，也不注明货物装船的船名。因此，在跟单信用证的支付方式之下，银行一般不接受这种提单。

2. 按照运输方式的不同，提单可以分为直达提单、转船提单和联合运输提单

（1）直达提单

是由承运人对于使用同一条船，从起运港直接运达目的港，中途不经过转船的货物签发的提单。

（2）转船提单

是指对于不能使用同一条船直接运达目的港，而必须要在中途某港换装其他船舶运抵目的港的货物，所签发的提单。

（3）联合运输提单

又称为多式联运提单，是指在采用两种或两种以上不同运输方式进行连贯运输之时，由承担海运区段运输的船公司，所签发的提单。

3. 根据提单抬头的不同，可以将提单分为记名提单、不记名提单和指示提单

（1）记名提单

又称为收货人抬头提单，是在提单“收货人”一栏内，填上具体的收货人名称的提单。记名提单只能是由提单上所指定的收货人提取货物，记名提单不得转让。

（2）不记名提单

是在提单的“收货人”一栏内，不列明收货人名称的提单。不记名提单无须背书，即可以转让，谁持有提单谁就有权提取货物。

（3）指示提单

是在提单“收货人”一栏填写“凭指示”（to Order）或“凭某人指示”（to Order of...）字样的提单。前者称为不记名指示提单，后者称为记名指示提单。指示提单可以凭背书进行转让，提单背书有空白背书和记名背书这两种。空白背书是指由背书人（提单的转让人），在提单的背面签章，但是不注明被背书人的名称，也不需要取得原提单签发人的同意。

记名背书除了同空白背书一样，需要由背书人签章以外，还要注明被背书人的名称。记名指示提单有凭托运人指示、凭收货人指示和凭进口方银行指示等这几种形式，即分别需要托运人、收货人或进口方银行背书后，才可以转让。指示提单在国际贸易当中的应用，比较普遍。

4. 根据货物外表的状况有无不良批注，可以将提单分为清洁提单和不清洁提单

（1）清洁提单

是指货物装船之时表面的状况良好，承运人未加任何有关货物残损、包装不良或其他有碍于结汇批注的提单。在正常情况之下，向银行办理结汇时，都应当提交清洁提单。

（2）不清洁提单

是承运人加注有货物及包装状况不良或存在缺陷，比如水湿、受潮、油渍、锈蚀等批注的提单。在正常情况之下，银行理应拒绝以不清洁提单办理结汇的形式。

5. 按照提单的格式，可以将提单分为全式提单和简式提单

（1）全式提单

又称为繁式提单，是指正式印就格式的提单。全式提单上既有正面记载的事项，又有在背面详细列明的承运人和托运人的权利、义务的条款。在国际贸易当中，通常使用的是全式提单。

（2）简式提单

是只有正面记载的事项，而没有背面条款的提单。简式提单多是用于租船合同项下所签发的提单，在提单上会注明“所有条款及条件按照 × 年 × 月 × 日签订的租船合同”的字样。如果在班轮运输当中签发简式提单，大多会在提单上注明“各项条款及例外条款以本公司正规的全式提单内所列的条款为准”。在法律上，简式提单与全式提单的效力相同，按照惯例银行可以接受，但是有时信用证会明确地规定，不接受简式提单。

6. 其他种类的提单

除了上述五种分类当中的提单外，在国际贸易中还会出现下列提单。

（1）甲板货提单

又称为舱面货提单，是承运人对于积载于船舶露天甲板上的货物，所签发的提单。在提单上记载有“On Deck”的字样。在运输当中，承运人不得随意将货物积载于舱面运输。但是，对于按照商业习惯允许装于舱面的货物，以法律规定应当装载于舱面上的货物，以及承运人与托运人协商同意后，装于舱面上的货物，是可以装于舱面运输的。此外，在集装箱运输当中，货物装于甲板也是为运输中有关各方所同意接受的。

（2）过期提单

又称为滞期提单，包括两种情况：一种是航线比较短，银行单据流转速度慢，以至于货物到后，因为没有提单而无法提货，是晚于货物到达目的港的提单；另一种是由于出口商在取得提单后，未及时到银行议付而形成过期提单。在信用证支付方式之下，如果信用证没有规定交单的特定期限，则是要求出口商在货物装船日起21天以内，到银行交单议付，并且不得晚于信用证的有效期限。超过这一期限的，银行将不予接受。

（3）倒签提单

是指货物装船完毕以后，承运人在签发提单之时，以早于货物实际装船的日期作为提单的签发日期，因为是倒填日期所签发的提单，所以又称为倒签提单。倒签提单是一种既违约又违法的行为，承运人要承担由此而产生的风险责任。

（4）预借提单

是货物在装船前或装船完毕前，托运人为及时结汇而向承运人预先借用的提单。与倒签提单相同，预借提单的出现也是因为信用证，或买卖贸易合同规定的装运期或信用证有效期已到，托运人因故未能及时备妥货物，或者因为船期延误未能及时装船，为了及时结汇而采取的一种做法。预借提单也是既违约又违法，并且对于承运人来说，预借提单要比倒签提单的风险更大，所以应当避免此类提单。

提单作为航运界普遍所采用的运输单证，它的发展经历了漫长的历史。早在中世纪提单最初出现的时候，并没有专门针对于提单的法律。第一次世界大战结束以后，为了解决由于没有统一提单法律制度，对于国际航运界乃至贸易界产生的消极影响，为了促进航运业的发展，在国际法协会海事法律委员会的推动之下，欧美主要海运国于1924年8月在布鲁塞尔签订了第一部有关提单的国际公约——《统一提单的若干法律规定的国际公约》（*General Rules of Law Relating to Lading*）。

由于该国际公约最初是在海牙起草的，所以又被称为《海牙规则》（*The Hague Rules*）。该国际公约于1931年生效。直至目前，《海牙规则》仍然是世界上最为广泛使用的海运国际公约。

《海牙规则》虽然是国际海上货物运输当中最重要的国际公约，但是由于当时船东的势力比较强大，《海牙规则》不可避免地有偏袒承运人的倾向，因此，从一开始便受到了货运方的指责。

第二次世界大战结束之后，随着原来殖民地、半殖民地国家的独立，第三世界国家经济的发展，以及海运技术的现代化，修改《海牙规则》的呼声也越来越高，国际海事委员会于1968年2月在布鲁塞尔召开了外交会议，讨论了修改意见，出席会议的53个国家和地区的代表，制定了《关于修改统一各单若干法律规定的国际公约的议定书》，简称《1968年布鲁塞尔议定书》。

由于在会议期间，代表们到中古时期著名的维斯比的发源地进行了访问，因此也将其称为《维斯比规则》（*The Visby Rules*）。该议定书不能单独使用，而是要与《海牙规则》合起来一起使用，所以又将其与《海牙规则》合称为《海牙—维斯比规则》。《维斯比规则》于1977年6月23日起，正式生效。

《维斯比规则》只是对于《海牙规则》当中的某些条款，做出了一些修订和补充，并没有解决《海牙规则》当中存在的实质性问题，所以那些代表货方利益的国家，尤其是发展中国家对此并不满意。后来，又经过多年的努力，1978年联合国汉堡会议讨论后，通过《1978年联合国海上货物运输公约》，由于该公约是在汉堡制定的，所以又被称为《汉堡规则》（*The Hamburg Rules*）。《汉堡规则》对于《海牙规则》进行了全面、实质性的修改，扩大了承运人的责任范围，对于货方和承运人的权益，作了较为公平合理的调整，该国际公约于1992年11月生效。

从《海牙规则》到《汉堡规则》，有关提单的国际公约在内容方面，发生了质的变化，对于当事各方利益的保护更加合理，也适应了不断发展的航运技术要求。三个国际公约实质上的区别，主要在于如下这七个方面：第一，承运人的责任基础不同；第二，承运人的最高责任赔偿限额不同；第三，对于货物的定义不同；第四，公约适用的范围不同；第五，承运人的责任期限不同；第六，诉讼的时效不同；第七，对于承运人延迟交货责任的规定不同等。

1993年7月1日，经过第七届全国人民代表大会常务委员会会议通过的《中华人民共和国海商法》（以下简称《海商法》）正式生效，这是我国第一部在海上运输和船舶方面的专门立法，它从我国的国情出发，以我国40多年来的海上运输和经贸实践为基础，并且充分考虑到国际海运立法当中追求统一的趋势，广泛地吸收了国际通行的国际公约和惯例的规定，是一部比较成熟的法律。

我国的《海商法》内容十分丰富，其中有关提单的部分主要是遵循了《海牙—维斯比规则》的精神，比如关于承运人适航责任，妥善和谨慎管理货物的责任，不做不合理绕航责任以及承运人免责、责任限制的规定与《海牙—维斯比规则》相互一致；同时，又合理地吸取了《汉堡规则》当中的合理部分，比如承运人责任期间、活动物和甲板货运输以及货物延迟交付等事项，从世界的范围来看，当属于创新。

三、租船运输

租船运输，又称为不定期船运输，是相对于班轮运输的另一种海上货物运输方式。在租船运输当中，既没有固定的船舶班期，也没有固定的航线与挂靠港，而是按照货源和货主对于货物运输的要求，安排船舶航行计划，来组织货物运输。

（一）租船运输的特点

作为与班轮运输不同的船舶经营方式，租船运输具有如下各项特点。

1. 租船运输一般是整船洽租，并且是以运输价值比较低的大宗散装货物为主，单位运输成本比较低。

2. 租船运输没有固定的航线、固定的装卸港口和固定的船期，而是根据租船人的需要和船东的可能，由双方洽商运输条件，以租船合同的形式加以规定。

3. 租船运输没有固定的运价，租船运价受到租船市场供求关系的制约，是一种竞争价格。

4. 租船运输当中，承租人和船舶所有人之间的权利和义务，是通过双方签订的租船合同来确定的。

5. 租船运输中，船舶港口使费、货物装卸费、船舶延期费用等的承担和支付，按租船合同的规定，由船舶所有人或承租人负担，而班轮运输当中船舶一切正常运营支出，均由船方负担。

（二）租船方式

目前，国际上采用的租船方式，主要包括如下三种。

1. 定程租船

定程租船也称为航次租船，是以航程为基础的租船方式，是由船舶所有人向承租人提供船舶或船舶部分舱位，在指定的港口之间，进行单向或往返的一个或几个航次，用以运输指定货物的租船运输方式。在这种租船方式之下，船方必须要按照租船合同规定的航程，来完成货物运输任务，并且负责船舶的经营管理以及在航行中的一切费用开支，租船人则需要按照约定支付运费。

定程租船的特点：船舶的经营管理是由船方负责；规定运输的航线和装运货物的种类、名称、数量以及装卸港口；船租双方的权利和义务，以定程租船合同为依据；在租船合同当中，要对装卸货物的时间加以规定，船租双方要计算滞期费和速遣费。

定程租船按照运输的形式，可以分为如下这几种。

（1）单程租船

也称为单航次租船，即所租的船舶只装运一个航次的货物，船舶所有人负责将指定的货物从起运港运往目的港，货物在目的港卸货之后，租船合同即告中止。

（2）来回程租船

又称为往返航次租船，是船舶所有人提供船舶完成一个往返航次的租船方式。

（3）连续单程租船

又称为连续单航次租船，是船舶所有人提供船舶在同一去向的航线上，连续完成几个单航次运输的租船方式。

（4）包运合同租船

这种租船方式是船舶所有人，在约定的期限内派若干条船，将规定的一批货物，按照同样的租船条件，由甲地运到乙地，而对于航程次数不做出具体规定的租船方式。

2. 定期租船

定期租船又称为期租船，是指由船舶所有人将特定的船舶，按照租船合同的约定，在约定的期间内，租给承租人使用的一种租船方式。在规定的期间内，船舶由租船人自行调度与经营管理，向船舶出租人支付租金。定期租船的租期是根据租船人的实际需要，由双方约定，少则几个月，多则几年或更长的时间。

定期租船的特点：租赁期间船舶的经营管理，是由租船人负责；船方负责船舶的维护、修理和机器的正常运转；不规定船舶的航线与装卸港口，只规定船舶的航行区域，除了特别的规定以外，可以装运各种合法货物；船租双方的权利与义务，是以期租合同为准；在合同当中，不规定装卸期限或装卸率，船租双方不计算滞期费与速遣费。

3. 光船租船

光船租船又称为船壳租船，也是期租船的一种。不过在这种租船方式下，船舶所有人不具有承揽运输的责任，它实际上是一种财产租赁的方式。在租期以内，船舶所有人只提供一艘空船给租船人使用，船舶配备船员、运营管理、供应以及一切固定或变动的运营费用，都由租船人负责。船舶所有人在租期以内，除了收取租金以外，对于船舶和其经营不再承担任何的责任和费用。

（三）租船合同

租船合同是船舶出租人和租船人，按照契约自由原则达成的协议，依照此协议船舶出租人将船舶全部或部分，提供给租船人使用，租船人向船舶出租人支付一定的报酬（运费或租金），租船合同是海上运输合同的一种。

1. 租船合同范本

租船是通过船舶所有人与租船人，签订租船合同来实现和约定法律责任的。租船合同的签订，是一项细致而严密的工作，为了各自的利益，船租双方在谈判当中，要对于租船合同的条款进行仔细斟酌、反复推敲，必然会造成长期的交易磋商过程，产生大量的通信费用。

为了简化订租手续，节约签租时间和费用，同时也为了维护自己的利益，国际当中一些航运垄断组织、大型船公司和大宗货物贸易商会，根据各自的特点，结合货物的种类、运输航线等，预先编制了可供船租双方选用的租船合同范本，其中列出了合同的主要条款，作为洽谈合同的基本意向。在租船交易当中，可以选择适用的租船合同范本，作为参考基础。

租船合同范本的种类有很多，目前在国际航运市场当中，被采用比较多、比较具有影响力的标准租船合同格式，主要有如下这三类。

（1）第一类，定程租船方面

1）杂货租船合同

其中，包括标准杂货定程租船合同（Uniform General Charter），简称金康合同（GENCON）；斯堪的纳维亚航次租船合同，简称斯堪康合同（SCANCON）。

2）煤炭租船运输合同

有威尔士煤炭租船合同和普尔煤炭航次租船合同这两种。

3）谷物运输租船合同

有谷物泊位租船合同、北美谷物航次租船合同、澳大利亚谷物租船合同、太平洋沿岸谷物租船合同四种。

4）矿石租船运输合同

有C（矿石）租船合同与铁矿石租船合同两种。

5）液体货物运输租船合同

有油轮航次租船合同、气体航次租船合同与化学品船航次租船合同三种。

除此之外，还有古巴食糖租船合同、北美化肥航次租船合同和波罗的海木材船租船合同等。

（2）第二类，定期租船方面

1）纽约土产交易所定期租船合同（Time Charter New York Produce Exchange）

简称为土产格式（NYPE Form），是美国纽约土产交易所制定的定期租船合同的标准格式，现行的是2015年的修订版，代码为"NYPE 2015"。

2）波尔的姆统一定期租船合同（BALTIME Uniform Time Charter Party）

简称波尔的姆（BALTIME），是由波罗的海国际航运协会于1909年所制定，并且由英国航运公会认可，现行的是1974年的修订版。

3）中国定期租船合同（SINOTIME 1980）

该合同的格式，是由中国租船公司所制定，是专门用于中国租船公司从国外期租船使用的租船合同标准格式。

（3）第三类，光船租船合同的标准格式

有光船租船A式合同（BARECON A，1974）和光船租船B式合同（BARECON B,

1974）。前者是由波罗的海国际航运公会制定的光船租船合同标准格式，后者是由波罗的海国际航运公会制定、专门用于抵押贷款新造船舶的光船租船合同的标准格式。

2. 定程租船合同的主要条款

定程租船合同的主要条款，包括如下各项。

（1）合同当事人

租船合同的当事人，是指对于租船合同履行承担责任的人。定程租船合同的当事人，应该是船舶所有人与承租人。因此，在定程租船合同当中必须要列明船舶所有人和租船人的名称、地址和主要营业所的地址。

（2）船舶概况

船舶概况说明是合同的条件条款，主要包括如下各项在内。

1）船名

船名是合同的重要条件之一，必须要正确无误。在船舶出租期间，船东不得随意更换船名，否则就属于违约。为了船东经营当中的便利，可以在合同中列明两艘船舶，由船东选择其中之一，或者在合同中写明“或其代替船”“或其姊妹船”，以赋予船东更换船舶的权利。

但是，船东指定的替代船舶的状况，应当与原约定中的船舶相符。替代船舶一经选定，船东应当及时地通知租船人，并且不得再次更换。

2）船旗

船旗也是合同的一个重要条件，在合同履行期间，船东不得擅自变更船舶国籍或变换船旗，否则即属违约。

3）船级

船级是船舶检验机关认定的船舶技术状态指标，是合同的一个条件条款，如果违约，承租人可以解除合同。

4）船舶的吨位

船舶的吨位，既是表示船舶大小和装载货物数量的基本资料，也是港口费用、运河通行费、代理费、吨税等征收的基本参数。因此，在租船合同当中要记明船舶的登记吨位和载重吨位。由于在缔结定程租船合同之时，船舶所有人对于本航次实际可以装载货物的数量，难以定出确切的数字，因此，在定程租船合同当中通常只规定一个装载货物的大概数量和可增减的百分比。

（3）受载期与解约日

受载期是船舶在租船合同当中，规定船舶到达约定的装货港，并且做好装货准备的期限。解约日是船舶到达合同规定的装货港，并且做好装货准备的最后一天。如果受载期是以“某月某日至某月某日”的形式规定，解约日就是这段时间的最后一天；如果受载期是以具体规定某一天的形式表示的，解约日通常会定在这一天之后的 10 至 20 天之内的某一天。

（4）装货港与卸货港

在定程租船合同当中，对于装货港和卸货港的规定，一般有这两种：一种是列明装货港和卸货港名称，另一种是不具体列明港口名称，只规定一个大致的范围，由租船人进行选择。为了保证船舶进出港口与在港内装卸作业的安全，装卸港口必须是安全港口。

安全港口的定义：安全港或安全泊位，是指下一个港口或泊位，能使船舶在抵达、进港、在港停泊和离港的整个相关期以内，在未出现某些非常事件的情况之下，不会运用了良好的航海技术和船艺，仍然处在不能避免的危险之中。关于安全港口的责任归属问题，一般的原则是谁对港口的选择有最大的决定权，谁就要对于该港的安全负责。

（5）货物

对于运输货物的品名、种类与包装，在定程租船合同当中，除了具体列明一种货物以外，有时为了租船人在贸易方面的便利，可以规定几种货物或某一类货物，由租船人选择其中的一种或几种，甚至还可以规定为装运合法货物。但是在这种情况之下，船东一般会要求在合同当中增加“危险品除外”的附加条款。此外，还要在合同当中定明货物的包装类型。

关于货物数量的规定方法，一般有这两种：第一，是采用“伸缩条款”，即满舱满载某种货物XX吨，船方选择百分之几的伸缩；第二，是采用“最高最低条款”，即满舱满载某种货物不得超过多少吨，不得少于多少吨，由船方选择。

若在租船合同当中，采用上述方法规定货物数量之时，船舶具体的装载数量应由船长在装货之前，以书面的形式通知租船人，即为“宣载”。船长宣布的载重量，必须在合同规定的范围之内，而且，宣载量一经确定，就不能再做修改。如果租船人提供货物的数量达不到宣载量，则应当向船东支付亏舱运费。

（6）运费

运费是租船人使用船东的船舶，而付给船东的报酬。收取运费对于船东来说是整个租船合同当中最重要的内容，运费条款也是合同的条件条款之一。运费的计收方法。在定程租船合同当中，采用的运费计收方法通常有两种。

一种是规定一个运费费率，利用运费费率乘以货物数量，得出运费的数额。货物数量的计算标准有两个，一种是按照装入量计算，一种是按照卸出量计算。多数货物的装入量会大于卸出量，但是也有些货物，比如磷灰石和木材等的卸出量，会大于装入量，因此当合同采用此种方法计算运费之时，必须要明确按照哪种标准来确定货物的数量，以避免争议的产生。

另一种运费的计收方法，是整船包价运费，即合同当中不规定运费的费率，而是规定整船的运费，无论实际装货数量多少，租船人都按照确定的包价运费支付。

运费的支付方式有预付和到付这两种，在实际租船业务当中，预付运费已经形成习惯做法。预付运费的预付时间有装货完毕之时支付，签发提单之时支付和装货完毕之后的若干天支付等规定。而且在租船合同当中，一般都会写明“无论船货是否灭失，运费概不退还”。运费到付之时，支付时间的规定有这三种情况：船舶到达卸货港支付，卸货完毕之时支付和交付货物之后支付。

（7）装卸费用的划分

在定程租船合同当中，对于装卸费用负担划分的规定，一般有如下这几种方法。

1）班轮条款（Liner Terms, or Gross Terms）是指由船东负责雇用装卸工人，并且负担货物的装卸费用。

2）船东不负责装卸费用（Free In and Out, FIO），简称FIO条款，是指由租船人负担货物的装卸费用。为了明确理舱、平舱费用，也是由租船人负担，需要采用FIOST（Free In and Out, Stowed and Trimmed）条款。

3）船东不负担装货费用（Free In, FI），简称FI条款，是指船东不负担装货的费用。但是如果船东仅不负责装货的费用，还要负担卸货的费用，则可用“FILO（Free In, Liner Out）”条款，它是FI条款的变形。

4）船东不负担卸货费用（Free Out, FO），简称FO条款。根据这一条款，装货费是由船东负担，卸货费是由租船人负担。有时为了更明确地表达船东负担装货费用，不负担卸货费用，可以用“LIFO（Liner In, Free Out）”条款，它是FO的变形。

租船人在与船东洽定装卸费用负担条款之时，应当注意与贸易合同价格的条件相衔接。

（8）装卸时间

在定程租船运输当中，船舶的时间损失是由船东承担的，因此，船东总是希望尽量缩短每个航次的时间，以提高船舶的运营效率。装卸时间，也是整个航次时间的一个重要组成部分，会涉及当事人双方的利益，需要在合同中加以明确。

如果在租船合同当中没有规定装卸时间，那么就按照港口习惯尽快地装卸。船舶所有人不得向租船人收取任何滞期费，除非租船人在装卸的过程中有过失，并因该过失导致了船期的延误。同样，租船人也不得向船舶所有人要求任何速遣费。

若在定程租船合同当中规定有装卸时间，有关装卸时间的规定方法，通常包括如下这几种。

1）规定出装货若干日（小时）和卸货若干日（小时）。

2）规定出装货和卸货共若干日（小时）。

3）规定出每日装货和卸货若干吨。

4）规定出每日每舱口装货和卸货若干吨。

当装卸时间按照“日”计算之时，对于“日”的含义，在合同当中应该加以明确。在定程租船合同中，对于“日”的表示，有如下这几种。

1）连续日

从开始装卸之时起计，时钟连续走过24小时为一日，时间上不作任何扣除。

2）工作日

是指按港口习惯工作时间计算装卸的时间，非工作时间不计入装卸的时间。

3）累计8小时工作日

是指不管港口习惯的工作时间如何，以累计进行装卸作业8小时为一个工作日。

4）累计24小时工作日

是指不管港口习惯的工作时间如何，以累计进行装卸作业24小时为一个工作日。

5）好天气工作日

这里所指的“好天气”是有特定含义的，即只要不影响到货物正常装卸作业的天气，都算是好天气。该种工作日是指除了星期天和法定假日不算装卸时间以外，因天气不良不能进行装卸作业的时间也不计入装卸时间。

6）连续24小时好天气工作日

是指在好天气工作日当中，昼夜连续作业24小时算作一日。

在计算装卸时间之时，除了对于装卸时间“日”的选择以外，还会涉及许多的细节问题，例如星期天、节假日是否计入装卸时间？装卸时间是否可以合并计算？在开始装卸时间以前所进行装卸作业的时间，是否计入装卸时间？装卸时间从何时算起和算到何时为止？诸如此类，对于这些细节问题，都要在合同当中写明，以免在执行合同之时发生争议。

（9）滞期费与速遣费

滞期费是指并非由于船东的原因，使得租船人未能在合同规定的装卸时间之内，完成装卸作业，对于因此产生的船期延误，按照合同的规定向船东支付的费用。

滞期费是按照船舶滞期时间，乘以合同规定的滞期费率来计算的。滞期时间的计算有两种方法：一种是“滞期时间连续计算”（一旦滞期始终滞期），即进入了滞期期以后，该扣除的星期天、节假日及坏天气，这些不能进行作业的时间就不再扣除，而是按照自然日有一天算一天，所有的时间都作为滞期时间；第二种是“滞期时间非连续计算”，也称为“按同样的日”计算，即滞期时间与装卸时间一样计算，该扣除的时间同样扣除。

速遣费是在合同规定的装卸时间届满之前，租船人提前完成的装卸作业，使得船舶可以提前离港，并且使得船东节省在港费用和获得船期利益，船东按照合同的规定，向租船人支付的奖金。

速遣费按照船舶速遣时间，乘以合同规定的速遣费率来计算。速遣时间的计算也有两种方法，一种是“按节省的全部工作时间计算”，即在计算速遣时间之时，对于星期天、节假日全部扣除，不作为速遣时间；第二种是“按节省的全部时间计算”，即用合同规定的装卸时间，减去实际使用的装卸时间，星期天、节假日也作为速遣时间进行计算。

3. 定期租船合同的主要条款

定期租船合同的主要条款包括如下各项。

（1）船舶说明条款

船舶说明条款主要包括两部分内容，一部分是船名、船期、建造年月、船舶吨位、吃水等方面的内容，其规定和作用与定程租船合同基本相同；第二部分是有关航速和耗油量等方面的规定，这是不同于定程租船合同的重要内容。

在定期租船方式之下，船舶的时间损失是由租船人承担，而且租船人要负担船舶的燃料费用，因此航速和燃油消耗量，会直接关系到租船人在船舶运营期间内的成本和经济效益，船东有义务提供符合合同规定的航速和燃油消耗量的船舶。在BALTIME和NYPE 2015当中，对这一内容的规定相差不大，基本含义为船舶在满载、良好天气、风力不超过蒲氏XX级，能够达到航速大约XX节，消耗大约XX吨燃油。

（2）租期

租期是租船人租用船舶的期限，在定期租船合同当中对于租期，一般有如下这几种规定方法。

1）默示伸缩性规定

比如“约1年”或“约9个月”等，即便合同双方没有在租期前加上大约的字样，法庭在解释之时，仍然会“默示的”给予一个伸缩期限。

2）明示伸缩性规定

在规定租期的同时，规定伸缩期及其选择权，比如“租期1年，25天伸缩，由租船人选择”，即租期为1年，由租船人选择提前或顺延25天，但这25天是租船的极限，不得超出。

3）订明租期的最长和最短期限

比如“最短3个月，最长9个月”。这里的最长、最短的期限，是严格的，一天都不得超出（最长期限），一天也不能减少（最短的期限），否则租船人便属于违约。

（3）交船

交船是船东在合同规定的时间和地点，将合同当中指定的船舶交给租船人使用，交船是定期租船合同履行的开始。在实际交船以前，船东应当将预期交船的时间，或确切交船的时间通知给租船人，使其做好接船准备和货运的安排。如果船舶所有人没有在合同约定的时间内交船，租船人则有权取消合同，并且提出赔偿的要求。

交船日期的规定，通常有如下这几种方式。

1）特定日期；

2）从XX日至XX日；

3）不早于XX日或不晚于XX日。

有关交船的地点，合同当中一般有如下这几种定法。

1）在指定的港口交船；

2）在指定码头或泊位交船；

3）在指定港口的引水站交船；

4）在指定港口领航员登船之时交船；

5）在航行途中的某地交船；

6）在列明的数港中，由租船人选择。

交船之时，对于船舶状态的规定，主要包括如下这几个方面。

1）船舶的所有货舱，已经准备就绪并且清扫干净，适于装运约定的货物；

2）船舶必须坚实、牢固、密水，在各方面能适应货物的要求；

3）船舶必须要有压舱水和足够的动力，能够同时运转所有的起货设备。

如果船舶在交船之时，不符合上述的要求，租船人有权拒绝接船。

（4）还船

还船是在合同约定的租期届满之时，租船人将船舶交还给船舶所有人的行为。

还船与交船一样，在合同当中对于还船日期、地点、条件等，都要加以明确规定。原则上租船人应该在租船期限届满之时还船。但是，在实践当中很少有船舶最后一个航次结束日恰好与租期届满之日相吻合的情况，因此常常会延迟还船或提前还船，这主要取决于租船人使用船舶进行最后一个航次的结束时间。在实际还船之前，租船人应当将具体还船的港口和大致时间，通知给船舶所有人。

还船地点一般规定为某一特定港口或地点，或者规定某一范围以内的某一港口或地点，由租船人选择，也有规定引航员离船的时间，为还船时间等方式。

在租船人还船之时，船舶所有人必须要接受船上的剩油，并且按照当地的市场油价结算后支付给租船人。此外，还要求所还船舶应当处于与交船之时同样良好的状态，正常磨损除外。因此，如果船舶有损坏，租船人应当在还船之前进行修复。否则，租船人不但要负责船舶的修理费，还要赔偿船舶所有人在修船期间所遭受的一切经济损失。

（5）租金支付

在定期租船方式之下，租船人必须要准时、足额支付租金，否则有可能会导致船东撤船。租金的准时支付，是以付到为准，即按照合同规定付到船东手里或者付到船东指定的收款银行和账户。

租船人只有在如下这三种情况下，才可以停付租金。

1）合同规定在该种原因下，可以停付租金的，如停租条款当中规定的事项；

2）由于船东方面的原因，所造成的船舶时间损失；

3）船舶灭失。

在少数几种情况下，租船人可以抵减和扣除租金，比如船长借支、上期租金多付、代垫款项、佣金和利息等，而除了上述合法扣除项目以外，租船人的任何非法扣除和少付，都可能导致船东撤船。

在租船人违反支付租金义务的情况之下，船东如欲行使撤船的权利，则必须要在合理的时间之内，而且必须要明确地通知租船人及船长，撤船应当是终局性的。

（6）停租

停租是指在租期以内，由于约定的原因，致使租船人不能按照合同的规定使用船舶。在停止使用船舶期间，租船人可以停付租金。停租不以船东或其雇员的过失或疏忽作为前提条件。

在不同的合同当中，对于停租条件的规定，是不一样的。

NYPE 2015当中，规定的停租条件包括如下各项。

1）船员不足，或船员的过失或罢工；

2）船舶供应不足；

3）火灾；

4）海船体、主机以及设备的故障或损坏；

5）搁浅；

6）船舶由于被捕获（扣留）而导致的延滞，但是由于租船人方面的原因，导致船舶被扣的除外；

7）船、货海损事故，而引致的延滞，但是由于货物固有的瑕疵、质量、缺陷引起的除外；

8）船舶因为检验或涂底入干坞；

9）任何其他类似于阻止船舶完整工作的原因。

BALTIME正规定的停租条件包括如下各项。

1）船舶入干坞；

2）为了维持船舶的有效性能，而采取的其他合理措施；

3）人员或物料不足；

4）机器损坏；

5）船壳损坏；

6）其他事故，防止或阻碍了船舶的工作，并且持续24小时以上；

7）清洗锅炉工作将超过48小时。

由于以上的原因，船舶无法从事运营，在造成时间损失期间，租船人可以停止支付租金，直到船舶完全恢复运营之时为止。

（7）转租条款

在定期租船合同当中，大多都规定租船人有权转租船舶。在进行船舶转租之时，原租船人和第二租船人之间，要签订转租合同，但是转租合同对于原合同中的出租人，不发生任何效力，原出租人与转租承租人之间，没有直接的租船合同关系。

四、海上货物运输事故的处理

（一）海上货物运输事故及责任划分

国际海上货物运输的时间性很强，地域广大，涉及的部门和作业环节众多，运输单证复杂，运输环境条件多变。因此，在国际海上货物运输的过程当中，就有可能会发生货物的灭失或损坏，即发生货损货差事故。

货运事故按照货物损失的程度划分，可以分为全部损失和部分损失，这种划分方法主要用于保险业务，这是由保险、赔付的方式所决定的。按照事故的性质划分，可分为货损和货差，这种划分方法则适用于海运货物纠纷的处理，比如作为索赔、理赔的计算依据。

货损是指被运输的货物，在运输的过程当中，受到了某种程度的损害，以至于不能保持其原状，或使其失去某些功能乃至不能被利用，即货物失去了部分或全部的价值。而货差是指所运输的货物，在不同的交接环节上出现了数量上的不一致，即交接的货物数量少于贸易合同或提单上注明的数量。

就货运事故责任人而言，货运事故又可以分为承运人的责任事故、托运人的责任事故、第三者的责任事故和不可抗力造成的事故等。不同的事故当事人的责任划分方式，包括如下各项。

1. 托运人的责任

无论是租船运输还是班轮运输，托运人在根据合同将货物交付给承运人之前，所发生的一切货损、货差事故，都由托运人负责。当货物交付给承运人，处于承运人监管之下时，托运人也要对由于其自身原因或过失造成的货损、货差负责。

2. 承运人的责任

货物在承运人监管的过程中，所发生的货损、货差事故，除了由于托运人的原因和不可抗力的原因之外，原则上都是由承运人承担责任。承运人对于货物的监管过程，不仅仅指货物在船积载阶段，也包括待装船和待提货阶段，这要由运输合同的条款约定来决定。

承运人或代其签发提单的人，发现或者有合理的根据，怀疑提单记载的货物状况与实际接受的货物不符，可以在提单上批注，说明不符之处、怀疑的根据或者说明无法核对。经过批注的提单，称为不清洁提单。对于不清洁提单，承运人可以在批注的范围以内，对于收货人免除责任。

3. 第三者的责任

货物在运输的过程当中，仅处于承运人或托运人的监管之下。因此，对于货运事故，尽管确定了是第三者的责任，承运人或托运人还是不能免责。只不过是在承运人与托运人解决完了货损、货差的赔偿问题以后，再根据事故的责任，来确定追究第三方的责任。

第三方的责任，一般是指因为港口企业、陆路及水路运输企业、第三方船舶以及仓储企业等的原因和过失，所造成损坏和差错的责任。如何向第三者索赔，要根据货损、货差发生的时间和地点而定。

为了确定运输事故的责任方，重要的一点是首先明确运输事故发生的阶段，各种货运单证，都是划分承运方、托运方以及其他第三方责任的必要证据。要根据事故的直接或间接原因来确定责任。总之，事故的责任划分，应当以货物在谁的有效控制之下为基准，而且对于任何货损、货差事故，首先解决托运人与承运人之间的赔偿问题，然后才解决承运人或托运人与第三方之间的追偿问题。

（二）海上货物运输的索赔与理赔

索赔是货主对于因为货运事故而造成的损失，向承运人或船舶所有人提出赔偿要求的行为。理赔则是承运人或船舶所有人，对于因其责任造成的货运事故所造成的损失，进行赔偿的行为。索赔和理赔，是一项政策性强、涉及面广的重要工作，会直接影响国家的信誉和企业的利益。根据国家的有关政策，参照国际惯例，以运输合同为依据，认真地做好调查研究，正确地处理运输索赔和理赔，具有重要的意义。

1. 索赔的原则

海上运输事故的处理，是从索赔开始的，进行索赔之时应当坚持实事求是、有理有据、合情合理、区别对待、讲求实效的原则。

实事求是是指根据事故发生的实际情况，分析造成事故的原因，确定事故的责任人及其责任范围。

有理有据是指在提出索赔之时，应当掌握造成货运事故的有力证据，依据合同的有关条款，参照有关的国际惯例，有依据地提出索赔。

合情合理是指根据事故发生的事实，准确地确定损失程度和金额，合理地确定责任方应当承担的责任，根据不同的情况，采取不同的解决方式和方法，必要时可做些让步，使得事故合理、尽早地得以解决。

区别对待是指根据我国对外的国别政策和业务的需要，对于不同的对象采取不同方法区别对待，来处理索赔事件。

讲求实效是指在索赔当中，要注重实际效果，既要考虑到国家利益，也要考虑到政治关系；既要考虑当前利益，也要考虑长远利益。对于已经不可能得到的赔偿，不应当长期纠缠在法律诉讼之中，浪费时间和财力；对于能够收回的部分损失，也不应当为等待全额而放弃。

2. 索赔的条件

一项合理的索赔，必须要具备如下各项条件。

（1）索赔人具有索赔权

提出货物索赔的人，在原则上是货物所有人或是提单上记载的收货人或合法的持有人。但是，根据收货人提出的“权益转让证书”，也可以由有代位求偿权的货运代理人或其他有关当事人提出索赔。货物的保险人也可以是货运事故的索赔人。

（2）责任方必须要负有实际赔偿责任

收货人作为索赔方提出的索赔，应当是承运人免责范围之外的，或属于保险人承保责任范围内的，或贸易合同规定由卖方承担的责任。

（3）索赔额必须是合理的

合理的索赔金额，应当是以货损的实际程度为基础。

（4）在规定的期限以内提出索赔

索赔必须要在规定的期限内，即“索赔时效”内提出，时效过后，索赔人提出的索赔就很难得到赔偿。

3. 索赔的依据和单证

租船合同和提单，是处理索赔和理赔的主要依据，它们都有专门的条款用来规定租船人和船东、托运人与承运人之间的关系，以及各自的权利、义务和责任、豁免等事项。在班轮运输当中，虽然各船公司的提单形式不同，条款多少不等，但是一般都是参照国际上通用的《海牙规则》的条款拟定的。

在租船运输当中，原则上是按照租船合同的条款来处理索赔与理赔工作的，但是仍然不能背离《海牙规则》的基本精神。因此，要处理好索赔和理赔工作，必须要很好地掌握和研究《海牙规则》。

索赔人在提出索赔之时，应当首先承担其收到的货物，而并不是在提单上所记载的状态下接受的举证责任。作为举证的手段与方式，索赔人要出具索赔单证，以便于证明货损的原因、种类、损失程度和货损的责任。在海运货损索赔当中，使用的主要单证包括如下各种。

（1）索赔申请书

此为索赔人正式向承运人提出索赔要求的书面文件。

（2）索赔清单

根据损失的程度和造成损失的原因，来确定对外索赔的比例，按照CIF价格计算损失金额，编制索赔清单，如果商业发票上是FOB价格，而按CIF价格索赔时，还应当提供运费和保险费收据。

（3）提单正本或影印本

提单既是承运人接受货物的收据，也是交付货物给收货人的凭证，还是确定承运人与收货人之间责任的证明。所以，提单是收货人提出索赔的一个主要单证。

（4）卸货港理货单或货物溢短单、残损单等卸货单证

这些单证是证明货损或货差发生在船舶运输过程当中的重要单证。如果这些卸货单证上，批注了货损货差的情况，并且经过船舶大副签字认可，而在收货单上又未做出同样的批注，就证明了这些货损货差是发生在运输途中的。

（5）货物残损检验报告

在货物受损的原因不明或不易区别，或无法判定货物的受损程度之时，可以请具有公证资格的检验机构，对货物进行检验。在这种情况之下，索赔之时必须要提供检验机构检验之后所出具的“货物残损检验证书”。

（6）商业发票

商业发票是贸易当中，由卖方开出的一种商业票据，是计算索赔金额的主要依据。必要之时，应当加附装箱单或磅码单。

（7）费用单证

这是向船方索赔修理、整理货物费用的证明文件。

（8）其他单证

在必要之时，还需要提供火灾鉴定报告、卫生或动植物检验证明、权益转让证书等。

总之，由于索赔案件的性质、内容不同，所需要的索赔单证和资料也就不同，对于索赔之时提供的资料和单证并没有统一的规定，但是索赔的资料和单证必须要齐全、准确，内容要相互衔接、一致，不能自相矛盾。

4. 索赔的一般程序

处理索赔案件的程序和手续，因为承运货物的船舶经营方式不同，而有所区别。索赔的一般程序包括如下各项。

（1）发出索赔通知

货运事故发生之后，第一发现人负有报告的责任。比如在船舶运输途中发生事故之时，船长有责任发表海事声明；收货人提货之时发现货损货差，应当将货损货差的事实，以书面的形式通知承运人或承运人在卸货港的代理人，声明保留索赔的权利，否则承运人可以免除责任。

（2）提交索赔申请书和索赔单证

索赔申请书和索赔单证，是索赔人向承运人正式要求赔偿的书面文件，提交之后，便意味着正式提出了索赔要求。因此，如果索赔方仅仅是发出了货损通知，而没有递交索赔申请书和出具有关的货运单证，则可以被解释为没有提出正式的索赔要求，承运人就不会受理货损货差的索赔，即不会进行理赔。

（3）办理索赔手续

采用班轮运输或程租船运输发生货损货差之时，凡是出口货物，由国外收货人（或提单持有人和货物承保人）直接向承运人办理索赔；凡进口货物，一般情况下是由货运代理人代表有关进出口公司，以货方的名义向承运人办理索赔。

由外运公司期租船运输的货物，无论出口或进口，都是由外运公司办理索赔。

从法律的角度来说，索赔可以通过当事人双方的协调、协商，或通过非法律机关的第三人的调停予以解决。但是，在调解、协商无效，解决问题无望的情况之下，索赔人可以通过法律的手段解决，即提起诉讼。

《海牙规则》规定的诉讼时效期限为一年。我国《海商法》规定：“就海上货物运输向承运人要求赔偿的请求权，时效期为一年，自承运人交付或者应当交付货物之日起计算。”

除了协商不成，可以提起诉讼外，在一定条件之下，还可以通过仲裁的手段来解决纠纷。目前，我国专门调整仲裁关系的法律，主要是1995年实施的《仲裁法》。我国目前的海事仲裁机构，是中国海事仲裁委员会。

Section 3

第三节　国际铁路运输

铁路运输是现代运输业的主要运输方式之一，与其他的运输方式相比，铁路运输具有运输速度快、载运量大、安全可靠、运输成本低、运输准确性和连续性强等特点。在我国的对外贸易当中，无论是出口货物还是进口货物的运输，一般都要通过铁路运输这一环节，如果仅以进出口货物的运量来计算，铁路运输承担的货运量，是仅次于海上运输而居第二位的，可见铁路运输在我国的对外贸易运输当中，起着重要的作用。

我国对外贸易铁路运输，包括国际铁路联运和香港地区的铁路运输这两大部分。

一、国际铁路联运

国际铁路联运是指货物在两个或两个以上国家的铁路运送当中，使用一份运送票据，并且是以连带责任办理货物的全程运送。在由一个国家的铁路向另一个国家的铁路移交货物之时，无须发货人和收货人参加，这种运输方式称为国际铁路联运。

（一）国际铁路联运的发展概况

国际铁路联运开始于19世纪后半期的欧洲，当时欧洲国家之间开办了国际铁路货物联运。1890年欧洲各国外交代表在瑞士首都伯尔尼举行了会议，制定了《国际铁路货物运送规则》，即《伯尔尼公约》。该公约自从1893年1月1日起实行后，经过了多次修订，在1934年伯尔尼会议上，经过修改之后改称《国际铁路货物运送公约》（简称《国际货约》），并且于1938年10月1日起开始实行。截至2017年，有包括欧洲、亚洲和北非在内的30多个国家参加了该公约。

第二次世界大战以后，国际形势发生了很大的变化，随着世界经济与国际贸易的发展，国际铁路联运的范围也在不断扩大。

1951年11月出于发展国际铁路联运的需要，当时的苏联、阿尔巴尼亚和已经参加《国际货约》的保加利亚、匈牙利、罗马尼亚、波兰、捷克斯洛伐克和民主德国等八国，签订了《国际铁路货物联运协定》（简称《国际货协》），开始办理国与国之间的货物联运。

1954年1月，中国、朝鲜和蒙古，参加了《国际货协》，越南也于1956年6月参加了这一协定，至此共有12个国家参加了《国际货协》。1990年10月3日，由于德国的统一，民主德国退出了《国际货协》。后来，随着东欧形势的变化，匈牙利、捷克等国也于1991年1月1日起退出了《国际货协》，但是铁路联运业务并未终止，原“货协”的运作制度仍然被沿用着。

现今，中欧班列正是国际铁路货物联运的典型。

（二）国际铁路联运的基本条件

1. 国际铁路联运的范围

（1）参加《国际货约（协）》和未参加《国际货约（协）》但是采用《国际货约（协）》规定的铁路间货物运送

发货人在发站用《国际货约（协）》的运单办理，铁路从发站以一份运送票据负责将货物运至最终到站，交付给收货人。

（2）未参加《国际货约（协）》铁路间的货物运送

发货人在发站使用《国际货约（协）》运送票据，将货物办理至参加《国际货约（协）》的最后一个过境铁路的出口国境站，由该国境站的站长或发货人、收货人委托的收转人转运至最终到站。

（3）通过过境铁路港口站的货物运送

从参加《国际货约（协）》铁路的国家，通过参加《国际货约（协）》的过境铁路港口，向其他国家（无论这些国家的铁路是否参加《国际货约（协）》）运送货物或向相反的方向运送货物之时，用《国际货约（协）》的运送票据，只能办理至过境铁路港口站止，或者从这个站起开始办理，由港口站的收转人办理转发送手续。

2. 国际铁路联运办理的业务种类

国际铁路联运办理的业务种类，分为整车、零担和大吨位集装箱三种。

（1）整车

是指按照一份运单托运的、按其种类或体积需要，使用单独车辆装运的货。

（2）零担

是指按照一份运单托运的、重量不超过5000千克，按其种类或体积不需要使用单独车辆运送的货物。但是，如果有关铁路之间另有商定条件，也可以不适用《国际货约（协）》整车和零担货物的规定。

（3）大吨位集装箱

是指按照一份运单托运的、用大吨位集装箱运送的货物或空的大吨位集装箱。

（三）国际铁路联运进出口货物的运输

1. 国际铁路联运出口货物的运输

（1）国际铁路联运出口运输的条款

我国通过国际铁路联运对外出口的货物，多数是以CPT或CIP条件成交的，也有一部分是以FCA条件成交的。在下面，对三种国际联运的条款作个介绍。

1）CPT条款

CPT是Carriage Paid to的缩写，意思是“运费付至”，是指卖方向其指定的承运人交货，支付将货物运至目的地的运费，并且办理出口清关手续。买方则需要承担货物交承运人或第一承运人之后的一切风险和其他费用。

2）CIP条款

CIP是Carriage and Insurance Paid to的缩写，意思是“运费和保险费付至”，是指卖方向其指定的承运人交货，支付将货物运至目的地的运费，并且办理出口清关手续，办理货物运输保险，支付保险费用。买方则需要承担货物交承运人，或第一承运人之后的一切风险和其他费用。CIP术语只要求卖方投保最低限度的保险险别。

3）FCA条款

FCA是Free Carrier的缩写，意思是“货交承运人”，是指卖方只要将货物在指定的地点，交给买方指定的承运人，并且办理了出口清关手续，即是完成交货。

为了顺利地执行合同当中规定的国际铁路联运条款，避免合同当事人在执行合同之时发生争议，在贸易合同当中，应当注意如下这几点。

第一，交货的条款要明确具体。在贸易合同当中，除了要写明上述贸易术语以外，交货地点一定要明确具体，不能含糊不清，比如“某某国”“欧洲主要城市”“内陆城市”等。

第二，允许分批装运。由于国际铁路联运计划等方面的原因，对于某些成交数量比较大的货物，在合同当中应规定“在合同交货期以内，允许分批装运”。

第三，结汇条件。国际铁路联运的出口货物，是凭着国际铁路联运的运单，来对外结汇的。在合同当中应规定“凭《国际货约（协）》运单结汇”。

第四，避免信用证双到期。在CPT和CIP条件之下，我国的出口货物应当由我国的卖方负责装车发运，为了防止某些时候因为联运计划未能获得批准，从而造成不能履行合同，可以经过双方当事人商定，在贸易合同当中订明“信用证需列明如不能按期装运，则信用证装运期和结汇期间，都可以自动地展延”。

（2）国际铁路联运出口货物的运输业务

国际铁路货物联运出口货物运输业务，主要包括铁路联运出口货物运输计划的编制，出口货物的托运与承运，联运出口货物在国境站的交接和交付等。

1）国际铁路联运出口货物运输计划的编制

国际铁路联运出口货物，凡是以整车进行发运的，必须要有经过铁路部门批准的月度、旬度和每日的运输计划。因此，各外贸发货单位在签订了贸易合同以后，应当积极地备货，并且按照铁路部门的规定来编制运输计划。发运零担货物，不需要编制运输计划，但是发货人必须要事先向铁路发车站办理托运手续。

在各种铁路运输计划当中，以月度运输计划最为重要，执行得最为严格。月度运输计划是各外贸发货单位在每月7日前，填写下月的“月度运输计划表”，报送铁路车站、铁路分局和铁路局，铁路局将运输计划汇总以后，上报到铁道部运输局，经过批准后，在每月24日下达到铁路分局、铁路车站，当日即通知到发货人。

在运输当中，如果遇到特殊情况而发生计划变更和计划外要车之时，发货人应当向铁路部门提出变更计划和计划外要车计划，铁道部核准以后下达执行。铁路月度运输计划只能变更一次，计划外要车计划不办理变更。铁路月度运输计划批准以后，各外贸发货单位还要在此基础上编制旬度和日装车计划，以作为月度运输计划的具体执行计划。

2）国际铁路联运出口货物的托运与承运

国际铁路联运出口货物托运和承运的一般程序，具体包括如下各项。

第一，发货人在办理货物托运之时，应当向铁路车站提交铁路货物运单，以此作为货物托运的书面申请。

第二，铁路车站接到运单以后，要认真审核，检查运单上的各项内容是否正确、齐全。如果发运的是整车货物，车站还应当检查是否有批准的月度、旬度运输计划和日要车计划。如果确认可以承运，应当予以签证，在运单上写明货物进入车站的日期和装车日期，表示铁路已经受理托运。

第三，发货人应当按签证指定的日期，将货物搬入车站或指定的货位。铁路车站根据运单上的记载查对实货，确认其符合国际通行的有关铁路运输规章制度规定以后，车站才可以接受货物。

第四，整车货物在装车完毕以后，发车站在运单上要加盖承运日期戳，即为承运。零担货物，是发车站将发货人托运的货物，连同货物运单一同接受完毕，在货物运单上加盖承运日期戳之时，即表示货物已经承运。

托运、承运完毕，铁路运单作为运输合同即开始生效，铁路按照《国际货约（协）》的规定，要对货物负保管、装车，并且运送到指定目的地的一切责任。

3）国际铁路联运出口货物的运输单证

国际铁路联运出口货物的运输单证，分为两类：一类是国际铁路联运运单，另一类是运单的添附文件。

国际铁路联运运单，是参加国际铁路货物联运的铁路与发货人、收货人之间，缔结的运输合同，规定了参加联运的各国铁路和发货人、收货人之间，在货物运送上的权利、义务和责任，对于承运人和货主，都具有法律效力。

国际铁路联运运单，是由五张所组成：第一张——运单正本；第二张——运行报单；第三张——运单副本；第四张——货物交付单；第五张——货物到达通知单。

经过国际铁路联运的出口货物，在运输当中要履行海关检查、商品检验等法定手续，这些方面的运输单证，也是必不可少的，比如出口货物明细单、出口货物报关单、出口外汇核销单。根据货物性质的需要，还可能要包括出口许可证、品质证明书、检验证、卫生检疫证、动植物检验检疫证、装箱单、磅码单、化验单、产地证和发运清单等有关单证，这些单证视合同的规定和货物的不同要求而定。

上述这些单证，都是运单的添附文件。发货人办理托运之时，记入运单“发货人添附的文件”栏内，交给承运人，牢固地附在运单上，随货物同行。

4）国际铁路联运出口货物在国境站的交接

在相邻国家铁路的终点，办理从一国铁路向另一国铁路移交或接收货物和车辆的车站，称为国境站。我国的国境站，除了设有一般铁路车站应有的机构以外，还设有国际联运交接所、海关、出入境检验检疫所、边防检查站以及中国对外贸易运输（集团）总公司所属的分支机构等单位。

国境站除了办理一般铁路车站的业务以外，还办理国际铁路联运的有关业务，内容包括国际铁路联运货物、车辆和列车与邻国铁路的交接，货物的换装或更换轮对，运送票据、文件的翻译以及货物运送费用的计算与复核等。

出口货物在国境站交接的一般程序，具体包括如下各项。

第一，出口国境站的货运调度，根据国内前方站列车到达预报，通知国际联运交接所和海关做好接车的准备。

第二，出口货物列车进站以后，铁路会同海关接车，并且将列车随带的运送票据送交接所处理，货物及列车接受海关的监管与检查。

第三，国际联运交接所实行联合办公，由铁路、海关、外运公司等单位参加，并且按照业务分工，实行流水作业，协同工作。铁路主要是负责整理、翻译、运送票据，编制货物和车辆交接单，以此作为向邻国铁路办理货物和车辆交接的原始凭证；外运公司主要是负责审核货运单证，纠正出口货物单证的差错，处理错发错运事故；海关则是根据申报，经过查验单、证、货相符，符合国家法令及政策规定的，即准予解除监管，验关放行。

第四，由双方铁路具体办理货物和车辆的交接手续，并且签署交接证件。

联运出口货物在国境站的交接方式，可以分为凭铅封交接和按实物交接这两种方式。凭铅封交接的货物，根据铅封的站名、号码或发货人简称，来进行交接，由双方铁路凭完整的铅封，办理货物的交接手续。按照实物交接，可以分为只按货物重量、只按货物件数和按货物现状交接这三种方式。

联运出口货物在国境站换装交接之时，如果发现货物短少、残损、污染、湿损、被盗等事故，国境站外运分公司应当会同铁路查明原因，分清责任，分别加以处理。如果是由于铁路原因造成的货物残损短缺，要提请铁路编制商务记录，并且由铁路负责整修。整修所需要包装物料，是由国境站外运分公司根据需要与可能来协助解决，但是费用由铁路承担。

如果是发货人的原因造成的事故，在国境站条件允许的情况之下，由国境站的外运分公司组织加工整修，但是需要由发货人提供包装物料，负担所有的费用和损失。因为技术条件的限制，无法在国境站加工整修的货物，应当由发货人到国境站指导，或将货物返回发货人处进行处理。

2. 国际铁路联运进口货物的运输

我国国内有关订货及运输部门，对于联运进口货物的运输组织工作，主要包括联运进口货物在发运之前，编制运输标志；审核联运进口货物的运输条件；向国境站寄送贸易合同资料；货物和车辆在国境站的交接；进口货物的交付，以及运到逾期计算，等等。

（1）联运进口货物运输标志的编制

运输标志又称为唛头（Mark），是由一些具有特定含义的字母和数字所组成，一般是印制在货物的外包装上。按照我国的规定，联运进口货物在订货工作开始之前，由商务部统一编制向国外订货的代号，作为收货人的唛头，各进出口公司按照统一规定的收货人唛头，对外签订合同。

（2）审核联运进口货物的运输条件

联运进口货物的运输条件，是合同当中不可缺少的重要内容，因此必须要认真地审核，使之符合于国际联运和国内铁路运输的有关规章。审核联运进口货物运输条件的主要内容，包括收货人唛头是否正确，商品的品名是否准确具体，货物的性质和包装是否符合到站的办理种别，包装是否符合有关的规定等。

（3）向国境站外运公司寄送贸易合同资料

贸易合同资料，是国境站外运公司核放货物的重要依据。因此，各进出口公司在签订贸易合同以后，要及时将一份合同中文抄本，寄给货物进出口口岸的外运分公司。

寄送的贸易合同资料，包括合同的中文抄本和附件、补充书、协议书、变更申请书、更改书和有关的确认函电等。

（4）联运进口货物在国境站的交接与分拨

联运进口货物的交接程序，与出口货物的交接程序基本相同。具体做法：进口国境站的有关单位，根据货车到达预报和确报，做好检查和准备工作，货车到达后铁路会同海关接车，然后两国的国境站交接所根据交接单办理货物和车辆的现场交接手续。

我国进口国境站交接所，要通过内部联合办公，做好单据核放、货物报关工作，然后由铁路负责将货物调往换装线，进行换装作业，并且按照流向编组向国内发运。

进口货物抵达国境站以后，只有在单、证、票、货完全相符的情况之下，才可以核放货物。因此，如果发生合同资料与随车单证不符；单证与货物不符，有票无货或有货无票；货物错经国境站；货物混装，短于或超过合同规定的数量；货物因不符合《国际货约（协）》的规定，遭到铁路拒收等货运事故之时，在国境站的外运分公司，应当根据事故发生的原因，分别进行处理：属于铁路责任所造成的，应当联系铁路进行处理；属于发货人责任所造成的，要根据合同资料和有关规定，认真细致地检查货物，确有可靠依据的可予以纠正，否则应当联系有关公司进行处理。

经过国际铁路联运的进口货物当中的小额订货、合装货物和混装货物，通常是把国境站的外运公司作为收货人。因此，在双方国境站办妥了货物交接手续之后，国境站的外运公司应当及时地向铁路提取货物，进行开箱分拨，并按照合同缮制有关运输单证，向铁路重新办理托运手续。在分运货物之时，应当做到货物的包装牢固，单货相符，并且办清海关的申报手续。

（5）货物运到逾期的计算

铁路承运货物之后，应当在最短的期限以内，将货物运送至最终到站。货物从发站至到站所允许的最大限度的运送时间，称为货物运到期限。货物运到期限，是由发送期间、运送期间和特殊作业时间这三部分所组成。

1）发送期间

无论是慢运货物、快运货物，还是随旅客列车挂运的整车或大吨位集装箱货物，一律为一天（昼夜）时间。发送期间的时间，是由发送路和到达路平分。

2）运送期间

按照每一参加运送的铁路分别计算。慢运整车或大吨位集装箱货物，每200运价公里为一天（昼夜）；零担货物每150运价公里为一天（昼夜）。

快运整车或大吨位集装箱货物，每320运价公里为一天（昼夜）；零担货物每200运价公里为一天（昼夜）。

随旅客列车挂运的整车或大吨位集装箱货物，每420运价公里为一天（昼夜）。

3）特殊作业时间

即在国境站换装、更换轮对或用轮渡运送车辆之时，无论哪种货物的运输，一律延长两天（昼夜）。

运送超限货物之时，运到期限按照算出的整天数，延长百分之百。

以上货物的运到期限，应当是从承运货物的次日零时起开始计算，不足一天的要按一天计算。如果承运的货物在发送之前需要预先保管，运到期限则是从货物指定装车的次日零时起开始计算。

货物实际运送的天数，超过规定的运到期限天数时，即为该批货物运到逾期。如果货物运到逾期，造成逾期的铁路方应当按照该铁路收取运费的一定百分比，向收货人支付逾期罚款。

逾期罚款的计算公式如下：

$$\text{逾期百分率} = \frac{\text{实际运送天数} - \text{按规定计算运到期限数}}{\text{按规定计算运到期限数}} \times 100\%$$

$$\text{逾期罚款}=\text{逾期铁路运费} \times \text{罚款率}$$

《国际货协》规定的逾期罚款率，具体包括如下各项。

逾期不超过总运到期限1/10时，为运费的6%；

逾期超过总运到期限的1/10，但不超过2/10时，为运费的12%；

逾期超过总运到期限的2/10，但不超过3/10时，为运费的18%；

逾期超过总运到期限的3/10，但不超过4/10时，为运费的24%；

逾期超过总运到期限的4/10时，为运费的30%。

自从铁路通知货物到达，和可以将货物移交给收货人处理之时起，一昼夜以内，如果收货人未将货物领出，即失去了领取运到逾期罚款的权利。

二、对香港地区的铁路货物运输

对香港地区的铁路运输，既不同于国际铁路货物联运，也不同于一般的国内铁路货物运输，而是一种特殊的运输方式，其运输全过程是由两部分所组成，一部分是内地铁路运输，另一部分是港段铁路运输，发货人凭着各地外运分公司签发的“承运货物收据”，向银行办理结汇。

（一）香港地区铁路货物运输的特点

对香港地区的铁路运输，是按照国内铁路运输办理的，但是由于内地铁路与香港铁路不办理直通联运，因此，又形成了比较特殊的运输方式：发货人要按国内货物运输方式，向铁路办理货物托运至深圳北站，收货人为深圳外运公司。货物运到深圳北站以后，深圳外运分公司作为各外贸发货单位的代理，与铁路办理租车手续，支付租车费，办理货车过轨去香港。

货车过轨以后，由香港中旅货运有限公司，作为深圳外运分公司在港段的代理，在港段重新起票，办理货物托运至九龙。

由此可见，香港地区铁路运输的特点为“租车方式，两票运输”。

国际铁路联运，是把联运运单作为运输合同，铁路作为承运人负责全程运输，发货人把运单副本作为结汇凭证。但是，在对于香港地区的铁路运输当中，由于内地铁路部门与香港九龙铁路部门之间，没有货运直接通车的运输协议，各地铁路发往香港的货物，并不能一票直达香港，银行不同意把内地的铁路运单作为对外结汇的凭证，为了解决各外贸公司结汇的问题，由各地的外运公司，以运输承运人的身份，向外贸单位提供经过深圳中转香港的“承运货物收据”，发货人以此作为向银行办理结汇的凭证。

（二）对香港地区铁路货物运输的一般程序

对于香港地区的铁路货物运输，包括如下各步骤。

1. 发货地的外运公司或外贸公司，向当地的铁路部门办理从发货地到深圳北站的内地铁路货物运输的托运手续，填写国内铁路货物运单。

2. 发货地的外运分公司或外贸公司，委托深圳外运分公司办理接货、报关、查验、过轨等中转运输手续。如果发货地具备报关条件，也可以在发货地报关。

3. 深圳外运分公司接到铁路的到车预报以后，要对于事先分类编制的有关运输单证加以核对，并且抄送香港中旅货运有限公司以备接车。

4. 货车到达深圳北站以后，深圳外运分公司与铁路进行票据交接。如果单证齐全无误，则向铁路编制过轨计划；如果单证不全，或者有差错，则向铁路编制留站计划。准备过轨的货车，由深圳外运分公司将出口货物报关单或监管货物的关封，连同货物运单送到海关申报。经过海关审查无误的，则会同联检单位对于过轨货车进行联检，联检通过以后，海关即可以放行。

5. 香港中旅货运有限公司向港段海关报关，并且在罗湖车站向九广铁路公司办理托运手续，港段铁路将过轨货车运到九龙车站，交由香港中旅货运有限公司卸货之后，交给收货人。

（三）对香港地区铁路货物运输的主要单证

对于香港地区铁路货物运输的主要单证，包括如下各项。

1. 国内铁路货物运单

国内铁路货物运单，是发货人办理从发货站至深圳北站间货物运输之时，须填写的运输票据，具有运输合同的性质。

2. 供港货物委托书

供港货物委托书是发货人向深圳外运分公司与香港中旅货运有限公司，办理委托货物转运、报关、接货等运输业务手续的依据，也是向发货人核算运输费用的凭证。

3. 出口货物报关单

出口货物报关单是出口货物的必备单证，也是发货人向海关申报货物出口的凭证。

4. 起运电报

为了使深圳口岸和驻港机构及时做好接运准备，发货人应当在货物装车后的24小时内，向深圳外运分公司拍发起运电报，如果在广州的附近装车，应以电话通知深圳外运分公司。

5. 承运货物收据

由各地的外运公司，以运输承运人的身份签发的，经过深圳中转香港的“承运货物收据”，是外贸公司向银行结汇的依据和香港收货人提货的凭证。

Section 4

第四节　国际航空货物运输

航空运输是一种现代化的货物运输方式。与其他的货物运输方式相比，航空运输具有运输速度快，运输环节少，运输质量高，空间跨度大，运输安全、准确，可以节省包装、保险、银行利息等费用的突出优点。

但是，航空运输也有着一定的局限性，主要表现为运输费用高于其他运输方式；运载工具的舱容有限，无法适应大件货物或大批量货物运输的需要；飞机的飞行安全容易受到恶劣气候的影响，等等。

航空运输的货运对象，主要是一些小批量、高价值和对于运输时间有特殊要求的商品。但是，随着高新技术的应用与发展，产品更趋向于薄、轻、小、短，价值的含量更高，加之国际贸易当中交易双方对于运输的及时性、可靠性与运输速度都尤为重视，从而使得航空运输具有更为广阔的发展前景。

一、国际航空货物运输组织

（一）国际民用航空组织

国际民用航空组织（International Civil Aviation Organization，ICAO）是各国政府之间组成的国际航空运输机构，也是联合国所属的专门机构之一。该组织成立于1947年5月13日，总部设在加拿大的蒙特利尔，现如今有191个成员方（截至2017年，数据来源于其官方网站www.icao.int）。我国于1974年正式加入该组织，也是理事国之一。

国际民用航空组织的宗旨，在于发展国际航行的原则和技术，并且促进国际航空运输的规划和发展。作为负责国际航空运输技术、航行及法规方面的机构，国际民用航空组织通过的文件，具有法律效力，各成员方必须要严格遵守。

（二）国际航空运输协会

国际航空运输协会（International Air Transport Association，IATI，简称为“国际航协”），是各国航空运输企业之间的联合组织。国际航协于1944年4月在古巴哈瓦那成立，总部设在加拿大蒙特利尔，执行总部设在瑞士的日内瓦。其会员必须是具有国际民用航空组织的成员方颁发的定期航班运输许可证的航空公司。

截至2018年4月，中国内地有22家航空公司参加了国际航协，成为其正式的会员。国际航协的目标，是调解有关商业飞行当中的一些法律问题，简化和加速国际航线的客货运输，促进国际航空运输的安全和世界范围以内航空运输事业的发展。其主要活动，是进行运价协调、运输服务、代理人事务、法律和技术规范等方面的工作。

（三）国际货运代理协会联合会

国际货运代理协会联合会（International Federation of Freight Forwarders Association，FIATA）简称为“菲亚塔”，其名称来源于法语。国际货运代理人协会，是国际货运代理人的行业组织，于1926年5月31日在奥地利的维也纳成立，总部设在瑞士苏黎世。该组织成立的目的是解决由于国际货运代理业务的日益发展所产生的各种问题，保障和提高国际货物运输代理在全球的利益，提高货运代理服务的质量。

该联合会的成员，不仅局限于国际货运代理行业，而且包括报关行、船舶代理、仓储、包装、卡车集中托运等运输企业。截至2017年，该联合会有来自96个国家和地区的106个协会会员，和分布于161个国家和地区的近6000家企业会员（数据来源于其官方网站www.fiata.com）。

二、国际航空货物的运输方式

（一）班机运输

班机是指在固定的航线上定期航行的航班。班机运输一般有固定的航线、始发站、途经站和到达站。

班机运输可以分为客运航班和货运航班这两种运输方式。在国际贸易当中，由于经由航空运输的货运量有限，所以班机运输是以客运航班为主，通常采用客货混合型飞机，在搭乘旅客的同时，也承揽小批量货物的运输业务。

由于班机运输有固定的航线、固定的航期，并且在一定的时间内，有相对固定的收费标准，便于货主掌握货物的起运和到达时间，核算运输成本，使得合同的履行比较有保障，因此，成为了多数进出口商首选的航空运输方式。但是，由于班机运输大部分使用的是客货混合型飞机，受到飞机舱位的限制，不能够满足大批量货物及时运输的要求，而且在不同季节同一航线客运量的变化情况，也会直接影响到货物装载的数量。

（二）包机运输

当运输货物批量比较大时，包机运输就成为了重要的航空货物运输方式。包机运输分为整架包机和部分包机。

整架包机是航空公司或包机代理公司，按照合同当中双方事先约定的条件和运价，将整架飞机租给租机人，从一个或几个航空港装运货物至指定目的地的运输方式。部分包机则是指由几家航空货运代理公司或发货人，联合包租一架飞机，或者是由包机代理公司，将一架飞机的舱位分别卖给几家航空货运代理公司的货物运输方式。这种包机方式，适于运送一吨以上，但是货运量不足整机的货物。虽然运费要比班机运费低，但是运输的时间较长。

（三）集中托运

集中托运是指航空货运代理公司，将若干批单独发运的货物组成一整批，向航空公司办理托运，使用一份航空总运单，集中发运到同一目的站，由航空货运代理公司在目的地指定的代理收货，再根据航空货代公司签发的航空分运单，分拨给各实际收货人的航空货物运输方式。集中托运是航空货物运输当中，最普遍采用的一种运输方式，也是航空货运代理的主要业务之一。

（四）陆空陆联运

陆空陆联运有三种方式，一种是火车—飞机—汽车联运（Train-Air-Truck），称为TAT运输；第二种是火车—飞机联运（Train-Air），称为TA运输；第三种是汽车—飞机联运（Truck-Air），也称为TA运输。这种运输方式的优点，是运输的速度快，运输的费用较低，因此，从20世纪70年代开始，我国每年要有几百吨的货物，采用此种方式经由香港陆空联运出口。

（五）航空快递

航空快递又称为航空快件、快运和航空速递，是由专门经营该项业务的航空货运公司与航空公司合作，派专人以最快的速度，在货主、机场、用户之间，传递急件的运输服务业务，是目前国际航空运输当中，速度最快的运输方式。其运送对象多为急需的药品和医疗器械、贵重物品、图纸资料、货样、单证和书报杂志等小件物品。

航空快递的业务方式，有如下这三种。

1. 门／桌到门／桌（Door/Desk to Door/Desk）

这种运输方式是发货人发货之时，电话通知航空快递公司，快递公司派人上门取货，将所收到的货物集中到一起，根据目的地进行分拣、整理、制单、报关、托运，然后发往世界各地。

货物到达目的地以后，再由到达地的快递分公司办理清关、提货手续，并且将货物送至收货人手中。这种服务形式是航空快递公司的主要业务，也是航空速递当中，采用最多的服务形式。

2. 门／桌到机场（Door/Desk to Airport）

这种运输方式与前一种相比，区别在于，快件到达目的地机场以后，不是由快递公司办理清关、提货手续并送达收件人，而是由快递公司通知收件人自己办理相关手续。与前一种服务形式相比，此种形式对于客户来说，并不太方便。

3. 专人派送

这种服务方式是由快递公司，指派专人携带快件在最短的时间内，将快件直接送到收货人手中。这是一种特殊服务，收费比较高，一般很少被采用。

三、航空进出口货物的运输

（一）航空进口货物的运输

进口货物的航空运输，可以通过空运代理办理，其业务程序为如下各项。

1. 货物在国外发货之前，进口单位应当将合同副本或订单以及其他的有关单证，送交进口空港所在地的空运代理，作为委托报关、接货的依据。

2. 货物到达以后，空运代理接到航空公司的到货通知以后，应当从机场或航空公司营业处取单（航空运单第三联正本）。

3. 空运代理取回运单以后，应当与合同副本或订单进行核对，核对无误后，应立即填制“进口货物报关单”，并且附上必要的单证，向设在空港的海关办理报关。

4. 海关审单通过以后，空运代理应当按海关出具的税单，来缴纳关税及其他有关费用，然后凭交费收据，将所有的报关单据送海关放行部，海关对于无须验货的货物，会直接在航空运单上盖章放行；对于需要验货的货物，查验无误之后放行；对于单货不符的要由海关扣留，之后另行处理。

5. 海关放行以后，属于当地货物的应当立即送交货主；如果为外地货物，应当立即通知货主到口岸提取，或按事先的委托送货上门；对于需要办理转运的货物，如果不能就地报关，则应填制“海关转运单”，并且附有关单据交海关制作“关封”随货转运；如果一张运单上有两个或两个以上的收货人，空运代理应当按照合同或分拨单，进行分拨与分交。

6. 提货之时如果发现货物短少、残损等情况，空运代理应向航空公司索取商务记录，交货主向航空公司索赔，也可以接受货主委托代办索赔。如提货之时外表包装完好，但是内部货物的质量或数量有问题，应由货主向商检部门申请检验出证，并且向国外发货人交涉赔偿。

（二）航空出口货物的运输

航空出口货物的运输，也可以通过空运代理办理，其业务程序具体为如下各项。

1. 发货人发货时，首先需要填写委托书，以此作为货主委托代理承办航空货运出口货物的依据。航空货运代理公司根据委托书的要求，办理出口手续，并且据以结算费用。

2. 航空货运代理公司与出口单位（发货人），针对出口货物运输事宜达成意向以后，可以向发货人提供所代理的有关航空公司的“国际货物托运书”。国际货物托运书是托运人用于委托承运人或其代理人，填开航空货运单的一种表单，由托运人自己填写。

3. 出口货物备妥以后，由航空货运代理公司安排运输工具取货，或由发货人将货物送交到指定地点。在接收货物之时，空运代理将货物与单证进行核对，接货与接单要同时完成。接收的单据主要包括国际货物托运书、出口货物报关单、发票、装箱单、出口许可证、商检证、外汇核销单等。

4. 凭报关单据，来办理货物的出口报关手续。海关验收完货物，在报关单上加盖验收章以后，缮制航空运单，包括总运单和分运单。托运的货物，如果是直接发给国外收货人的单票托运货物，填开航空公司运单（总运单）。如果货物属于以国外代理人为收货人的集中托运货物，必须要先为每票货物填开航空公司的分运单，然后再填开航空公司的总运单，以便于国外代理人对总运单下的各票货物进行分拨。

5. 航空货运代理公司，持缮制完的航空运单到海关报关放行。然后将盖有海关放行章的运单与货物，一起交给航空公司，航空公司验收单货无误之后，在交接单上签字，将货物存入出口仓库，单据交给吨控部门，以备配舱、发运。

6. 货物起运以后，发货人凭航空货运单办理结汇。

四、航空运单

航空运单是由托运人或者以托运人的名义填制，是托运人和承运人之间在承运人的航线上运输货物时所订立的运输契约凭证，是航空运输当中最重要的货运文件。

（一）航空运单的性质与作用

航空运单在性质上，与海运提单有着很大的不同，但是却与铁路运单的性质相似：它是承托双方的运输合同，其内容对于双方都具有约束力；航空运单不可转让，持有航空运单，也并不能说明可以对于货物要求所有权。

航空运单的作用，包括如下这几个方面。

1. 是承运人与托运人之间，缔结运输契约的凭证；
2. 是承运人接收货物的证明文件；
3. 是运费结算凭证和运费收据；
4. 是国际进出口货物办理报关的必备单证；
5. 可以作为保险证书；
6. 是承运人组织货物运输的依据。

（二）航空运单的种类

航空运单主要分为如下这两大类。

1. 航空总运单（Master Air WayBill，MAWB）

凡是由航空公司签发的航空运单，都称为总运单。航空总运单是航空公司据以办理货物运输和交付的依据，每一批航空运输货物，都有着自己相对应的航空总运单。

2. 航空分运单（House Air WayBill，HAWB）

在集中托运的情况之下，除了航空公司签发的航空总运单外，集中托运人还要签发航空运单。集中托运人在办理集中托运业务之时，签发的航空运单被称为航空分运单。航空分运单是集中托运人与托运人之间的货物运输合同，而航空总运单是航空公司与集中托运人之间的货物运输合同，货主与航空公司之间没有直接的契约关系。

同时，由于在起运地货物由集中托运人交给航空公司，在目的地由集中托运人或其代理，从航空公司处提取货物以后，再转交给收货人，所以，货主与航空公司之间，也没有直接的货物交接关系。

五、国际航空货物运费的计算

航空运价，是承运人对于所运输的每一单位重量（或体积）的货物，所收取的自始发地机场至目的地机场的航空运输费用。航空运费是航空公司将一票货物自始发地机场运至目的地机场，所应当收取的航空运输费用，该费用是由每票货物所适用的运价和货物的计费重量计算而得。

（一）计费重量的确定

计费重量是指据以计算运费的重量。航空公司规定，实重货物是以货物的实际毛重，作为计费重量的。所谓的实重货物，是指每6000立方厘米或366立方英寸体积的货物重量超过1公斤；或者每166立方英寸体积货物的重量超过1磅的货物。计费重量的最小单位是0.5公斤，重量不足0.5公斤之时，要按0.5公斤计算；超过0.5公斤不足1公斤之时，要按1公斤计算。如果货物的重量是以磅表示，货物的重量不足1磅之时，要按1磅计算。

轻泡货物是把体积重量作为计费的重量。轻泡货物是指每6000立方厘米或366立方英寸体积的货物，重量不足1千克，或者每166立方英寸体积货物的重量不足1磅的货物。体积重量是将货物体积以6000立方厘米或366立方英寸，折算为1千克，或者166立方英寸的体积折算为1磅以后，得出的重量。

在集中托运之时，一批货物是由几件不同的货物组成，有实重货物，也有轻泡货物时，计费重量则采取整批货物的总毛重和总体积重量之中择大的原则来确定。

（二）航空货物的运价

主要的航空货物运价，包括如下这三类。

1. 普通货物运价

普通货物运价，也称为一般货物运价，是指除了等级货物运价和特种商品运价以外的，适合普通货物运输的运价。普通货物运价是根据货物重量的不同，分为若干个重量等级分界点运价，以量大价低为原则。

2. 特种商品运价

特种商品运价也称为指定商品运价，是指适用于自规定的始发地至规定的目的地运输特定品名货物的运价。特种商品运价低于相应的普通货物运价，从其性质上来说，该种运价是一种优惠运价，其目的在于向客户提供具有竞争性的运价，以吸引更多的客户，采用航空运输的方式，使得航空公司的运力得到更充分的利用。

3. 等级货物运价

等级货物运价是指在规定的业务区或业务区之间，运输特别指定的等级货物的运价。等级货物运价是在普通货物运价的基础上，增加或减少一定的百分比。

适用于等级货物运价的货物，包括如下各种。

（1）活动物、装活动物的集装箱与笼子；

（2）贵重货物；

（3）尸体或骨灰；

（4）书报杂志类货物；

（5）作为货物运输的行李。

上述前三项，是在普通货物运价的基础上，增加一定百分比；后两项，则是在普通运价的基础上，减少一定的百分比。

（三）起码运费

起码运费也称为最低运费，是指一票货物自始发地机场至目的地机场航空运费的最低限额，也是航空公司办理一批货物所能接受的最低运费。货物按其适用的航空运价与其计费重量，计算所得的航空运费低于起码运费之时，应按起码运费额进行收费。

（四）有关航空运价与运费的其他规定

不同的航空运价和费用，有下列各项共同点。

1. 航空运价是指从一机场到另一机场的运价，而且只适用于单一的方向。
2. 航空运价通常是使用当地的货币公布。
3. 运价一般是以千克或磅作为计算单位。
4. 航空运单中的运价，是出具运单之日所适用的运价。
5. 航空运费不包括其他的额外费用，比如提货、报关、接交和仓储费用。

Section 5

第五节　国际集装箱运输

一、集装箱运输的基本概念

（一）集装箱的定义

集装箱又称为“货箱”或“货柜”，是一种具有一定强度和刚度的大型载货容器。国际标准化组织根据集装箱在装卸、堆放和运输过程中的安全需要，规定了作为一种运输工具的货物集装箱所应具备的基本条件，具体包括如下各项。

1. 能够长期地反复使用，具有足够的强度。
2. 途中转运时，不用移动箱内的货物，可以直接换装。
3. 可以进行快速装卸，并且可以从一种运输工具，直接方便地换装到另一种运输工具。
4. 便于货物的装满与卸空。
5. 具有1立方米（35.32立方英尺）以上的内容积。

（二）集装箱的种类

集装箱按其用途的不同，可以分为如下类型。

1. 杂货集装箱；
2. 散货集装箱；
3. 冷藏集装箱；
4. 敞顶集装箱；
5. 框架集装箱；
6. 牲畜集装箱；
7. 罐式集装箱；
8. 汽车集装箱。

为了便于计算集装箱的数量，在国际上是把20英尺集装箱作为换算标准箱，用TEU（Twenty-Foot Equivalent Unit）进行表示，以此作为集装箱船载箱量、港口集装箱吞吐量、集装箱保有量等的计量单位。

（三）集装箱运输的优越性

集装箱运输，是一种现代化的货物运输方式，与传统的货物运输方式相比，具有如下的优越性。

1. 提高装卸效率，减轻劳动强度；
2. 简化货运手续，加速货物周转，缩短运输时间；
3. 减少货损货差，保证运输安全，提高货物运输的质量；
4. 节约货物的包装费用，促进包装的标准化。

二、集装箱货物的运输

（一）集装箱货物的装箱方式、交接方式与交接地点

1. 集装箱货物的装箱方式

集装箱货物的装箱方式，根据装箱的数量与方式，可以分为整箱与拼箱这两种。

（1）整箱（Full Container Load, FCL）

是指当货主的货物可以装满一个或几个集装箱之时，自行装箱计数，填写装箱单，以箱为单位托运的货物装箱方式。这种装箱方式，除了有些大的货主自己置备有集装箱以外，一般都是向承运人或集装箱租赁公司租用。

（2）拼箱（Less Than Container Load, LCL）

是指承运人或代理人，接受货主托运的数量不足整箱的小票货物以后，根据货类的性质和目的地，进行分类整理，将不同货主运往同一目的地的货物，拼装成箱的装箱方式。

2. 集装箱货物的交接方式

集装箱货物的两种装箱方式，产生了如下四种交接方式。

（1）整箱交、整箱接（FCL/FCL）

货主在工厂或仓库，将装满货的整箱交给承运人，收货人在目的地以同样的整箱接货，承运人以整箱为单位负责交接。

（2）整箱交、拆箱接（FCL/LCL）

货主在工厂或仓库，将装满货的整箱交给承运人，承运人将集装箱货物运到目的地的

集装箱货运站或内陆转运站拆箱之后，交给收货人。

（3）拼箱交、整箱接（LCL/FCL）

货主将不足整箱的小票托运货物，在集装箱货运站或内陆转运站，交给承运人，承运人拼箱之后运到目的地，以整箱的方式向收货人交货。

（4）拼箱交、拆箱接（LCL/LCL）

货主将不足整箱的小票托运货物，在集装箱货运站或内陆转运站交给承运人，承运人拼箱之后，运到目的地集装箱货运站或内陆转运站，拆箱以后交给收货人。

3. 集装箱货物的交接地点

集装箱货物的交接地点，主要有发货人或收货人的工厂、仓库、集装箱堆场和集装箱货运站等。

集装箱堆场（Container Yard，CY），是交接与保管空箱和重箱的场所，也是集装箱换装运输工具的场所。

集装箱货运站（Container Freight Station，CFS），是拼箱货交接与保管的场所，也是拼箱货装箱和拆箱的场所。

集装箱运输当中货物交接地点的组合形式，包括如下各种。

（1）门到门（Door to Door）交接

集装箱运输经营人由发货人的工厂或仓库接收货物，负责将货物运至收货人的工厂或仓库交付。

（2）门到场（Door to CY）交接

集装箱运输经营人，在发货人的工厂或仓库接收货物，将货物运至目的地集装箱堆场，向收货人交付。

（3）门到站（Door to CFS）交接

集装箱运输经营人在发货人的工厂或仓库接收货物，将货物运至目的地集装箱货运站或其在内陆地区的转运站，经过拆箱后，向各收货人交货。

（4）场到门（CY to Door）交接

集装箱运输经营人将集装箱货物从起运地或装运港的集装箱堆场，运至收货人的工厂或仓库交货。

（5）场到场（CY to CY）交接

集装箱运输经营人，将集装箱货物从起运地或装运港的集装箱堆场，运至目的地或卸货港的集装箱堆场，向收货人交货。

（6）场到站（CY to CFS）交接

集装箱运输经营人将集装箱货物从起运地或装运港的集装箱堆场，运至目的地集装箱货运站或其在内陆地区的转运站，经过拆箱后，向各收货人交货。

（7）站到门（CFS to Door）交接

集装箱运输经营人在装货港码头的集装箱货运站，或其在内陆的集装箱货运站经过拼箱后，将货物运至收货人的工厂或仓库交货。

（8）站到场（CFS to CY）交接

集装箱运输经营人在装货港码头的集装箱货运站，或其在内陆的集装箱货运站，经过拼箱以后，将货物运至目的地集装箱堆场，向收货人交货。

（9）站到站（CFS to CFS）交接

集装箱运输经营人在装货港码头的集装箱货运站，或其在内陆的集装箱货运站，经过拼箱以后，将货物运至目的地集装箱货运站，或其在内陆地区的转运站，经过拆箱后向各收货人交货。

（二）集装箱运输的关系人

在集装箱运输当中涉及的有关方面，包括如下这几个部分。

1. 货主

货主是集装箱货物运输当中的托运人或收货人。

2. 集装箱货物运输的实际承运人

实际承运人包括经营集装箱运输业务的船公司、联营公司、公路集装箱运输公司、航空集装箱运输公司等。

3. 无船公共承运人

无船公共承运人是在集装箱运输当中，经营集装箱货物的揽货、装箱、拆箱、内陆运输及中转站或内陆站业务，但是不掌握运输工具的专业机构。在实际承运人和货主之间，起着中间桥梁的作用。

4. 集装箱租赁公司

集装箱租赁公司是专门经营集装箱出租业务的公司，也是集装箱运输当中不可缺少的一个组成部分。

5. 集装箱码头（堆场）、货运站

集装箱码头（堆场）、货运站是办理集装箱货物的交接、装卸、装箱、拆箱、保管等业务的部门与场所。受到货主或承运人及其代理人的委托，提供各种集装箱的运输服务。

6. 联运保赔协会

联运保赔协会是一种由船公司互保的保险组织，对于集装箱运输当中，可能遭受到的一切损害进行全面统一保险。这是集装箱运输发展起来之后，产生的一种新的保险组织。

（三）集装箱货运的程序

1. 集装箱运输出口的程序

集装箱运输出口程序，包括如下各项。

（1）出口公司根据贸易合同的装运期，向船公司或其代理人办理订舱手续。

（2）船公司确认订舱以后，签发场站收据，分送集装箱堆场或集装箱货运站，据以安排空箱和办理货运手续。

（3）整箱货需要的空箱，由船公司送交或由发货人领取。拼箱货所需的空箱，是由集装箱货运站领取。

（4）发货人收到空箱以后，自行装箱，按箱填写装箱单，将装好的整箱送交集装箱堆场后，集装箱堆场根据订舱单和装箱单进行验收，核对无误之后，在场站的收据上盖章签收。集装箱货运站根据订舱单核收货物，核对无误以后，签署场站收据；对接收的货物分类整理后，进行拼装。

（5）发货人凭场站收据，向船公司或其代理换取提单。如果信用证规定，需要已装船提单，则应当在集装箱装船以后，换取已装船提单，然后向银行结汇。

（6）承运人编制船舶积载计划，并且组织装船、发运。

2. 集装箱运输进口的程序

集装箱运输进口程序，包括如下各项。

（1）进口港船舶代理人根据出口港寄来的有关货运单证，做好接货准备，并且将单证分别送交运输代理、集装箱堆场和货运站。

（2）进口港船舶代理人通知收货人船舶到港时间，使其做好接货准备，并且在船舶到港后发出到货通知。

（3）收货人按到货通知持正本提单，向船公司或其代理换取提货单，船公司或其代理核对提单无误后，签发提货单。

（4）收货人凭提货单及进口许可证，到集装箱堆场或货运站办理提箱或提货手续。集装箱堆场根据提货单向收货人交箱，并且与货方代表办理设备（集装箱）交接单手续；集装箱货运站拆箱后，凭提货单向收货人交货。

三、集装箱货物运费的计算

在下面的内容当中，将会介绍集装箱班轮运费的计算方法。

集装箱班轮运费的计算原则，与杂货班轮运费的计算原则，基本相似，但是也有其自身的特点。在集装箱费率表当中，规定了基本运费和附加运费，并且给出了费率和计算方法。集装箱班轮基本运费的计算方法，有如下两种。

（一）采用与计算普通杂货班轮基本运费相同的方法

对于具体的航线，按照货物的等级和不同的计费标准，来计算基本运费。在采用这种计算方法之时，由于集装箱货物的装箱方式不同，因而在拼箱货和整箱货这两种运费计算方法上，也会有所不同。

拼箱货的运费计算与普通杂货班轮运费的计算方法相同；整箱货的运费计算，却有着“最低运费”和“最高运费”计算的规定。

最低运费是在货物由托运人自行装箱之时，如果箱内所装的货物，没有达到规定的最低装箱标准，即没有达到规定的最低运费吨之时，要按最低运费吨和箱中所装等级最高货物的运费率，来计算全箱的运费。托运人应当支付亏箱的运费。

最高运费是在集装箱运输当中，为了鼓励托运人采用整箱装运货物，并且能够最大限度地利用集装箱的内容积，而采用的一种运费计算方法。最高运费吨仅适用于把体积吨作为计费单位的货物，而不适用于按照重量吨计算运费的货物。这种运费计算方法，是为各种规格和类型的集装箱，规定一个按集装箱内容积折算的最高运费吨。比如，20英尺的干货集装箱的最高运费吨为31立方米，40英尺的干货集装箱的最高运费吨为67立方米。

在计算运费之时，如果托运人没有提供计算整箱货运费所需要的基本资料时，即按最高运费吨和箱内运价等级最高的货物的运价，来计收全箱运费。若只提供了部分货物的资料时，已经有资料的货物运费，按实际运费吨和此类货物的等级费率计算；缺乏资料的货物的运费，则是以最高运费吨与已知运费吨的差，作为运费吨，以所剩货物中运价等级最高的货物运价为标准，计算所剩货物的运费，两部分运费之和，则为该箱货物的运费。

如果装箱货物的体积，超过了规定的最高运费吨之时，超过的部分则免收运费。免收运费的货物，应当从运价等级最低的货物算起。

（二）实行包箱费率

集装箱包箱费率是指对于单位集装箱收取的运费。集装箱的包箱费率有两种，一种是商品包箱费率，即对于具体航线按照货物的等级以及箱型、尺寸规定，所收取的整箱运费。另一种是均一包箱费率（Freight All Kinds，FAK），即为仅按箱型、尺寸，而不考虑货物的种类规定而收取的整箱运费。采用包箱费率计算集装箱基本运费之时，用规定的包箱费率，乘以集装箱的箱数即可。

集装箱班轮运输的附加费，也与杂货班轮运输的附加费相似。但是在实际工作当中，有时会将基本运费和运费附加费合并在一起，以包干费的形式计收，此时的运价称为包干费率，又称“全包价”。

Section 6

第六节　国际多式联合运输

国际多式联合运输，简称为国际多式联运，是在集装箱运输的基础上产生并发展起来的新型运输方式，也是在国际货物运输中发展比较快的一种综合连贯运输方式。

国际多式联运是以集装箱为媒介，将海上运输、铁路运输、公路运输、航空运输和内河运输等传统的单一运输方式，有机地结合起来，构成一种连贯的运输过程，来完成国际之间的运输，实现货物的空间转移。

20世纪60年代末期，国际多式联运首先在美国出现，很快便受到贸易界的欢迎，并且迅速发展到美洲、欧洲、亚洲的广大地区，被广泛采用。经过实践证明，它不仅是实现门到门运输的有效方式，而且也是发挥各种运输工具的优势、提高运输效率的重要途径。

一、国际多式联运的基本概念

（一）国际多式联运的概念与特征

《联合国国际货物多式联运公约》对国际多式联运作出了明确的定义："国际多式联运是按照多式联运合同，以至少两种不同的运输方式，由多式联运经营人，将货物从一国境内接收货物的地点，运至另一国境内指定交付货物的地点。"按照上述定义，国际多式联运应当具备如下条件。

1. 必须要有一个多式联运合同，以明确承、托双方的权利、义务和豁免关系；
2. 必须要使用一份包括全程的多式联运单据；
3. 必须是至少两种不同运输方式的连贯运输；
4. 必须是国际之间的货物运输；
5. 必须是由一个多式联运经营人，对于全程运输负总责；
6. 必须是全程单一的运费费率。

（二）国际多式联运的优越性

国际多式联运的优越性，主要表现在如下几个方面。

1. 责任统一，手续简便

在多式联运方式之下，无论全程运输的距离有多远，不论需要使用多少不同的运输工具，也不论途中要经过多少次转换，一切运输事宜均由多式联运经营人统一负责办理。货主只要办理一次托运手续，签订一份多式联运合同，支付一笔全程单一运费，取得一份联运单据，便由多式联运经营人履行全部的责任。由于责任明确、统一，一旦发生问题，也只需找多式联运经营人一个人，便可以解决全部问题。

2. 减少中间环节，缩短运输时间，减少货损货差，保证运输质量

多式联运通常是以集装箱为媒介的直达连贯运输，货物从发货人仓库装箱验关铅封以后，直接运到收货人的仓库交货，中途无须拆箱倒载，减少很多的中间环节。即使运输的过程中要经多次换装，但是因为是使用机械装卸，不触及到箱内货物，货损货差和被盗丢失短少事故会大为减少，从而能够较好地保证货物安全和货运质量。

此外，由于是连贯运输，各个运输环节和运输方式之间密切配合，衔接紧密，货物所到之处，中转迅速及时，减少了在途的停留时间，加快了运输速度，缩短了货运时间。

3. 节省运杂费，降低运输成本，加速货物周转，减少利息支出

多式联运是实现门到门运输的有效方式，对于货主来说，货物装箱或装上第一程运输工具后，便可以凭多式联运经营人签发的联运单据，向银行议付结汇，一般可以提前7～10天结汇，从而减少利息的开支。采用集装箱运输，可以节省货物包装和保险费用。此外，多式联运全程使用的，是一份联运单据和单一运费，这就大大简化了制单和结算手续，节省了大量的人力、物力，尤其是便于货方事先核算运输成本，选择合理的运输路线。

二、国际多式联运的业务程序

国际多式联运的一般业务程序，主要包括如下各环节。

（一）接受托运申请，订立多式联运合同

多式联运经营人根据货主提出的托运申请，以及自己的运输路线等情况，来决定是否接受货主的申请。如果接受，在双方协商有关的事项后，发货人或其代理人填写场站收据，多式联运经营人在对其编号和盖章后，留下货物托运联，将其他单联交还给发货人或其代理人，证明多式联运经营人已接受委托申请，多式联运合同已经订立，并且开始执行。

（二）空箱的发放、提取

国际多式联运当中使用的集装箱，一般应由经营人提供。如果双方协议由发货人自行装箱，则多式联运经营人应当签发提箱单，或者将租箱公司或分运人签发的提箱单，交给发货人或其代理人，到指定的堆场提箱，准备装货。如果是拼箱货，则由多式联运经营人将所用的空箱，调运至接受货物的集装箱货运站，做好装箱的准备。

（三）出口报关

出口报关事项一般应由发货人或其代理人办理，也可以委托多式联运经营人代为办理。若联运从港口开始，则在港口报关；若从内陆地区开始，应在附近的内陆地海关办理报关。

（四）货物装箱及交接

由发货人自行装箱的货物，在发货人或其代理人领回空箱以后，在海关人员的监管下，组织装箱、加封，填写装箱单，将货物运至规定的地点。多式联运经营人验收以后，在场站收据正本上签章，并且将其交给发货人或代理人。

拼箱货物的发货人，应当负责将货物送到指定的集装箱货运站，由货运站按照多式联运经营人的指示装箱。多式联运经营人在货运站验收货物以后，在场站收据上签章，并且将其交给发货人或代理人。

（五）订舱及安排货物的运送

多式联运合同订立以后，经营人应当制订该合同涉及的集装箱货物的运输计划，并且按照运输计划洽定各区段的运输工具，与选定的各实际承运人订立各区段的分运合同。

（六）办理货物运输保险

发货人自行办理货物运输保险，或者由发货人承担费用，由多式联运经营人作为代理代办。货物运输保险可以是保全程，也可以进行分段投保。多式联运经营人则应当投保货物责任险和集装箱保险。

（七）签发多式联运提单，组织完成货物的全程运输

多式联运经营人的代表收取货物以后，经营人应当向发货人签发多式联运提单，在签发提单之前，应当向发货人收取全部的应付运费。在接收货物以后，多式联运经营人要组

织各区段的实际承运人、各派出机构及代表共同协调工作，来完成全程中各区段的运输和各区段之间的衔接工作。

（八）货物运输过程中的海关业务

货物运输过程中的海关业务，主要包括货物及集装箱进口国的通关手续，进口国内陆段保税（海关监管）运输手续及结关等内容。如果陆上的运输，要通过其他国家海关和内陆运输线路之时，还应当包括这些国家海关的通关以及保税运输手续。这些涉及海关的手续，一般由多式联运经营人的派出机构或代理办理，也可以由各区段的实际承运人，作为多式联运经营人的代表代为办理，由此产生的全部费用，应由发货人或收货人承担。

（九）货物到达交付

货物运至目的地以后，由目的地的代理通知收货人提货。收货人付清全部的费用以后，多式联运经营人收回提单签发提货单（交货记录），收货人凭提货单到指定的地点提取货物。如果是整箱货，收货人要在将货物取出以后，将集装箱运回到指定的堆场，运输合同即告终止。

三、国际多式联运经营人

（一）国际多式联运经营人的性质

国际多式联运经营人，既不是发货人的代理或代表，也不是参加联运的承运人的代理或代表，而是多式联运的当事人，是一个独立的法律实体。对于货主来说，他是货物的承运人，而对于分承运人来说，他又是货物的托运人。

国际多式联运经营人，一方面要同货主签订多式联运合同，另一方面又与分承运人以托运人的身份，签订各段的运输合同，所以具有双重身份。在多式联运方式之下，根据合同的规定，多式联运经营人始终是货物运输的总承运人，对于货物负有全程运输的责任。

（二）国际多式联运经营人的类型

国际多式联运经营人，可以分成以船舶运输为主的国际多式联运经营人和无船国际多式联运经营人这两大类。

1. 以船舶运输为主的国际多式联运经营人

此类国际多式联运经营人，在利用自己拥有的船舶提供港至港运输服务的同时，将他们的服务扩展到陆上运输，甚至空运在内的门到门服务。在一般情况之下，他们可能不拥有也不从事公路、铁路、航空货物运输，而是通过与相关承运人订立分合同，来安排相关的运输。此外，他们也可能不拥有场站设施，也不从事场站的装卸和仓储服务，而是与相关场站经营人订立装卸与仓储合同，来安排相关的装卸与仓储服务。

2. 无船国际多式联运经营人

根据是否拥有运输工具和场站设施，无船国际多式联运经营人可以分为如下三种。

（1）承运人型

此类国际多式联运经营人，本身不拥有运输船舶，但是却拥有汽车、火车或（和）飞机等运输工具，他们与货主签订联运合同以后，除了利用自己拥有的运输工具，来完成某些区段的实际运输以外，对自己不拥有或经营的运输区段，则需要通过与相关的承运人，订立分包合同来实现该区段的运输。

与以船舶运输为主的国际多式联运经营人一样，此类国际多式联运经营人，既是契约承运人，又是某个或某几个区段的实际承运人。

（2）场站经营型

这类国际多式联运经营人，自身拥有货运站、堆场、仓库等场站设施，他们在与货主订立国际多式联运合同以后，除了利用自己拥有的场站设施来完成装卸、仓储服务以外，还需要与相关的各种运输方式的承运人订立分合同，由这些承运人来完成货物的运输。

（3）代理人型

这类国际多式联运经营人，不拥有任何运输工具和场站设施，需要通过与相关的承运人、场站经营人订立分合同，来履行他们与货主订立的国际多式联运合同。

（三）国际多式联运经营人的责任范围

国际多式联运经营人的责任期间，是从接收货物之时起到交付货物时为止。在此期间内，对于货主负全程运输责任，但是在责任范围和赔偿限额方面，根据目前国际上的做法，可以分为如下三种类型。

1. 统一责任制

统一责任制是指多式联运经营人，对于货主负不分区段运输的统一原则责任，即货物的灭失和损失，包括隐蔽损失（损失发生的区段不明），无论发生在哪个区段，多式联运经营人都按一个统一原则负责，并且一律按一个约定的限额赔偿。

2. 分段责任制

分段责任制又称为网状责任制，即多式联运经营人的责任范围，是以各区段运输原有责任为限，比如海上运输按《海牙规则》办理，航空区段按《华沙条约》办理。在不适用国际法之时，则按照相应的国内法办理。

赔偿也是分别按区段的国际法或国内法规定的限额进行赔付。对于不明区段的货物隐蔽损失，或作为海上区段，按《海牙规则》办理，或按双方约定的一个原则办理。

3. 修正统一责任制

修正统一责任制，是介于上述两种责任制之间的一种责任制，又称为混合责任制。即在责任范围方面与统一责任制相同，而在赔偿方面，则是与分段责任制相同。

复习思考与讨论

1. 国际货物运输的作用与意义，分别是怎样的？
2. 国际货物运输的特点有哪些？
3. 国际货物运输的组织机构包括哪些？
4. 国际货物运输方式有哪些？
5. 国际海上货物运输的特点有哪些？
6. 班轮运输的特点是什么？
7. 租船运输的特点是什么？
8. 海上货物运输事故的处理，大约包括哪些内容和方法？
9. 国际铁路运输的特点是什么？
10. 对于香港地区的铁路货物运输，需要注意什么？
11. 国际航空货物运输有什么突出优点？
12. 集装箱运输的基本概念是什么？
13. 国际多式联运的概念与特征是什么？
14. 国际多式联运的业务程序有哪些？
15. 国际多式联运经营人的性质和类型，是怎样的？

CHAPTER 3

第三章

国际货运代理业务

本章学习目标

1．国际货运代理

2．国际海上货运代理业务

3．国际航空货运代理业务

4．国际陆上货运的代理业务

5．集装箱运输与国际多式联运的代理业务

6．国际货运事故的处理

本章核心内容

国际货运代理　中间人型　代理人型　当事人型

国际货运代理协会联合会　国际航空运输协会

中国国际货运代理协会　国际海上货运代理业务　班轮运输

订舱　卸货　交货　租船运输　询租　报盘　还盘　接受

国际航空货物出口运输代理　国际陆上货运的代理业务

国际铁路联运出口货物运输　国际铁路联运进口货物运输

国际公路联运代理　集装箱运输代理　国际多式联运的代理

Section 1

第一节　国际货运代理

一、国际货运代理的概念与性质

（一）国际货运代理的基本概念

“国际货运代理”一词，具有两种含义：其一是指国际货运代理行业；其二是指国际货运代理人。国际货运代理行业，是随着国际经济贸易的发展、国际运输方式的变革，以及信息科学技术的进步，发展起来的一个相对年轻的行业，在社会产业结构当中，属于第三产业中的服务行业。

国际货运代理人的称谓，来自于英文“The Freight Forwarder”，本意是指为他人安排运输的人。目前，国际上对于货运代理人，并没有一个统一的称谓，有的国家称之为“通关代理人”或“清关代理人”。国际货运代理协会联合会（FIATA）的有关文件，将其定义为“根据客户的指示，并且为客户的利益而揽取货物运输的人，其本身不是承运人”。

世界各国与各地区，都是根据各自的需要，对于“货运代理人”赋予了不同的内容与各式各样的解释。目前，对于货运代理人的定义，基本上可以划分为两大类：一类仍然是将货运代理人限定在纯粹代理人的范畴以内，即货运代理人只能作为代理人，以委托人的名义代办货物运输及其相关业务；另一类是突破了货运代理人只能作为代理人的界限，允许货运代理人作为独立的经营人，开展当事人业务，从而使得货运代理人具有了多重属性。

根据我国对外贸易经济合作部1995年6月29日颁布的《中华人民共和国国际货物运输代理业管理规定》（以下简称《货代管理规定》）可知，我国对于国际货运代理的定义，显然是归属于后一类的。《货代管理规定》的第2条规定，“国际货物运输代理，是指接受进出口货物收货人、发货人的委托，以委托人的名义或者以自己的名义，为委托人办理国际货物运输及相关业务并收取服务报酬的行业”。《货代管理规定》对于货运代理所下的定义，是比较符合我国货运代理业发展状况的，指出了货运代理可能是以委托人的名义，也可能以自己的名义开展相关业务。

中华人民共和国商务部又于2004年1月1日公布了《中华人民共和国国际货物运输代理业管理规定实施细则》，其中的第2条第1款规定：“国际货物运输代理企业（以下简称为国际货运代理企业）可以作为进出口货物的收货人、发货人的代理人，也可以作为独立经营人，从事国际货运代理业务。”

（二）国际货运代理的性质与类型

国际货运代理在本质上属于货物运输关系人的代理，是联系发货人、收货人和承运人的货物运输中介人，既代表货方，保护货方的利益，又协调承运人进行承运工作。也就是说，国际货运代理在以发货人与收货人为一方、承运人为另一方的两者之间，起到桥梁的作用。

基于不同的角度，国际货运代理可以划分为不同的类型，按照法律特征的不同，国际货运代理可以分为如下三种类型。

1. 中间人型

这种类型的货运代理特点是其经营收入的来源为佣金，即作为中间人，根据委托人的指示与要求，向委托人提供订约的机会或进行订约的介绍活动，在成功促成双方达成交易以后，有权收取相应的佣金。这种类型的货运代理企业，一般规模比较小，业务的种类比较单一，在信息日渐公开化的今天，生存能力和抗风险能力都比较差。

2. 代理人型

这种类型的货运代理特点是其经营收入来源为代理费。根据代理人开展业务活动当中是否披露委托人的身份，可以再细分为如下两种类型。

（1）披露委托人身份的代理人

披露委托人身份的代理人即代理人以委托人的名义，与第三方发生业务关系。传统意义上的代理人，即属于此种类型，在英美法系国家当中，这类代理通常称为直接代理或显名代理。

（2）未披露委托人身份的代理人

未披露委托人身份的代理人即代理人以自己名义，与第三方发生业务关系。在英美法系国家当中，这类代理通常称为间接代理或隐名代理；在德国、法国、日本等大陆法系国家当中，这类代理通常被称为经纪人。在《中华人民共和国合同法》（以下简称《合同法》）委托合同一章当中，吸收了英美法系有关这类代理的相关规定。

3. 当事人型

当事人型，也称为委托人型或独立经营人型。这种类型的货运代理特点是其经营收入的来源为运费或仓储费的差价，即已经突破了传统代理人的界限，成为独立经营人，具有了承运人或场站经营人的功能。这种类型的货运代理，既有仅局限于某一种运输方式的领域，比如海运中的无船承运人，也有从事多式运输方式和运输组织的多式联运经营人，以及提供包括货物的运输、保管、装卸、包装、流通所需要的加工、分拨、配送、包装物和废品回收等，或提供与之相关的信息服务的物流经营人。

在实际业务当中，根据需要与可能，国际货运代理，尤其是大型国际货运代理，总是会力图同时兼有中间人、代理人与当事人等多种功能，以便能够向委托人提供全方位的服务。因此，现代国际货运代理人，大多都具有多重角色。

二、国际货运代理的服务内容与作用

（一）国际货运代理的服务内容

根据《货代管理规定》及其实施细则的规定，我国的国际货运代理人服务范围是相当广泛的，至于具体某个国际货运代理人的经营范围，应当以其经营许可证上核准的业务范围为准。从各国的国际货运代理人业务经营来看，国际货运代理业务的范围，主要包括如下几个方面。

1. 以中间人、代理人或当事人身份，从事海陆空货物的租船、订舱代理及运输组织等业务；

2. 以代理人的身份，从事海陆空进出口货物的报关报检代理及保险等业务；

3. 以多式联运经营人或无船承运人的身份，与货主签订多式联运合同，作为当事人必须要对于全程运输负总的责任，有权签发自己的提单或其他运输单证，向托运人收取运费，通过国际船舶运输经营者，来完成国际海上货物运输；

4. 以第三方物流经营人的身份，从事物流服务业务。

（二）国际货运代理的具体业务

货运代理人接受委托以后，可以代办下列部分或者全部业务：货物的监装、监卸；集装箱拼装拆箱；货物的交接、调拨、转运；货物的包装；订舱、仓储；国际多式联运；国际快递（私人信函除外）；报关、报检、报验、保险；缮制有关单证，并且付运费，结算、交付杂费；代办揽货、燃料物供应等与运输相关的业务；咨询及其他国际货运代理业务。

（三）国际货运代理的作用

国际货运代理一般都通晓国际贸易环节，精通各种运输业务，熟悉有关的法律、法规，业务关系广泛，信息来源准确、及时，既与各种承运人、仓储经营人、保险人、港口、机场、车站、堆场、银行等相关企业，也与海关、检验检疫局、进出口管制等有关政府部门，存在着密切的业务关系，无论是对于进出口货物的收、发货人，还是对于承运人和港口、机场、车站、仓库经营人，都有着重要的桥梁与纽带作用。

国际货运代理不仅可以促进国际贸易与国际运输事业的发展，而且可以为国家创造外汇来源，对于本国的国民经济发展和世界经济的全球化，都有着重要的推动作用。仅对委托人来说，至少可以发挥如下这几个方面的作用。

1. 组织协调作用

国际货运代理历来被称为“运输的设计师”、“门到门”运输的组织者与协调者。凭借其拥有的运输知识以及相关知识，组织运输活动，设计运输路线，选择运输方式和承运人（或货主），协调货主、承运人及其仓储保管人、保险人、银行、港口、机场、车站、堆场经营人和海关、商检、卫检、动植检、进出口管制等有关部门的关系，其可以节省委托人的时间，使其减少许多不必要的麻烦，从而能够专心地致力于主营自身的核心业务。

2. 专业服务作用

国际货运代理的本职工作，是利用自身的专业知识和经验，为委托人提供货物的承揽、交运、拼装、集运、接卸、交付服务，接受委托人的委托，办理货物的保险、海关及三检（商检、卫检与动植检）、进出口管制等手续，甚至有时要代理委托人支付、收取运费，垫付税金和其他费用。

国际货运代理人通过向委托人提供各种专业的服务，可以使得委托人不必在自己不够熟悉的业务领域，花费更多的心思和精力，使得不便或难以依靠自己力量办理的事情，能够得到恰当、有效的处理，从而有助于提高委托人的工作效率。

3. 沟通控制作用

国际货运代理一般都拥有广泛的业务关系、发达的服务网络、先进的信息技术手段，可以随时保持货物运输关系人之间，以及货物运输关系人与其他有关企业、部门之间的有效沟通，对于货物运输的全过程，进行准确跟踪和控制，保证货物安全、及时运抵目的地，顺利地办理相关手续，准确地送达收货人，并且应委托人的要求，提供全过程的信息服务及其他相关服务。

4. 咨询顾问作用

国际货运代理一般都通晓国际贸易环节，精通各种运输业务，熟悉有关法律、法规，了解世界各地的有关情况，信息来源准确、及时，可以针对货物的相关问题，向委托人提出明确、具体的咨询意见，协助委托人设计、选择适当的处理方案，从而避免、减少不必要的风险、周折和浪费。

5. 降低成本作用

国际货运代理掌握货物的运输、仓储、装卸、保险市场行情，与货物的运输关系人、仓储保管人、港口、机场、车站、堆场经营人和保险人之间，有着长期密切的友好合作关系，并且拥有丰富的专业知识和业务经验、有利的谈判地位、娴熟的谈判技巧。

通过国际货运代理的努力，可以选择货物的最佳运输路线与运输方式，以及最佳的仓储保管人、装卸作业人和保险人，争取到公平、合理的费率，甚至可以通过集运效应，使得相关的各方都有所受益。从而降低货物运输关系人的业务成本，提高其主营业务的效益。

6. 资金融通作用

国际货运代理与货物的运输关系人、仓储保管人、装卸作业人及银行、海关当局，一般都相互了解，关系密切，长期合作，彼此信任。国际货运代理人可以代替收、发货人，支付有关的费用、税金，提前与承运人、仓储保管人、装卸作业人结算有关的费用，凭借自己的实力和信誉，向承运人、仓储保管人、装卸作业人及银行和海关当局，提供费用、税金担保或风险担保，可以帮助委托人融通资金，减少资金占压，提高资金的利用效率。

三、国际货运代理的行业组织及行业管理

（一）国际货运代理相关的行业组织

1. 国际货运代理协会联合会

国际货运代理协会联合会（FIATA）于1926年5月31日，在奥地利的维也纳成立，这是一个非政府与非营利性的国际货运代理行业组织，具有广泛的国际影响，总部设在瑞士的苏黎世，在各大洲设有办事处。

其中，亚洲和太平洋地区的办事处，设在印度的孟买。FIATA的最高权力机构，是会员代表大会。下设有代表大会主席团，对外代表FIATA，对内负责FIATA的日常管理事宜。FIATA的会员，分为一般会员、团体会员、联系会员和名誉会员这四类。据其官网显示，2018年联合会拥有来自96个国家和地区的106个协会会员，和分布于161个国家和地区的近6000家企业会员。

中国对外贸易运输总公司于1985年以协会会员的身份，正式加入了该组织。目前，FIATA在我国拥有中国国际货运代理协会和台湾地区、香港特别行政区的货运代理协会这

三个协会会员。

FIATA的宗旨是保障和提高国际货运代理在全球的利益，主要任务是：提供各国立法参考的《国际货运代理示范法》；推荐各国国际代理企业采用的《国际货运代理标准交易条件》；制定各种单证格式范本。此外，FIATA与IATA（国际航空运输协会）合作，在11个国家当中推行空运培训计划。

中国国际航空公司、中国东方航空公司、中国南方航空公司及中国民航协会的培训中心，已经取得了IATA代理人培训资格。培训课程分为入门课程和高等课程，经过考试合格以后，由IATA/FIATA授予毕业文凭与证书，比如IATA/FIATA高级证书，包括国际空运货物定价证书以及国际危险品和特殊货物运输代理证书。

2. 国际航空运输协会

国际航空运输协会，即IATA，其前身是由六家航空公司组成的国际航空交通协会，于1945年改名为国际航空运输协会，总部设在加拿大的蒙特利尔，协会在纽约、巴黎、伦敦和新加坡都设有分支机构。协会的最高权力机构是每年召开的全体会议，由大会的执行委员主持日常工作。协会的成员，必须是持有国际民用航空组织成员国政府颁发定期航班许可证的航空公司。协会的主要任务：协商议定运段；协商制定国际航空客货运价；协议规定承运人的责任和义务；统一结算各会员间以及会员与非会员之间的联运业务账目；开展业务代理等。

截至2018年4月，我国共有中国国际航空公司、中国东方航空公司、中国南方航空公司等航空公司已经成为国际航协的会员公司。

3. 中国国际货运代理协会

中国国际货运代理协会（China International Freigh Forwarders Association，CIFA）成立于2000年9月6日。该协会是我国境内注册的国际货运代理企业自愿组成的非营利性质行业协会，接受商务部的业务指导和民政部的监督管理。

它的主要任务：协助政府部门加强对于我国国际货运代理行业的管理；维护国际货运代理业的经营秩序；推动会员企业之间的横向交流与合作；依法维护本行业的利益；保护会员企业的合法权益；开展行业市场调研，编制行业统计；组织行业培训，进行行业的发展研究；为会员企业提供信息咨询服务；代表全行业加入FIATA，开展同业国际之间的交流；促进对外贸易与国际货运代理业的发展。

此外，为了支持中国国际货运代理协会积极地开展工作，商务部办公厅于 2005 年 3 月 23 日下发了文件《关于委托中国国际货运代理协会组织实施货代企业业务备案有关事宜的通知》，决定由中国国际货运代理协会，负责国际货运代理企业业务备案的具体组织实施工作。

（二）我国对货运代理的行业管理

根据1995年颁布的《货代管理规定》及其实施细则的有关规定，国务院商务主管部门（商务部）是我国国际货运代理业主管部门，负责对于全国的国际货运代理业实施监督管理。省、自治区、直辖市、经济特区、计划单列市人民政府商务主管部门，在商务部的授权之下，负责对于本行政区域以内的国际货运代理业实施监督管理。

在商务部和地方商务主管部门的监督与指导下，中国国际货运代理协会根据协会章程来开展活动，推动会员企业之间相互协作，监督会员依法经营，规范竞争，维护会员的合法权益，协助政府有关部门加强行业管理，促进行业的健康有序发展。

因此，商务部、地方商务主管部门和中国国际货运代理协会，都在不同的程度上行使着对于国际货运代理业管理的职能。

2004年7月1日，《中华人民共和国行政许可法》（以下简称《行政许可法》）正式实施，国务院在《关于第三批取消和调整行政审批项目的决定》（国发［2004]16号）文件中，针对我国国际货运代理行业的审批等问题，做出了相关规定，正式取消了国际货运代理行业原来的市场准入行政审批制度，即取消了政府主管部门对于国际货运代理企业经营资格的前置审批。

目前，我国国际货运代理行业的市场准入，已经改为工商注册登记制度。对于我国的国际货运代理行业来说，市场准入制度采取工商注册登记，较之以前的行政主管部门审批制度来说，更为合理有效，这是一项关系到国际货运代理行业整体发展的重大改革，进一步改善了我国国际货运代理行业的发展环境，同时也对于国际货运代理行业如何良性发展，提出了新的要求。

商务部作为国际货运代理行业的主管部门，于2004年7月1日以前负责货代行业市场的准入审批，新制度实施以后，货代企业在工商注册登记以后，可以在商务部进行备案登记。

今后，作为国际货运代理行业主管部门的商务部，主要工作应该是加强对于货代行业市场行为的规范化管理，制定出符合行业发展和市场状况的可操作性规则，并且加强对于违规行为的调查和处罚力度。

而货代行业协会在取消审批制度之后，便成为实施行业自律的重要主体之一。市场准入条件的放宽和注册登记资金的减少，也使得从事国际货运代理业务的企业，以及与其打交道的企业风险有所增加，这就应该要求国际货运代理企业投保责任险。目前，这项工作已经在进行之中，但是还需要有关各方，包括行业协会的积极参与，才能够顺利地实施。

另外，国际货运代理企业只有在成为行业协会的会员以后，才能够受理货主委托的货运业务，这是一种正常的市场运作模式。所以，在未来正常的市场运作之中，成为行业协会的会员，将是国际货运代理企业自己要求和追求的基本目标。这样一来，就可以有效地发挥行业协会行业自律的作用。

行业协会应当研究自身的组织与作用等问题，制定出符合各方当事人的行业标准交易条件、行业自律规则，使国际货运代理行业得到不断的健康发展。

Section 2

第二节　国际海上货运代理业务

一、班轮运输的业务流程

由于班轮运输把非特定的众多货主作为服务对象，承运货物的批量小、货主多、停靠港口多、装卸作业频繁、出现货损货差的情况比较复杂。班轮运输的方式，自从揽货开始，到交付货物完毕，要经历许多环节，各个环节之间相互制约，相互联系，缺一不可。一般来说，班轮运输业务的操作程序，需要经历揽货、订舱、收货装船、卸货、交货等一系列的过程。

（一）揽　货

揽货是船公司开展业务的第一个环节，也是一个关键的环节，是指船公司从货主方面争取到货源的业务行为。其目的在于使自己经营的货船能够达到满载或接近于满载，以取得最大的收入。

揽货活动，对于船公司非常重要，它决定着船公司经营的成败。所以，各个船公司都将争取货源放在首位。近年来，船公司与无船承运人不断增多，致使货源的竞争更加激烈，这也促使船公司想方设法提高服务质量，增加服务项目，便利货主，以争取到货源。船公司揽货的主要方式，包括如下几种。

1. 公布班轮航线与船期表

船公司针对自己所经营的班轮航线，以及和船舶抵、离港的时间，印成船期表，发给各货主单位，并且在各种广告媒介上大量宣传，力求扩大自己的影响，以揽到合适的、更多的货源。

2. 委托代理或建立分支机构

船公司为了开展业务，在船舶挂靠的港口，选择可靠的国际船舶代理公司，作为其代理机构。选择代理是非常重要的一项工作，因为船公司不可能在所有的港口都设有自己的分支机构，需要通过代理公司，来代办所在港口的业务。中国外轮代理总公司，是目前我国最大的船舶代理机构，其所属的代理公司，遍布全国各大中小港口。中国远洋集团总公司设在国外的代理机构，已经遍布全世界的各大港口。

一些班轮公司，往往在航线上的主要港口中建立自己的办事处或分支机构，其主要目的是为了处理好现场的业务工作，扩大船公司的影响，开拓揽货渠道，监督代理的工作以及协调与各方面的关系。例如，我国台湾的长荣集团在全球的主要口岸都设立了分部，共有250多家分公司或办事处，为公司的船舶承揽货物。

3. 提高服务质量

船公司为了多揽货，必须在服务上比同行胜出一筹。特别是在当今海运市场竞争日趋激烈、船公司日益增多、运输能力往往大于货源需求的情况下，各船公司为了提高竞争力，必须要在提高服务质量方面大下功夫，为扩大货源渠道，各大海运公司在各地都设立办事处，组建集装箱堆场、运输车队和储运仓库等，从而能够更好地为货主服务，以便承揽到更多的货源。

（二）订　舱

与船公司揽货相对应，托运人或其代理人，向承运人或其代理人申请货物运输，承运人对于这种申请给予承诺，即订舱。订舱的地点，可以是航线的始点或终点和船舶途经的口岸。

以CIF价格成交的出口货物，应当由出口方承担货物的运输，负责租船或订舱，将货物运交国外的进口方，所以订舱多是在装货港或货物输出地进行。以FOB价格成交的出口货物，买方应当负责租船订舱，订舱地多是在货物输入地或卸货港。船公司接受订舱以后，要注意如下这三个方面。

1. 做好船舶舱位的分配

由于班轮航线运输可能要在多个挂靠港装卸货，船公司要根据过去的实际情况，对于该航线上的船舶舱位进行预配，并且定出限额。各装货港的分支机构或代理机构，只能在所分配的船舶舱位范围以内，进行承揽货载。遇到特殊的情况，分配的舱位不足或过剩之时，就要考虑在各装货港之间进行调剂，使舱位得到充分的利用。

2. 注意货物的性质、包装与重量

接受订舱之时，必须要注意货物的性质、包装与重量。例如，装运危险品货物之时，在积载和保管及中途挂港上，有许多限制；装运超长件货物之时，常会受到舱口大小的限制；装运超重件货物时，要考虑到船舶和装货港、卸货港设备能力和陆上运输的限重等情况。

3. **注意装卸港及通过港的相关法规**

国际贸易货物，其装卸港和通过港常分属于不同的国家，所适用的法律或港口当局的规章制度和管理办法常会有所不同。例如，根据装货港国家的法规所允许装船的货物，在卸货港的国家却禁止卸货。所以在接受订舱之时，需要特别注意有关国家的法律和港口的规章管理办法，以免出现不必要的问题或纠纷。

（三）收货装船

1. **直接装船**

由货主直接将货物送到船边装船的形态，被称为直接装船或现装。在班轮运输当中，件杂货一般都不采用直接装船的形式，但是对于一些特殊的货物，比如危险品、冷冻货、鲜活货、贵重货或者比较大的同类货物，则可以在事先商定以后，由托运人将货物直接送至船边，或使用托运人的驳船，将货物送到船边直接装船。

2. **集中装船**

在班轮运输当中，为了提高装船的效率，减少船舶在港的停泊时间，通常都采用集中装船的方式。集中装船是指船公司在各装货港，指定装船的代理人，在各装货港的指定地点（通常是码头仓库）接收托运人送来的货物，办理交接手续之后，将货物集中并且按照货物的卸货次序，进行适当的分类之后再装船。这种装船方式，又称为“仓库收货，集中装船”。

站在托运人的立场上来看，将货物交给船公司指定的装船代理人，如同是将货物交给船公司一样，交货之后的一切风险，都应由船公司来负担。但是根据提单以及有关海上运输法规的规定，对于班轮件杂货的运输，船公司的责任，是从本船船边装货之时开始的，除非另有约定，即船公司的责任期间并没有前延至仓库收货之时。根据船公司和装船代理人之间的特约，在船边装船以前的责任，应当归属于装船代理人担负。

（四）卸　货

卸货是将船舶装运的货物，在卸货港从船上卸下，在船边交给收货人或代其收货的人，并且办理货物交接手续。船公司在卸货港的代理人，根据船舶发来的到港电子信息，一方面缮制有关的单证，联系安排泊位与准备办理船舶的进口手续，约定装卸公司，等待船舶进港之后卸货；另一方面还要将船舶预定到港的时间通知收货人，以便于收货人及时做好接收货物的准备工作。

1. **集中卸货**

班轮运输当中，通常采用集中卸货的办法，即由船公司指定的装卸公司，作为卸货代理人总揽卸货和接收，并一一向收货人交付货物的工作。船舶到港之后，先是将货物卸至码头仓库，进行分类以后再交付收货人，这种方式又称为“集中卸货，仓库交付”。装卸公司如果兼营货物的进口报关业务，在将货物搬入保税仓库以后，应当随即附上必要的单证，向海关申请进口报关，经过海关查验放行后，再行办理货物交付的手续。

船公司的责任，如同装货一样，也是以船边为界，即货物脱离本船的吊钩之时，船公司的责任即告终止。船公司只负担货物的卸船费用，此后的驳船费、岸上搬运费及仓储保管费等，是由收货人向装卸公司或卸货代理人支付。

2. 误　卸

在班轮运输当中，由于同时装运分属于不同货主和不同卸货港的货物，有时难免会发生将本应在其他港口卸下的货物卸在本港，或本应在本港卸下的货物遗漏未卸的错误情况。通常是将前者称为溢卸（Overlanded），后者称为短卸（Shortlanded）。

关于因为误卸而引起的货物延迟损失，或货物损坏的责任问题，一般是在提单条款当中都有所规定。通常是规定，因为误卸而发生的补送、退运费用，由船公司来负担，但是对于因此所造成的延迟交付或货物的损坏，船公司不负赔偿责任。

（五）交　货

在集装箱班轮运输当中，由于大多是采用“场对场”的交接方式；而在杂货班轮运输当中，由于实践中多是采用“集中卸船，仓库交付”的形式，并且收货人必须要在办妥进口手续之后，才能够提取货物。所以，在班轮运输之中，通常是收货人先取得提货单，办理进口手续以后，再凭提货单到堆场、仓库等存放货物的现场，提取货物。而收货人只有在符合法律规定，以及航运惯例的前提条件之下，才能够取得提货单。

在使用提单的情况下，收货人必须要将提单交回承运人，并且该提单必须要经过适当正确的背书（Duly Endorsed），否则船公司没有交付货物的义务。另外，收货人还需要付清所有应当支付的费用，比如到付的运费、共同海损分担费等，否则船公司有权根据提单上留置权条款的规定，暂时不交付货物，直至收货人付清各项应付的费用；如果收货人拒绝支付应付的各项费用，而使得货物无法交付之时，船公司还可以经过卸货港所在地的法院批准，对于卸下的货物进行拍卖，以拍卖所得价款充抵应当收取的费用。因此，货运代理人应当及时与收货人联系，取得经过正确背书的提单，并且付清应当支付的费用，以便于换取提货单，并且在办理进口手续以后，提取货物。

1. 凭银行保函放货

在已经签发提单的情况下，收货人要取得提货的权利，必须要以交出提单为前提条件。然而，有时由于提单的邮寄延误，或者作为押汇的跟单票据的提单，还未到达进口地银行，或者虽然提单已经到达进口地银行，但是因为汇票的兑现期限关系，在货物已经运抵卸货港，收货人还无法取得提单的情况下，收货人也就无法凭着提单来换取提货单。

此时，按照一般的航运习惯，收货人会开具由一流银行签署的保证书，以保证书交换提货单之后提货。船公司同意凭着保证书交付货物，是为了能够尽快地交货，而且除了有意欺诈以外，船公司可以根据保证书，将因为凭保证书交付货物而发生的损失，转嫁给收货人或保证银行。

但是，由于违反运输合同的义务，船公司对于正当的提单持有人，仍然负有赔偿一切损失责任的风险。因此，船公司会及时要求收货人履行解除担保的责任，即要求收货人在取得提单以后，及时交给船公司，以恢复正常的交付货物条件。在实际当中，船公司要求收货人和银行出具的保证书形式和措辞，虽然各不相同，但是主要内容都包括因为不凭提单提货，收货人与银行要保证同意下列各项条件。

（1）因为不凭提单提取货物，收货人和银行要保证赔偿，并且承担船公司及其雇员和代理人因此承担的一切责任与遭受的一切损失；

（2）对于船公司或其雇员或其代理人，因此被起诉而提供足够的法律费用；

（3）对于船公司的船舶或财产，因此被扣押或羁留或遭到这种威胁，而提供所需的保释金或其他担保，以解除或阻止上述的扣押或羁留，并且赔偿船公司由此所遭受的一切损失、损害或费用；

（4）收到提单以后，换回保证书；

（5）对于上述的保证内容，由收货人和银行一起负连带责任。

2. 选港货的处理

提单上的卸货港（Port of Discharge）一栏内，有时会记载两个或两个以上货主选择的卸货港名称，这是因为货主在货物装船之前，尚未确定具体的卸货地点。所以在办理货物托运之时，提出选择卸货港交付货物的申请，并且在船舶开航以后，在提单上所载明的选卸港范围以内，选定对自己最为方便或最为有利的卸货港，最后在这个港口卸货与交付货物。这种由货主选择卸货港交付的货物，称为“选港货”（Optional Cargo）。

由于在“选港货”签发的提单中的卸货港一栏内，已经明示了卸货港的范围，比如“Option Kobe/Yokohama”，所以收货人在办理提货手续之时，只要交出一份提单便可。但是，货主必须在船舶自装货港开航以后，抵达第一个选卸港之前的一定时间以前（通常为24小时或48小时），将决定了的卸货港通知船公司以及被选定卸货港船公司的代理人，否则船长有权在任何一个选卸港将货物卸下，并且认为船公司已经履行了对于货物运送的责任。

3. 卸货港变更

如果收货人认为有必要将货物改在提单上载明的卸货港以外的其他港口卸货交付，则可以向船公司提出变更卸货港的申请。但是，所变更的卸货港，必须是在船舶航次停靠港口的范围之内，并且必须要在船舶抵达原定卸货港之前，或到达变更的卸货港（需提前卸货之时）之前，提出变更卸货港交付货物的申请。

由于变更卸货港交付货物，是在提单载明的卸货港以外的其他港口卸货和交付货物，所以收货人必须要交出全套提单，才能够换取提货单提货。而且，船公司根据积载情况，考虑变更卸货港卸货和交付货物，对于船舶的营运不会产生严重影响，并且接受货主变更卸货港的申请以后，收货人还应负担因为这种变更而发生货物的翻舱、倒载费、装卸费，以及因为变更卸货港产生的运费差额和有关的手续费等费用。

4. 电　放

在船公司普遍没有自己的海运单，而又不需要收货人在卸货港以提单换取提货单的情况之下，“电放”的做法便产生了。“电放”是指在装货港货物装船之后，承运人签发提单，托运人再将全套提单交回承运人，并且指定收货人，承运人以电讯的方式，授权其在卸货港的代理人，在收货人不出具提单的情况之下，交付货物。

由于与传统的做法不同，因此托运人与收货人都要出具保函，但是收货人不需要履行解除担保的责任。同时，承运人不能够交错货，托运人（卖方）应当能够收到货款，而收货人（买方）应当能提到货物，这是在“电放”当中，各方都应注意的问题。

5. 使用海运单

在使用海运单的情况之下，收货人无须出具海运单，承运人只要将货物交给海运单上所列的收货人，就被视为已经做到了谨慎处理。通常收货人在取得提货单提货以前，应当出具海运单副本以及自己确实是海运单注明的收货人的证明材料。

二、租船运输业务流程

在租船市场中，租船业务一般是要通过经纪人来进行的。从承租人提出租船要求，到最后与船东签订租船合同，大致要经过如下这六个环节。

（一）询　租

询租（Order/Inquiry/Enquiry）的目的和作用，是令对方知道发盘人的意向与需要的大概情况，因此，内容除了包括必须要令对方知道的项目以外，对于其余的，应当简单扼要。询租可由租船人发出，也可以由船东发出。租船人询租的目的，是为货物的运输寻找合适的船舶。

船东询租的目的，是为船舶寻找合适的货载或租家，其主要内容，一般包括船舶类型、船名、船籍、吨位、航行范围、受载日期、船舶供租的方式等。

航次租船询租的内容，包括租船人的全称和地址、货物名称与数量、装货港与卸货港、船舶受载期和解约日、装卸时间、装卸费负担、运费率（有些询租当中不报运费率，而是写明由船东报）、对于船舶类型和尺码的特殊要求、租方建议的标准合同范本、佣金等。

定期租船询租的内容，包括租船人的全称和地址、船舶吨位和船型、租用船期、交／还船的地点、交船日期和解约日、对于船舶的特殊要求、租船人建议的标准合同范本（也有由船东在报价之时提出）、佣金等。

（二）报　盘

船东在收到租船人询租以后，经过估算或对照其他的询租条件，认为可以考虑，便通过经纪人向租船人报盘（Offer），报出所能够提供的船舶的运费率或租金等条件。报盘又称为发盘。在租船实务当中，习惯做法是船东发出意向性报价，尤其当租船人发出的是意向性询价之时，意向报价仅需提供船舶的概况、运费或租金率，以及其他能够满足询价当中要求的意向。一般不附有应当答复的时间限制，又称为报虚盘。

若货物的买卖已经落实询价，船东可以立即报实盘，或因航运市场不景气，船东在面临竞争之时，为揽货，也应当立即报实盘。船东和租船人洽谈租约条款时，分为两步：先是洽谈主要的条款，再进一步谈细节。

1. 航次租船报价主要的条款，包括船东全称、船名和规范、运费率和运费支付条件、受载期和解约日、装卸港、装卸时间、装卸费负担、滞期／速遣费率、标准合同范本、报价有效时间等。

2. 定期租船报价的主要条款，包括船东全称、船名和规范、租船形式、交船及还船地点、交船期和解约日、航行区域、租金率和支付条件、交还船时船上的剩油量和价格、其他船东愿意作为主要条款谈判的条款、合同范本、佣金等。

洽谈主要条款的阶段，船东报价或租船人还价的结尾，都写有“有待细节”，这是指谈妥主要条款以后，继续洽商细节内容。船东所报实盘当中，都规定答复的期限，船东一旦发出报价，在一定期限内不得撤回、变更或限制报价。

3. 报盘的约束力主要表现在如下这两种情况当中。

（1）若船东用口头或电话的形式发出报价，并且在该口头报价当中规定答复的期限，在期限以前，船东不得撤回或变更。租船人在规定的期限内没做出答复，则报价无效。若是报价没有规定答复的期限，租船人在对话当时没立即答复，船东便不再受到该口头报价的约束。

（2）若船东用电子信息报价，规定了答复的期限，该报价在答复期限届满以前，对于船东具有约束力。若是没有规定答复期限的，一般在得到接受人答复所需的期间以内，该报价对于船东具有约束力。

（三）还　盘

还盘（Counter Offer）是指对于报盘当中的实质内容做出修改，并且提出自己的不同条件。在还盘之时，要仔细地审查对方报盘的内容，决定哪些可以接受，哪些不能接受，或要经过修改和补充，且逐一提出。在还盘当中提到的条件，都是不同意或否定或修改补充对方报盘当中的条件，凡是还盘中没有提到的对方报盘当中的条件，都被认为是已经接受的条件。

若租船人对于船东报盘当中的绝大多数条款都不能接受，但是仍想与船东谈判，可以这样还价："租船人拒绝船东的报价，但是提出实盘如下……"

（四）接　受

经过报盘、还盘多次的讨价还价，直到最后一次还实盘的全部内容被双方接受（Acceptance），就算是成交。有效的接受，必须要在报盘或还盘的时限内，且不能附有保留条件，若是时限已过，则欲接受的一方必须要求另一方再次确认后，才能生效。

（五）签订租确认书

订租确认书（Fixture Note）应当详细地列出船舶所有人和承租人，在洽租过程当中双方承诺的主要条款，一般包括确认书日期、船名或可替代船舶、双方当事人的名称和地址、货名和数量、装卸货港和装卸船期、装卸费用的负担责任、运费或租金以及支付方法、有关费用的分担（港口的使用费、税收等）、亏舱费计算、所采用的标准租船合同、其他的特殊约定、双方当事人的签字等。

（六）编制、审核、签订正式租船合同

订租确认书是一份简式合同，双方可以按照已经达成的协议编制、审核并且签署正式的租船合同（Charter Party）。租船合同通常是制作成正本两份，签署之后由船东和承租人双方各持一份，存档备用。

Section 3

第三节 国际航空货运代理业务

一、国际航空货物出口运输代理的业务流程

国际航空货物运输当中的一个显著特点，是航空公司一般不直接接受货物委托，而是指定航空货运代理人，代其接受货物的运输委托。国际货物运输的流程，包括这两大环节：国际货物运输的进口业务流程与国际货物运输的出口业务流程。本节主要介绍国际航空货物出口运输代理的业务流程。航空货物出口运输代理的业务流程，包括如下各环节：揽货；委托代理；审核单证；预配舱、预订舱；接单、制单；接受货物；标记和标签；配舱；订舱；出口报关；出仓单；提、装板箱；签货运单；交接发运；航班跟踪；信息反馈；费用结算。

（一）揽 货

揽货是指航空货运代理公司为了争取更多的出口货源，而到各进出口公司与有出口经营权的企业，进行推销的相关活动。在揽货之时，一般需向出口单位介绍本公司的代理业务范围、服务项目以及各项收费标准。航空货运代理公司与出口单位（发货人）针对出口货物运输事宜达成协议之后，可以向发货人提供中国民航的国际货物托运书，作为委托书。委托书由发货人填写并且加盖公章，作为委托和接受委托的依据。对于长期出口货量大的单位，航空货运代理公司一般都会与之签订长期的代理协议。

（二）委托代理

委托代理是指托运人委托航空代理人，办理出口货物航空运输事宜的行为，委托代理之时，托运人必须填写“国际货物托运书”。托运书是托运人用于委托承运人或其代理人填开航空货运单的一种表单，表单上列有填制货运单所需要各项内容，并且应当印有授权承运人或其代理人代其在货运单上签字的文字说明。国际货物托运书是托运人与航空代理

人之间的委托合同，是代理人向航空公司办理货物托运的依据，也是填制航空货运单的依据，因此托运人必须正确填写，并且须由托运人签字盖章。

（三）审核单证

单证应当包括如下各项内容。

1. 发票、装箱单。发票要加盖公司公章（业务科室、部门章无效），写明价格术语和货价。

2. 托运书。要注明运费预付或运费到付，在托运人签字处，一定要有托运人的签名。

3. 报关单。要注明经营单位的注册号、贸易性质、收汇方式，并且要求在申报处加盖公章。

4. 外汇核销单。在出口单位备注栏内，要加盖公司的公章。

5. 许可证。合同号、出口口岸、贸易国别、有效期，一定要符合要求，并且与其他的单据相符。

6. 商检证。商检证、商检放行单、盖有商检放行章的报关单都可以。商检证上应当有“海关放行”的字样。

7. 进料／来料加工核销本。要注意本上的合同号是否与发票相符。

8. 索赔／返修协议。要求提供正本，要求在合同的上方外方盖章，外方没章之时，可以签字。

9. 到付保函。凡是到付运费的货物，发货人都应当提供到付保函。

10. 关封。

（四）预配舱、预订舱

代理人汇总所接受的委托与客户的预报，计算出各航线的件数、重量、体积，按照客户的要求和货物的情况，根据航空公司不同机型对于板箱的要求，制订出预配舱方案，并给每票货配上运单号。

代理人根据预配舱的方案，按照航班、日期打印出主运单号、件数、重量、体积，向航空公司预订舱。此时，由于货物还未入库，预报的和实际的一般会有差别，这些需要在配舱之时进行调整。

（五）接单、制单

接受托运人或其代理人送交的已经审核确认的托运书以及报关单证和收货凭证。将电脑中的收货记录与收货凭证进行核对。制作操作交接单，填上所收到的各种报关单证份数，给每份交接单配一份主运单或分运单。根据交接单、主运单或分运单、报关单证制单。如果此时货未到或未全到，则可以按照托运书上的数据填入交接单并且注明，等货物到齐之后再进行修改。

依据发货人提供的国际货物托运书，填制航空货运单。航空货运单是航空运输当中最重要的单据。货运单是否填写准确，会直接关系到货物能否及时、准确地到达目的地。航空货运单是发货人收结汇主要的有效凭证，因此其填写必须准确，严格符合单证一致、单单一致的要求。

航空货运单包括主运单与分运单。如果是直接发给国外收货人的单票托运货物，填开航空货运单即可。如果货物属于以国外航空货运代理人为收货人的集中托运货物，必须先为每票货物填开航空货运代理公司的分运单，然后再填开航空公司的主运单，以便于国外航空货运代理人对主运单下的各票货物进行分拨。

航空货运代理公司还要制作《空运出口业务日报表》，供制作标签之用。

（六）接受货物

它是指航空货运代理公司把即将发运的货物，从发货人手里接过来运送到自己的仓库。接货一般是与接单同时进行。接货之时，应当对于货物进行过磅和丈量，根据发票、装箱单或送货单清点货物，并且核对货物的数量、品名、合同号或唛头等，是否与货运单上所列的相一致。

（七）标记与标签

标记是指在货物外包装上，托运人书写的有关事项与记号。标签按照作用，可以分为识别标签、特种货物标签和操作标签等；按照类别，可以分为航空公司标签和分标签两种。

航空公司标签是对于其承运货物的标志，各航空公司的标签，虽然在格式、颜色上有所不同，但是内容基本相同。标签上前三位阿拉伯数字，代表所承运航空公司的代号，后八位数字是主运单号。

分标签是代理公司出具分标签货物的标志，凡是出具分运单的货物，都要制作分标签，填制分运单号码和货物到达城市或机场的三字代码。一件货物贴一张航空公司标签，有分运单的货物，每件再贴一张标签。

（八）配　舱

在配舱之时，需要运出的货物都已经入库，此时需要核对货物的实际件数、重量、体积与托运书上预报的数量，是否相一致；应当注意对于预订舱位、板箱的有效利用、合理搭配，按照各航班的机型、板箱型号、高度、数量进行配载。同时，对于晚到、未到以及未能顺利通关放行的货物，做出调整，为制作配舱单做准备。实际上，这一过程一直延续到单、货交接给航空公司之后，才算完毕。

（九）订　舱

订舱是向航空公司申请运输并且预订舱位的行为。货物订舱，需要根据发货人的要求和货物本身的特点而定。一般来说，大宗货物、紧急物资、鲜活易腐物品、危险物品、贵重物品等，必须要预订舱位。非紧急的零散货物，可以不预订舱位。

订舱的具体做法和基本步骤，是接到发货人的发货预报以后，向中国民航吨控部门领取并且填写订舱单，写明货物的名称、体积、重量、件数、目的港以及要求出运的时间等。中国民航根据实际情况，来安排航班和舱位。航空货运代理公司在订舱之时，可以依照发货人的要求，选择最佳航线和理想的承运人，同时为其争取到最低、最合理的运价。订妥舱位之后，航空货运代理公司应当及时通知发货人备单、备货。

（十）出口报关

出口报关，是指发货人或其代理人在发运货物之前，向出境地的海关提出办理出口手续的过程。它的基本程序包括如下各项。

1. 将发货人提供的出口货物报关单的各项内容输入到电脑；

2. 在通过电脑缮制出的报关单上，加盖报关单位的报关专用章；

3. 将报关单与有关的发票、装箱单与航空货运单合在一起，并且根据需要随附有关的证明文件；

4. 报关单证准备齐全以后，由持有报关员证的报关员正式向海关申报，海关审核无误之后，海关的关员即在发运单的正本上加盖放行章，同时在出口收汇核销单和出口报关单上，加盖放行章，在发货人用于产品退税的单证上，加盖验讫章，并且粘贴防伪标志。

（十一）出仓单

配舱方案制订后，便可以着手编制出仓单。出仓单的主要内容包括制单日期、承运航班的日期、装载板箱的形式及数量、货物进仓的顺序编号、主运单号、件数、重量、体积、目的地三字代码和备注等。

出口仓库方将出仓单用于出库计划，出库之时点数并且与装板箱环节交接。装板箱环节，将出仓单用于向出口仓库提货。货物的交接环节，将出仓单用于制作收货凭证和“国际货物交接清单”的依据。“国际货物交接清单”用于航空公司交接货物。出仓单还可以用于外拼箱和报关环节。

（十二）提、装板箱

除了特殊情况以外，目前航空的货运大多是以“集装箱”“集装板”的形式装运。订妥舱位以后，航空公司吨控部门将根据货量发放“航空集装箱、板”凭证，用板箱人凭此向航空公司箱板管理部门，领取与订舱货量相应的集装板、集装箱，并且办理相应的手续。在提板、箱之时，应当领取相应的塑料薄膜和网。对于所使用的板、箱，要进行登记、销号。

通常情况下，航空货运代理公司是把体积为两立方米以下的货物，作为小货交与航空公司进行拼装，大于两立方米的大宗货或集中托运拼装货，一般都是由货运代理自己装板装箱。

（十三）签货运单

货运单在盖好海关放行章之后，还需要到航空公司签单，主要是审核运价的使用是否正确，以及货物的性质是否适合空运，危险品等是否已经办理相应的证明和手续，航空公司的地面代理规定，只有签单确认以后才允许将单、货交给航空公司。

（十四）交接发运

在交接之时，要向航空公司交单、交货，由航空公司安排航空运输，交单就是将随机单据和应当由承运人留存的单据，交给航空公司，随机单据包括第二联航空货运单的正本、发票、装箱单、原产地证明、品质鉴定书等。交货是将与单据相符的货物，交给航空公司。航空公司验收之后，在交货签单上确认验收，并且将货物存入出口仓库，单据交给吨控部门，以备配舱。

（十五）航班跟踪

单、货交给航空公司之后，航空公司会因为种种原因，比如航班取消、延误、故障等，未能按照预定的时间运出，所以货运代理公司从单、货交给航空公司之后，需要对航班及货物进行跟踪。

（十六）信息反馈

货运代理公司在整个代理过程当中，需要将订舱信息、审单及报关信息、仓库收货信息、交运称重信息、航班信息、集中托运及单证信息等，及时反馈给客户。

（十七）费用结算

费用结算主要涉及同发货人、承运人和国外代理人这三方的结算。

与发货人结算费用，即是向发货人收取航空运费（在运费预付的情况下），同时收取地面运费以及各种服务费和手续费，或是根据发货人提供的账号办理托收。与承运人结算费用，是指向承运人支付航空运费，同时向其收取代理佣金。与国外代理人的结算，主要是涉及支付运费和利润分成。

到付运费实际上是发货人的航空货运代理公司为收货人垫付的，因此收货人的航空货运代理公司，在将货物移交给收货人之时，应当收回到付运费，并且将代垫运费退还发货人的航空货运代理公司。同时，发货人的航空货运代理公司，应当将代理佣金的一部分，分给收货人的货运代理。这样一来，就形成了代理公司之间的账单来往。

二、国际航空货物进口运输代理的业务流程

国际航空货物进口运输代理业务流程，是指货运代理公司对于货物从入境到提取或转运整个流程的各个环节，所需要办理的手续以及准备相关单证的全过程。一般包括如下各流程：代理预报；交接单、货；理货与仓储；理单与到货通知；制单；进口报关；收费与发货；送货或转运等。

（一）代理预报

在航班到达之前，由国外发货人代理公司，将运单、航班、品名、重量、件数、实际收货人及其地址、联系电话等内容，通过传真或E-mail的形式，发给目的地的代理公司，这一过程称为代理预报。

（二）交接单、货

航空货物入境之时，与货物相关的单据（运单、发票和装箱单等），也会随机到达。运输工具及货物，处于海关的监管之下。货物卸机之后，将货物存入海关的监管库内，同时根据运单上的收货人地址寄发取货通知。若是运单上的第一收货人为航空货运代理公司，则是将运输单据及与之相关的货物，交给航空货运代理公司。在交接时，要做到单单核对、单货核对，出现问题要及时处理。

（三）理货与仓储

代理公司从航空公司接货以后，即将货物运进自己的仓库，组织理货及仓储。在理货之时，要注意核对每票的件数，检查货物破损的情况，如果有异常，确属接货之时未发现的问题，可以向航空公司提出交涉。在仓储之时，要根据货物的属性和特殊要求，来进行存储，以保证货物的安全、不受损。

（四）理单与到货通知

1. 航空货运代理公司在取得航空货运单以后，即要进行分类整理，集中托运的货物要在主运单项下拆单。运单的分类标准和方法有很多，一般有按照航班号理单、按照进口代理理单、按货主理单等方式，究竟如何进行分类，各公司可以根据自己的具体情况而定。但是一般说来，集中托运货物和单票货物、运费预付货物和运费到付货物，应当区分开来。

2. 到货通知，货物到达目的港以后，货运代理人应当及早通知货主到货的情况，提醒货主配备好有关的单证，尽快报关，以减少货主的仓储费，避免产生海关滞报金。

（五）制单

制单是指制作“进口货物报关单”。制单的依据，是运单、发票及证明货物合法进口的有关批准文件。因此，制单工作，一般要在收到用户的回询并且获得必备的批文和证明之后，才可以进行。对于不需要批文和证明的，可以直接制单。

完成制单以后，将报关单的各项内容输入到电脑，打印出报关单一式三份。在报关单的右下角加盖报关单位的“报关专用章”。然后，将报关单连同有关的运单、发票，订成一式两份，并且随附批准货物进口的证明和文件，由经过海关认可的报关员正式报关。

（六）进口报关

进口报关，是指向海关提出办理进口货物手续的过程。报关是进口程序最关键的环节，任何货物都必须向海关申报，并且经海关放行之后，才能提出海关监管场所。报关一般包括初审、审单、征税、验放这四个环节。

在进行报关之时，应当注意报关期限的问题。报关期限是指货物运抵口岸之后，收货人或其代理，向海关报关的时间限制。海关法规定的进口货物报关期限如下：自运输工具进境之日起的14日以内，超过这一期限报关的，要由海关征收滞报金。

（七）收费与发货

办完报关、报检等进口手续以后，货主需要凭借有海关放行章、检验检疫章的进口提货单，到所属的监管仓库付费提货。代理公司在发放货物之前，一般先要收妥费用，费用包括到付运费及垫付佣金（如果采用的是到付方式），单证，报关费，仓储费，装卸费，航空公司到港仓储费，动植物检验检疫费等。

（八）送货或转运

出于便捷性方面的考虑，许多货主或国外发货人，要求将进口到达货物，由货运代理人报关、垫税、提货之后，运输到收货人的手中。货物无论是送到当地，还是转运到入境地以外的地区，都需要先将货物从海关监管仓库或场所提取出来。提取货物的凭证，是海关加盖放行章的正本运单。未经过海关放行的货物，是处于海关的监管之下，不能擅自提出监管场所。

货主或其委托人，在提取货物之时还需要结清各种费用，比如国际段的到付运费、报关费、仓储费、劳务费等。在货物出库之时，提货人应当与仓库保管员仔细地检查和核对货物外包装上的合同号、运单号、唛头及件数、重量等，与运输单据所列是否相一致。

若是出现单货不符现象，或货物短少、残损或外包装变形现象，航空货运代理公司应当将航空公司出具的商务事故记录收好，并且交给货主。如果属于航空货运代理公司的责任，则是由航空货运代理公司出具事故记录。

航空货运代理公司可以接受货主的委托，送货上门或办理转运。航空货运代理公司在将货物移交给货主之时，一并向其收取货物进口过程当中所发生的一切费用。

Section 4

第四节　国际陆上货运的代理业务

一、国际铁路联运出口货物的运输流程

国际铁路联运出口货物运输组织的工作，主要包括铁路联运出口货物运输计划的编制、货物托运与承运、货物装车发运、国境站的交接和出口货物的交付等。

（一）编制出口货物的运输计划

国际铁路货物联运出口货物运输计划，一般是指月度要车计划，它是对外贸易运输计划的一个组成部分，体现出对外贸易国际铁路货物联运的具体任务，也是日常铁路联运工作的一个重要依据。

国际铁路货物联运月度要车计划，是采用“双轨（铁路、外贸）上报，双轨下达”的方法，其编制程序包括如下各项。

1. 各省、自治区、直辖市的发货单位，应当按当地铁路部门的规定，填制“国际铁路联运”月度要车计划表，向铁路局（分局、车站）提出下月的要车计划，并且在规定的时间以内，分别报送当地的经贸厅（局）与各主管总公司。

2. 各铁路局汇总发货单位的要车计划以后，上报铁道行政管理部门，各省、自治区、直辖市经贸厅（局）和各进出口总公司，在审核汇总所属单位的计划以后，报送商务部。

3. 商务部汇总审核计划以后，与铁道行政管理部门平衡核定。

4. 月度要车计划经过两部平衡核定，并且经过有关国家的铁道部门确认后，由商务部将核准的结果，通知给各地经贸厅（局）和各进出口总公司，各地经贸厅（局）和各进出口总公司，再分别转告所属的发货单位；各铁路局（分局、车站）将铁道行政管理部门批准的月度要车计划，分别通知给发货单位。

凡是发送整车货物的，都需具备铁路部门批准的月度要车计划和旬度要车计划；

零担货物则不必向铁路部门编制月度要车计划，但是发货人必须要事先向发站办理托运手续。

（二）托运与承运

托运与承运的过程，实际就是铁路与发货人之间签订运输合同的过程。发货人在托运货物之时，应当向车站提出货物运单，以此作为货物托运的书面申请。车站接到运单之后，应当进行认真的审核。整车货物办理托运时，车站应当检查是否有批准的月度、旬度货物运输计划和要车计划，检查运单上的各项内容，是否正确。

如果确认可以承运，应当予以签证。运单上的签证，表示货物应当进入车站的日期或装车日期，表示铁路已经受理托运，发货人应当按签证指定的日期，将货物搬入车站或指定的货位。铁路根据运单上的记载，查对实货，认为符合《国际货协》和有关规章制度的规定，车站才可以接收货物，并且开始负保管责任。整车货物一般是在装车完毕以后，始发站应当在运单上加盖承运日期戳，即为承运。

托运、承运完毕后，铁路运单作为运输合同，即开始生效。铁路按照《国际货协》的规定，对于货物负保管、装车并且运送到指定目的地的一切责任。

（三）货物装车发运

货物办理完托运与承运手续之后，接下来是装车发运。货物的装车，应当在保证货物和人身安全的前提之下，快速进行，以缩短装车作业的时间，加速周转和货物的运送。

货物发出后，运输人员在发货以后，要将发货经办人员的姓名、货物名称、数量、要件数、毛重、净重、始发站、到站、经由口岸、运输方式、发货日期、运单号、车号及运费等项目，详细地登记在发运货物登记表内，作为原始资料。

如果合同有规定，发货后发货人要用电子信息，通知收货人，发货人要及时通知；如果规定要上报总公司和当地经贸厅（局、委）的，便要及时上报。总之，要做好必要的通知和报告工作。

货物发出以后，如果发现单证或单货有错误，要及时电告货物经由口岸的外运分支机构，要求代为修正；如果发货之后，需要变更收货人、到站或其他事项的，要及时按规定通知原发站办理变更。

（四）出口货物在国境站的交接

联运货物在装车发运以后，接着便需要考虑在国境站的交接问题。

1. 国境站的有关机构

在相邻国家铁路的终点，从一国铁路向另一国铁路办理移交或接收货物与车辆的车站，称为国境站。我国的国境站，除设有一般车站应设的机构外，还设有国际联运交接所、海关、国家出入境检验检疫所、边防检查站及中国对外贸易运输（集团）总公司所属的分支机构等单位。

（1）国际联运交接所

国际联运交接所简称为交接所，它是国境站的下属机构。交接所执行下列各项任务：办理货物、车辆、运送用具的交接和换装；办理各种单据的交接，负责运送票据、商务记录的编制、翻译和交接工作；计算国际铁路联运进口货物的运到期限、过境铁路的运费和国内各项运杂费用；对于货物和票据进行检查，处理与解决货物的交接，以及车、货、票、证等各方面存在的问题。

（2）海关

海关代表着国家，贯彻执行进出口政策、法律、法令，是口岸行使监督管理职权的机关，海关要对进出口货物履行报关手续。只有在按规定交验有关单据和证件之后，海关才会予以放行。

（3）国家出入境检验检疫所

国家出入境检验检疫所是负责进出口商品检验检疫工作的国家行政管理机关。

（4）边防检查站

边防检查站是公安部下属的国家公安部队，其职责是执行安全保卫，负责查验出入国境的列车、机车以及列车服务人员和随乘人员的进出境证件。

2. 国际联运出口货物交接的一般程序

国境站除了办理一般车站的事务以外，还办理国际铁路联运货物、车辆和列车与邻国铁路的交接，货物的换装或更换轮对，运送票据、文件的翻译以及货物运送费用的计算与复核等项工作。出口货物在国境站交接的一般程序，包括如下各项。

（1）出口国境站货运的调度，根据国内前方站列车到达预报，通知交接所和海关做好接车的准备。

（2）出口货物列车进站之后，铁路会同海关接车，并且将列车随带的运送票据送于交接所处理，货物及列车接受海关的临管和检查。

（3）交接所实行联合办公，由铁路、外运、海关等单位参加，并且按照业务分工开展流水作业，协同工作。铁路主要是负责整理、翻译运送票据，编制货物与车辆交接单，以此作为向邻国铁路办理货物和车辆交接的原始凭证。外运公司主要是负责审核货运单证，纠正出口货物单证的差错，处理错发错运的事故。

海关则根据申报，经查验后，单、证、货相符，符合国家法令及政策的规定，即准予解除监督，验关放行。最后，由双方铁路具体办理货物和车辆的交接手续，并且签署交接证件。

上述仅是一般货物的交接过程，对于特殊货物的交接，比如鲜活商品，易腐、超重、超限、危险品等货物，则按照合同和有关协议的规定，由贸易双方商定具体的交接方法和手续。属于贸易双方自行交接的货物，国境站外运公司则是以货运代理人的身份，参加双方的交接。

如果在换装交接的过程中，需要鉴定货物的品质和数量，应当由国内发货单位或委托国境站商检所，进行检质、检量，必要时，还要邀请双方的检验代表复验。外运分公司则要按商检部门提供的检验结果，对外签署交接证件。

属于需要随车押运的货物，国境站外运分公司应当负责两国国境站之间的押运工作，并且按照双方的实际交接结果，对外签署交接证件，作为货物交接凭证和货款结算的依据。

3. 联运出口货物的交接方式

货物的交接，可以分为凭铅封交接与按实物交接这两种情况。

（1）凭铅封交接的货物，根据铅封的站名、号码或发货人简称，来进行交接。交接之时，应当检查封印是否有效或丢失，印文的内容、字迹是否清晰可辨，同交接单记载是否相符，车辆左、右侧的铅封是否一致等。然后，由双方铁路凭着完整铅封，来办理货物的交接手续。

（2）按照实物交接，可以分为只按货物的重量、只按货物的件数和按货物的现状交接这三种方式。按照货物重量交接的，比如中、朝两国铁路之间，使用敞车、平车和砂石车散装煤、石膏、焦炭、矿石、熟矾土等货物；按照货物件数交接的，比如中、越两国铁路之间，用敞车类货车装载每批不超过100件的整车货物；按照货物现状交接的，一般是难以查点件数的货物。

在办理货物交接之时，交付方必须编制“货物交接单”，没有编制交接单的货物，在国境站不得办理交接。

（五）出口货物的交付

国际联运出口货物抵达到站以后，铁路应当通知运单中所记载的收货人领取货物。在收货人付清运单当中所记载的一切应付运送费用以后，铁路必须将货物连同运单交付给收货人。

收货人必须支付运送费用，并且领取货物。收货人只有在货物因为毁损或腐坏，而致使质量发生变化，以至于部分货物或全部货物不能按原用途使用之时，才可以拒绝领取货物。收货人领取货物之时，应当在运行报单上填记货物的领取日期，并且加盖收货戳记。

二、国际铁路联运进口货物的运输流程

国际铁路联运进口货物的发运工作，是由国外发货人根据合同的规定，向该国铁路车站办理的。根据《国际货协》的规定，我国从参加《国际货协》的国家，通过铁路联运进口货物，凡是国外发货人向其所在国铁路办理托运的，一切手续和规定都按《国际货协》和各该国的国内规章办理。

我国国内有关订货及运输部门，对于联运进口货物的运输工作，主要包括联运进口货物在发运之前，编制联运进口货物的运输标志；向国境站寄送合同资料；国境站的交接、分拨以及运到逾期的计算等。

（一）编制联运进口货物的运输标志

运输标志（Mark），即唛头，一般是印制在货物的外包装上，它的作用是为承运人运送货物提供方便，便于识别货物、装卸以及收货人提货。唛头必须绘制清楚醒目，色泽鲜艳，大小适中，印制在货物外包装的显著位置。我国规定，联运进口货物在订货工作开始以前，由商务部统一编制向国外订货的代号，作为收货人的唛头，各进出口公司必须按照统一规定的收货人唛头，对外签订合同。

国际联运进口货物使用标准的收货人唛头以后，便可以在订货卡片、合同、运单的“收货人”栏内，用收货人唛头代替收货人的实际名称，而不再用文字填写收货人全称及其通信地址，从而既加强了保密性，减少了订货合同和运输过程中的翻译工作，也在很大程度上方便了运输，可以防止错运事故的发生。

在使用收货人唛头之时，需要严格按照商务部的统一规定，不得颠倒编排顺序，增加内容或任意地编造代号唛头。

（二）向国境站寄送合同资料

合同资料是国境站核放货物的重要依据，各进出口公司在贸易合同签字后，要及时将一份合同中文抄本寄给货物进口口岸的外运分公司，合同资料包括合同的中文抄本和它的附件、补充书、协议书、变更申请书、更改书与有关的确认函电等。

（三）国境站的交接、分拨

联运进口货物的交接程序，与出口货物的交接程序基本相同，其具体做法是：进口国境站根据邻国国境站货物列车的预报和确报，通知交接所及海关做好到达列车的检查准备

工作。进口货物列车到达以后，铁路会同海关接车，由双方铁路进行票据交接，然后将车辆交接单及随车带交的货运票据呈给交接所，交接所根据交接单办理货物和车辆的现场交接手续。海关则对于货物列车执行实际监管。

我国进口国境站交接所通过内部联合办公，开展单据核放、货物报关与验关工作，然后由铁路负责将货物调往换装线，进行换装作业，并且按照流向编组，向国内发运。

（四）运到逾期

1. 运到期限

铁路承运货物以后，应当在最短的期限内，将货物运至最终到站，货物从发站至到站所允许的最大限度的运送时间，即为货物的运到期限。

货物的运到期限，是由发送时间、运送期间以及特殊作业时间这三部分所组成。

（1）发送时间

无论慢运、快运，随旅客列车挂运的整车或大吨位集装箱，由货物列车挂运的整车或大吨位集装箱，以及零担，一律为一天（昼夜），由发送路和到达站平分。

（2）运送期间

按照每一参加运送铁路分别计算。

（3）特殊作业时间

在国境站每次换装或更换轮对，或用轮渡运送车辆，无论慢运、快运，整车或大吨位集装箱、零担以及随旅客列车挂运的整车或大吨位集装箱，一律延长两天（昼夜）。

运送超限货物之时，运到的期限按算出的整天数，延长100%。

以上货物的运到期限，应当从承运货物的次日零时起开始计算，不足一天的按一天计算。如果承运的货物在发送之前需要预先保管，运到期限则是从货物指定装车的次日零时起开始计算。

（4）不计期间

在计算运到期限之时，下列时间不计算在以内。

①为履行海关和其他规章所需要的滞留时间；

②非因铁路过失而造成的暂时中断运输的时间；

③因为变更运送契约而发生的滞留时间；

④因为检查而发生的滞留时间（检查货物同运单记载是否相符，或检查按照特定条件运送的货物，是否采取了预防措施，而在检查当中确实发现不符之时）；

⑤因为牲畜饮水、遛放或兽医检查，而造成的站内滞留时间；

⑥由于发货人的过失，而造成多出重量的卸车、货物或其容器或包装的修整，以及倒

装或整理货物的装载，所需要的滞留时间；

⑦由于发货人或收货人的过失，而发生的其他滞留时间。

2. 运到逾期

货物实际运到的天数，超过规定的运到期限天数，则该批货物便是运到逾期。如果货物运到逾期，造成逾期的铁路应当按该路收取的运费的一定比例，向收货人支付逾期罚款。

逾期罚款的规定及计算方法如下：

$$逾期罚款=运费 \times 罚款率$$

$$逾期百分率 = \frac{实际运送天数-按规定计算运到期限天数}{按规定计算运到期限天数} \times 100\%$$

罚款率按《国际货协》的规定，为逾期不超过总运到期限1/10之时，为运费的6%；逾期超过总运到期限的1/10，但不超过2/10之时，为运费的12%；逾期超过总运到期限的2/10，但是不超过3/10之时，为运费的18%；逾期超过总运到期限3/10的，但是不超过4/10之时，为运费的24%；逾期超过总运到期限的4/10之时，为运费的30%。

三、国际公路联运的代理业务

（一）公路货物运输合同的签订

1. 公路货物运输合同的确认

在公路国际货运业务当中，运单即是运输合同，运单的签发则是运输合同成立的体现。《国际公路货物运输合同公约》当中，对于运单所下的定义如下：运单是运输合同，是承运人收到货物的初步证据与交货凭证。

（1）公路货物运输合同，是以签发运单来确认的。若是无运单、运单不正规或运单丢失，不会影响到运输合同的成立及有效性。它对于发、收货人和承运人，都具有法律效力，也是贸易进出口货物通关、交接的重要凭证。

（2）发货人根据货物运输的需要，与承运人签订定期或一次性运输合同运单，都是视为运输合同成立的凭证。当待装货物在不同车内或装有不同种类货物或数票货物时，发货人或承运人有权要求对于使用的每辆车、每种货物或每票货物，分别签发运单。

（3）公路货物运输合同，自从双方当事人签字或盖章之时成立。当事人采用信件、数据电文等形式订立合同的，可以要求签订确认书，签订确认书之后合同便成立。

2. 国际汽车联运货物运单的组成与内容

国际汽车联运货物运单为一式三份，都需要发货人和承运人签字或盖章。一份交给发货人，一份随货物同行，作为通关以及交接的凭证，还有一份由承运人留底。

国际汽车联运货物运单，共计有22个栏目，在填写之时，要求用钢笔或圆珠笔清楚地填写，或者打印，或者盖戳记。1～12栏以及16栏，由发货人填写，18栏和20栏由收货人填写，其他的由承运人填写。

运单应当至少包括下列16项内容。

（1）运单的签发日期和地点；

（2）发货人的名称与地址；

（3）承运人的名称和地址；

（4）货物的接管地点、日期以及指定的交货地点；

（5）收货人的名称和地址；

（6）货物品名和包装方法，如果属于危险货物，应当说明其基本性质；

（7）货物的件数、特征标志和号码；

（8）货物的毛重或以其他方式表示的量化指标；

（9）与运输有关的费用（运费、附加费、关税和从签订合同到交货期间发生的费用）；

（10）办理海关手续和其他手续所必需的托运人的通知；

（11）是否允许转运的说明；

（12）发货人负责支付的费用；

（13）货物的价值；

（14）发货人关于货物保险，给予承运人的指示；

（15）交付承运人的单据清单；

（16）运输起止期限等。

（二）货物发运的注意事项

1. 发运的货物要和运单记载的内容相一致，不得夹带、隐瞒与运单记载不相符的货物。需要办理准运或审批、检验手续的货物，发货人应当将办理手续的证件交给承运人，并且随货物同行。

2. 货物的包装要符合运输要求，没有约定或者约定不明确的，可以协议补充。对于出口货物的包装，必须符合出口货物的要求，并且有中外文对照的标记、唛头。对于包装方式不能达成协议的，按照通用的方式进行包装；没有通用方式的，应当在足以保证运输、搬运装卸作业安全和货物完好的原则下进行包装。发货人应当根据货物的性质和运输要求，按照国家规定及国际要求，正确地使用运输标志和包装储运图示标志。

3. 运输过程当中需要饲养、照料的动植物，尖端精密产品，稀有珍贵物品，文物等，发货人需要派人随车押运。大型特型货物、危险货物、贵重物品是否押运，发货人与承运人双方要进行协商。除了上述货物以外，发货人要求押运之时，需要经过承运人同意。

4. 押运人员的姓名，以及其他必要的情况，应当填写在运单上，不能随意换人顶替，押运人员要每车一人，免费乘车。在有押运人员之时，运输途中发生的货损、货差，承运人不负损失赔偿责任。

（三）货物的承运与交接

1. 承　运

（1）承运人不得超限超载（重货不得超过车辆的额定载重吨位，轻货不得超过车辆额定的有关长、宽、高的装载规定）。

（2）运输的线路，由承运人与发货人共同确定，一旦确认，不得随意更改。如果承运人不按照约定路线运输，额外的费用由承运人自己承担。

（3）运输期限由承运人和发货人协商约定，并且在运单上注明，承运人必须在规定的时限内运达。

2. 货物的交接

（1）承运人在运输约定货物之前，要核对货物，如果发现货物和运单不符，或者可能会给运输带来危险的，不得办理交接手续。

（2）货物运达目的地以前，承运人要及时通知收货人，做好交接的准备。如果是运输到国外，则由发货人通知；如果是零担货物，在货到的24小时以内通知。

（3）承运人与发货人之间的交接，如果货物单件包装，则按件交接；如果采用集装箱以及其他有封志的运输方式，则按封志交接；如果是散装货，则按磅交接，或以双方协商的方式交接。

（4）货物运达目的地以后，收货人应当凭借有效单证接收货物，不得无故拒绝接收，否则承担一切损失。涉外运输如果发生上述情况，应当由发货人解决，并且赔偿承运人的损失。

（5）货物在交给收货人之时，双方对于货物的重量或者内容如有疑义，都可以提出查验或者复核，费用由责任方承担。

（四）货物的保险与保价运输

货物运输有两种投保方式：货物保险和货物保价运输。采取自愿投保的原则，由发货人自行确定。货物保险是由发货人向保险公司投保，也可以委托承运人代办。货物保价运输，是指按照保价货物办理承运手续，在发生货物赔偿之时，按照发货人声明的价格，以及货物损坏的程度，予以赔偿的货物运输。

发货人按照一张运单发运的货物，只能选择保价或不保价。发货人选择货物保价运输之时，申报的货物价值不得超过货物本身的实际价值，保价运输为全程保价，按照一定的比例收取保价费。

（五）运输合同的变更和解除

1. 允许变更和解除的情况

（1）不可抗力因素。

（2）因为合同当事人一方的原因，在合同约定的期限内，无法履行运输合同的。

（3）合同当事人一方违约，导致合同不可能或者没有必要履行的。

（4）合同当事人协商同意解除或变更合同的，可以变更或解除，如果是承运人提出的，承运人要退还已经收取的费用。

2. 发货人提出变更或解除合同

在货物没有交付收货人以前，发货人可以要求终止运输，返还货物，变更目的地或者要求将货物交给其他收货人，但是应当赔偿承运人因此受到的损失。

3. 不可抗力因素下的变更与解除

如果因为不可抗力因素，导致货物在运输过程当中受阻，发生了装卸、接运、保管等费用，则有如下各种解决方法。

（1）所有费用由发货人承担，承运人要退回未完成的运输费用。

（2）回运之时，回程的运费免收。

（3）发货人要求绕道运输，额外的费用按实际收取。

（4）货物在受阻地需要存放的，保管费用由发货人负担。

4. 逾期提货

货物到达目的地以后，承运人可以联系到收货人的，应当及时通知收货人。收货人逾期提货的，应当支付承运人的保管费用。收货人不明或收货人无正当理由拒绝受领货物的，依照我国《合同法》的规定，承运人可以提存货物。

Section 5

第五节　集装箱运输与国际多式联运的代理业务

一、集装箱运输的代理业务

（一）集装箱进出口货运代理的业务流程

1. 出口流程

（1）委托代理

在集装箱运输业务当中，发货人一般都是委托货运代理人，为其办理有关的货运业务。通常是由作为委托人的货主提出委托，货运代理人接受委托之后，双方代理关系建立。

（2）订舱

发货人（或其代理人）应当根据贸易合同或信用证条款的规定，在货物托运之前一定的时间以内，向船公司或其代理人，或者多式联运经营人或其代理人，申请订舱。

如果船公司或多式联运经营人，接受发货人或发货人代理的订舱申请，则在双方议定船名、航次等信息以后，通常会发给托运人一份订舱确认书，或者在发给货方的场站收据副本（海关联）上盖章，来表示确认。承运人接受货主委托之后，便编制订舱清单，然后分送集装箱码头（或内陆港站）堆场、集装箱货运站，据以安排空箱及货物的交接。

（3）发放空箱

除了货主使用自备箱以外，通常整箱货使用的空箱，是由发货人或其代理人凭船方签署的提箱单，到指定的码头（或内陆港站）的堆场领取空箱，并且办理设备的交接单手续。拼箱货使用的空箱，是由双方议定交接货物的集装箱货运站负责领取。

（4）货物装箱

整箱货通常是由发货人或发货人代理，在发货人的仓库完成装箱、加封并且制作箱单，然后将重箱运至码头堆场，拼箱货由发货人将货物交至集装箱货运站，由货运站根据订舱清单、场站收据和船方的其他指示，负责装箱、加封并且制作箱单，然后将重箱运至码头堆场。

（5）货物交接

整箱货运至码头（或内陆港站）堆场，堆场业务员根据订舱清单、场站收据及装箱单验收货物，在场站收据上签字之后，退还给发货人。

（6）换取提单

发货人凭着签署的场站收据，向集装箱运输经营人或其代理人换取提单以后，到银行结汇。

（7）装船运出

码头装卸区根据装船计划，将出运的集装箱调整到前方堆场，待到船舶到港之后，装运出口。需要指出的是，如果发货人将货物委托给多式联运经营人运输，在发货人将货物交到多式联运经营人指定的地点以后，则视为货物已经交接。

多式联运经营人向发货人签发多式联运单据，有的是签发运输行提单（House Bill of Lading），其性质与多式联运单据等同。发货人可以凭多式联运单据或运输行提单议付货款，或以贸易合同规定的其他方式收取货款。集装箱的后续运输事宜，则由多式联运经营人进行安排。

2. 进口流程

（1）委托代理

同出口代理流程操作一样，收货人与货运代理人，通过订立代理协议来明确双方的代理关系。

（2）做好卸船准备

在船舶抵达目的港以前，起运港船舶代理人要将有关的单证、资料寄（传）给目的港船舶代理人。目的港船舶代理人应当及时通知各有关方（港口装卸方、海关、检验检疫机构、堆场、收货人等）做好卸船准备，并且应当制作交货记录。

（3）卸船拆箱

一般集装箱从船上卸下以后，要先放在码头（或由集装箱运输经营人办理保税手续之后，继续运至内陆港站）堆场。整箱货可以在此交付给收货人或其代理人，拼箱货由堆场转到集装箱货运站，拆箱分拨以后准备交付。船舶代理人将交货记录当中的到货通知书，寄送给收货人或其代理人。

（4）收货人付费换单

收货人接到货运通知单以后，在信用证贸易下应当及时向银行付清所有的应付款项，取得有关单证（正本提单等），然后凭提单和到货通知书，向船舶代理人换取提货单等办理提货手续。

（5）交付货物

整箱货物的交付是在集装箱堆场进行，拼箱货的交付是在集装箱货运站进行。堆场和货运站，应当凭海关放行的提货单，与收货人或其代理结清有关的费用（保管费、再次托运费、滞期费、拆箱费）之后，交付货物，并且由双方签署交货记录。由于整箱货是连同集装箱一起提取的，故而整箱货提货之时，应当办理设备交接手续。

（6）还箱

收货人从堆场提取的重箱运到自己的仓库拆箱以后，应当将空箱尽快运回堆场，凭设备交接单办理还箱手续。

上述说明的货运手续，不一定按顺序进行，有时可以交替进行。在多式联运方式下，多式联运经营人在卸货港的代理人，将以收货人的名义办理上述某些事宜，实际收货人凭多式联运单据或运输行提单，到上述地点提取货物。

（二）集装箱货运代理的业务流程

1. 整箱货出口代理的流程

（1）货主与货代建立货运代理关系；

（2）货代填写托运单证，及时订舱；

（3）订舱后，货代将有关的订舱信息，通知给货主或将“配舱回单”转交给货主；

（4）货代申请用箱，取得设备交接单之后，就可以凭此到空箱堆场提取所需的集装箱；

（5）货主“自拉自送”之时，先是从货代处取得设备交接单，然后提取空箱，装箱之后制作装箱单，并且按要求及时将重箱送到码头堆场，即集中到港区等待装船；

（6）货代提空箱至货主指定的地点装箱，制作装箱单，然后将重箱“集港”；

（7）货主将货物送到货代的集装箱货运站，货代提空箱，并且在集装箱货运站装箱，制作装箱单，然后“集港”；

（8）货主委托货代代理报关、报检，办妥有关手续以后，将单证交给货代现场；

（9）货主也可以自行报关，并且将单证交给货代现场；

（10）货代现场将办妥手续后的单证，交给码头堆场配载；

（11）配载部门制订装船计划，经过船公司确认后，实施装船计划；

（12）在实践中，在货物装船以后，可以取得场站的收据正本；

（13）货代可以凭场站收据正本，到船方签单部门换取提单或其他单据；

（14）货代将提单等单据交给货主。

2. 整箱货进口代理的流程

（1）货主（收货人）与货代，建立货运代理关系；

（2）在买方安排运输的贸易合同FOB下，货代办理卸货地订舱（Home Booking）业务，落实货单齐备即可；

（3）货代缮制货物清单以后，向船公司办理订舱手续；

（4）货代通知买卖合同中的卖方（实际发货人）以及装货港代理人；

（5）船公司安排载货船舶到装货港；

（6）实际发货人将货物交给船公司，货物装船以后，发货人取得有关的运输单证；

（7）货主之间办理交易手续以及单证；

（8）货代掌握船舶动态，收集、保管好有关单证；

（9）货代及时办理进口货物的单证及相关手续；

（10）船抵卸货港卸货，货物入库进场；

（11）在办理了货物进口报关等手续以后，就可以凭提货单到现场提货，特殊情况下可以在船边提货；

（12）货代安排将货物交给收货人，并且办理空箱回运到空箱堆场等事宜。

注意：在卖方安排运输的贸易合同下，上述的（2）~（7）项不需要。

3. 拼箱货运代理的流程

（1）A、B、C等不同货主，将不足一个集装箱的货物交给集拼经营人；

（2）集拼经营人将拼箱货拼装成整箱货以后，向班轮公司办理整箱货物运输；

（3）整箱货装船以后，班轮公司签发主提单（Master B/L）或其他单据，交给集拼经营人；

（4）集拼经营人在货物装船之后，也签发自己的子提单（House B/L）给每一个货主；

（5）集拼经营人将货物装船及船舶预计抵达卸货港等信息，告知其卸货港代理，同时还将班轮公司的子提单及子提单的副本等单据，交给卸货港代理，以便于向班轮公司提货和向收货人交付货物；

（6）货主之间办理包括子提单在内的有关单证的交接；

（7）集拼经营人在卸货港的代理，凭班轮公司的提单等提取整箱货；

（8）D、E、F等不同的收货人，凭正本的子提单等，在货运站提取拼箱货。

集拼业务的操作比较复杂，先是要区别货种，待拼成一个20英尺（1英尺0.304 8米）或40英尺的整箱之时，可以向船公司或其代理人订舱。集拼的每票货物，各缮制一套托运单（场站收据），附于一套汇总的托运单（场站收据）上。

例如，由五票货物拼成一个整箱，这五票货需要分别按照其货名、数量、包装、尺码等，各自缮制托运单（场站收据），另外要缮制一套总的托运单（场站收据），货名可以做成“集拼货物”（Consolidation Cargo），货物的数量、重量和尺码，都是五票货的汇总数，目的港相一致，提单的编号统一，五票货的分提单的编号，则是在统一的编号后缀以A、B、C、D、E以示区分。

货物出运以后，船公司或其代理人，按总单签一份主提单。该提单的托运人是货运代理，收货人是货运代理在卸货港的代理。货运代理根据海运提单，按照五票货的托运单（场站收据）的内容，签发五份仓至仓子提单，编号是按海运提单号，尾部分别缀以A、B、C、D、E，其内容则与各托运单（场站收据）相一致，分发给各托运单位用以银行结汇。

货运代理需要将船公司或其代理签发的海运提单正本，连同自签的各子提单副本，快递给其卸货港代理。卸货港代理在船到达后，向船方提供海运提单正本，提取该集装箱到自己的集装箱货运站拆箱，通知各收货人持正本子提单前来提货。

目前，大部分的拼箱货业务，是由国际货运代理人承办的。承办集拼业务的企业必须要具备如下条件。

（1）具有集装箱货运站装箱设施与装箱能力；

（2）与国外卸货港有拆箱分运能力的航运或货运企业建有代理关系；

（3）政府部门批准有权从事集拼业务，并且有权签发自己的子提单。

从事集拼业务的人有权签发自己的提单，其法律地位相当于无船承运人。办理拼箱业务的货物托运人，接受的提单是货运代理人签发的以拼箱货“站至站”交接方式的子提单。货运代理人作为集拼整箱的托运人，从船公司或其代理人处签得整箱货“场至场”交接方式的集拼整箱的主提单。

（三）整箱出口退关、漏装处理

1. 整箱出口退关

整箱出口退关（Shut Out or Draw Back）是指托运人委托货代，办妥整箱出口货运订舱手续以后，因为种种原因在货物配载装船以前，终止货物出口的事件。

由于退关之后处理手续烦琐，稍有疏忽即可造成非常被动的货运责任事故，引起额外的费用支出，货代人员在发生退关以后，除了应当弄清情况、分清责任以外，当务之急是迅速、妥善地做好善后处理，对于委托人提出的退关要求，应当采取积极配合的态度，但是不宜轻率地做出承诺，因为现场装船的时间很紧，情况多变不易于控制。另外，货代在处理退关之时，除了内外各部门、各环节之间电话联系以外，还应该做出书面通知，从时间界线上划清责任。

整箱出口退关发生的时段有多种，有尚未提取集装箱空箱即退关的；有已经提取空箱，但是货物尚未装箱即退关的；有已经装箱，但是尚未送进港区即退关的；有已送进港区，但是尚未报关完毕即退关的；有已送进港区，并且已经报关完毕，但是因超配载或船舶吃水等原因退关的。货代要区别不同情况，而采取相应的措施。

（1）退关货的单证处理

属于托运人主动提出退关的，货代在接到托运人通知之后，需要尽快地通知船公司或其代理人，注销退关货物的订舱，并且通知港区现场理货人员，注销场站收据或装货单。在货物报关之前退关的，货代要及时地持托运人的报关资料退还托运人；在货物报关之后退关的，货代要及时地向海关办理退关手续，将注销的报关单及相关单证（外汇核销单、出口许可证、商检证明、来料或进料登记手册等）尽早取回，退还给托运人。

托运人提出退关之时，集装箱设备交接单尚未领取的，则是由船公司或其代理人的现场工作人员予以注销；若已经领取交接单，但是尚未提取空箱的，则货代要及时通知托运人或空箱提箱人，及时返还设备交接单。

如果不属于托运人主动提出退关，而是由于船方、港方或海关手续不完备等各种原因造成退关的，货代在办理以上单证手续以前，要先通知给托运人说明情况，并且听取处理意见。

（2）退关货的货物处理

①通关以后，如果货物尚未进入港区，货代需分别通知发货人、卡车队、装箱点停止发货、派车及装箱；

②货物已经进入港区的，如果退关后不再出运，须向港区提出申请，结清货物在港区的堆存费用，将货物拉出港区，拆箱以后送还发货人；

③退关以后，如果准备该船下一航次或原船公司的其他航班随后出运，则暂留港区，待装下一航次或其他航班的船；

④如果换装另一家船公司的船只，则因为各船公司一般只接受本公司的集装箱，这种情况之下，须将货物拉出港区换装集装箱之后，再送到作业港区。

2. 整箱出口漏装

整箱出口漏装是指整箱货物重箱进港报关成功以后，因为船舶超载、吃水、码头作业等非托运人原因所造成货物未装上预先订舱配载船舶的货运事件。在整箱漏装发生以后，货代应当及时与托运人、船公司或其代理人取得联系，积极地沟通和协调各方利益，在取得托运人的书面处理意见以后，迅速做出处理。

（1）漏装操作

托运人同意由原船公司或船代，将漏装货物安排在同一港区，由下一班船装船出运的，货代负责将盖有海关放行章的场站收据副本联，统一交给船公司或船代，由其制作整船漏装清单，到海关办理相关的货物放行手续。托运人不必重新报关，货物则留在港区等下一班船。一般的船公司或船代，要负担漏装货物在港区的堆存费等相关费用。

（2）改配操作

托运人决定换装其他船公司的船，或原船公司在其他港区码头的另一班船出运的，则货代需要及时向海关办理退关手续，将注销的报关单及相关单证，尽早取回后退还托运人。在向港区办理申请手续，并且缴纳相关费用以后，安排将重箱拉出。如果仍然装原船公司的船出运，则按照重新订舱的程序安排货运。在征得船公司同意的情况下，可以使用原集装箱，不必重新提取空箱进行货物倒箱作业，但是集装箱的装箱单仍然需要重新制作。

若是托运人准备另行安排货运委托事宜，则货代在安排拆箱以后将货物交还给托运人，并且将空箱返还给原船公司集装箱堆场。期间产生的费用结算等事宜，则依据船公司或船代和托运人之间的协商结果进行办理。

二、国际多式联运的代理业务

多式联运经营人在从事多式联运业务之时，首先要与托运人签订多式联运合同。然后，在合同约定的时间、地点，将货物置于多式联运经营人或其代理的处置之下，多式联运经营人或其代理签发相应的多式联运单据，托运人将该多式联运单据，通过银行或以其他的方式，传递给收货人以便于结汇。

同时，多式联运经营人按照运输的路线安排运输过程，视情况需要，与不同区段的分承运人订立分运合同，并且对于全程运输进行监督和管理。货物运至目的地之后，多式联运经营人或按照多式联运合同，或按照交货地点适用的法律和特定的行业惯例，将货物置于收货人的支配之下，或将货物交给根据交货地点适用的法律和规章，必须向其交付的当局或其他第三方。

（一）国际多式联运经营人

1. 国际多式联运经营人的含义

根据《联合国国际货物多式联运公约》，“多式联运经营人是指其本人或通过其代表订立多式联运合同的任何人，他是事主，而不是托运人的代理人或代表或参加多式联运的承运人的代理人或代表，并且负有履行合同的责任。”

可见，多式联运经营人是一个独立的法律实体，是本人，而非代理人。这样，货物在整个运输过程当中任何区段所发生的灭失、损害，多式联运经营人都要以本人的身份负责赔偿。

2. 国际多式联运经营人的性质

办理国际多式联运离不开多式联运经营人，多式联运经营人不是发货人的代理人或代表，也不是参加联运的承运人的代理人或代表，而是多式联运的当事人，是一个独立的法律实体。

对于货主来说，它是货物的承运人，但是对于分承运人来说，它又是货物的托运人。它一方面同货主签订多式联运合同，另一方面它又与分承运人以托运人的身份，签订各段运输合同，所以它具有双重的身份。在多式联运的方式下，根据合同的规定，多式联运经营人始终是货物运输的总承运人，对货物负有全程运输的责任。

3. 多式联运经营人应当具备的条件

由于多式联运经营人同时具有承运人和托运人的双重身份，因此多式联运经营人应当具备如下各项基本条件。

（1）多式联运经营人本人或其代理人，针对多式联运的货物，必须要与发货人本人或其代理人，订立多式联运合同。

（2）从发货人本人或其代理人那里接管货物之时起，即须签发多式联运单证，并且对于接管的货物开始承担责任。

（3）承担多式联运合同规定的运输和其他服务有关的责任，并且保证将货物交给多式联运单证的持有人或单证指定的收货人。

（4）对于运输全过程所发生的货物灭失或损害，多式联运经营人应当首先对货物受损人负责，并且应当具有足够的赔偿能力。当然，这种规定并不影响多式联运经营人向造成实际货损的承运人行使追偿的权利。

（5）多式联运经营人，应当具备多式联运所需要的、相适应的技术能力，以确保自己签发的多式联运单证的流通性。

4. 国际多式联运经营人的责任范围

国际多式联运经营人的责任期间，是从接收货物之时起到交付货物时为止。在此期间内，对于货物负有全程运输的责任，但是在责任范围和赔偿限额方面，根据目前国际上的做法，可以分为如下三种类型。

（1）统一责任制

在统一责任制下，多式联运经营人对于货主，负有不分区段运输的统一原则之责任，即货物的灭失或损失，包括隐蔽损失（为损失发生的区段不明），无论发生在哪个区段，多式联运经营人按照一个统一原则，负责并一律按照一个约定的限额进行赔偿。

（2）分段责任制

分段责任制又称为网状责任制，多式联运经营人的责任范围，是以各区段运输的原有责任为限，比如海上区段按《海牙规则》办理，航空区段按《华沙公约》办理。在不适用国际法之时，则按照相应的国内法进行办理。

赔偿也是分别按照各区段的国际法或国内法规定的限额执行，对于不明区段货物隐蔽损失，或作为海上区段，按照《海牙规则》办理，或按双方约定的原则办理。

（3）修正统一责任制

修正统一责任制，是介于上述两种责任制之间的责任制，故而又称为混合责任制。它在责任范围方面与统一责任制相同，而在赔偿限额方面又与分段责任制相同。

（二）国际多式联运的程序

具体来说，国际多式联运的操作，一般可以分为如下几个环节。

1. 接受委托

根据货主提出的托运申请，多式联运经营人如果认为自己的运力、运输路线的情况，能够承担货主要求的运输服务，则接受货主的委托，在场站收据（副本）上签章，证明接受委托，并且确定托运人和多式联运经营人的合同关系。

2. 集运

采用多式联运的货物，通常是以一定的运输单元形式进行运送，尤其是以集装箱运输最为普遍。多式联运使用的集装箱，一般是由多式联运经营人所提供。这些集装箱的来源，可能有三个：一是经营人自己购置使用的集装箱；二是向租箱公司租用的集装箱，这类箱一般是在货物的起运地附近提箱，而在交付货物地点的附近还箱；三是由全程运输当中的某一分运人提供，这类箱一般需要多式联运经营人为完成合同运输，与该分运人订立分运合同获得使用权。当货主自行装箱之时，铅封必须要在完成报关手续之后进行。

3. 报关

进口之时，如果是在口岸交货，则在口岸报关；如果是在内地交货，则在口岸办理海关监管运输（保税运输）手续，加封之后运往内地，然后正式办理报关放行手续。出口之时，如果从口岸开始联运，则是在口岸报关；如果是从内地开始，则需要有海关官员在装箱地点监装，并且办理报关手续。报关之时，应当提供装箱单、场站收据、出口许可证等有关的单据和文件。

4. 保险和索赔

对于货方来说，可以办理货物运输险；对于多式联运经营人来说，应当就多式联运单据规定的责任范围，投保货物责任险（Cargo Indemnity），以及视集装箱状况为货物投保集装箱保险（Container Itself Insurance）。

一旦发生货物损坏、灭失的损失现象，货主应当在规定的期限以内，向多式联运经营进行索赔，并且备妥索赔通知书（Statement of Claim）、多式联运单据副本、权益转让书（Subrogation Letter）、检验证书（Survey Report）等单证，有时还需要提供商业发票和装箱单等其他单据。多式联运经营人赔偿以后，如果损失是发生在明确的运输区段，则直接向分承运人索赔；如果在保险责任范围以内，则可以向保险公司索赔。

在实际操作当中，货主通常凭其办理的保险先向保险公司索赔，保险公司赔付后，凭权益转让书取得代位追偿权，向多式联运经营人追偿；如果多式联运经营人已经投保货物责任险，则在赔付之后，可以向自己投保的保险公司索赔，其中如果涉及第三者责任，该保险公司可以再向有关责任人进行追偿。

5. 订舱

这里所说的订舱，泛指多式联运经营人要按照运输计划，安排洽定各区段的运输工具，与选定的各分承运人订立各区段的分运合同。这是多式联运经营人与各分承运人之间的业务活动，与托运人无关。

6. 多式联运单据的签发

多式联运经营人或其代理人或代表，在接管货物时，凭收到货物的收据向托运人签发多式联运单据，托运人即可据以结汇。

7. 单证寄送

货物发运之后，多式联运经营人填制发运通知或指示（Shipping Notification or Instruction）给国外的代理，内容包括发运货物的品名、数量、集装箱号、运载工具名称、装卸港、中转地、交货地、收货人名称、还箱地等，连同多式联运单据的副本、有关的分承运单据、装箱单等有关发运单据，寄给国外代理，凭以办理接货、交货和转运手续。

8. 交付货物

货物运抵目的地以后，由目的地的多式联运经营人的代理，通知给收货人凭多式联运单据提货，经营人或其代理人需要按合同的规定，收取收货人应付的全部费用，并且在货物交出以后，收回多式联运单据。

（三）国际多式联运合同

国际多式联运合同，又称为混合运输合同，是指用两种以上不同的运输方式，将旅客或货物运抵目的地，旅客和托运人支付运输费用的合同。多式联运合同与一般运输合同相对比，具有如下各项特点。

1. 多式联运合同的承运人，一般为两人以上。虽然多式联运合同涉及多个实际承运人，但是托运人或旅客，只需要与多式联运经营人签订运输合同。其他的分承运人根据多式联运经营人代理自己与托运人或旅客订立的联运合同，在自己的运输区段内完成运输任务。

2. 多式联运合同的运输方式为两种以上。

3. 旅客或托运人一次性交费并且使用同一凭证。旅客或货物是由一承运人转至另一承运人之时，不需要另行交费或办理有关的手续。

国际多式联运合同与单一方式下的运输合同，有着比较大的区别，无论是从合同涉及的运输方式，还是从合同的具体体现形式来看，尽管运输的全程，被分为多个运输区段，各区段又是由不同的分承运人来完成，多式联运合同也不能被看作几个单一的运输合同，必须要与单一方式下的运输合同区别对待。

多式联运合同是双务合同，经营人有完成货物全程运输的义务，并且有收取运费的权利；而发货人有支付运费的义务，也有完好收取货物的权利，如出现货物损害则有向经营人索赔的权利。双方的权利和义务，是基于运费的支付，因此它也是有偿的合同。多式联运合同也是非要式的合同。尽管多式联运合同是以多式联运提单来证明的，但是提单本身不是运输合同，这一点与航空、铁路、公路运输合同，在根本上是不同的。

Section 6

第六节　国际货运事故的处理

一、海运事故的处理

海上风险存在于货物运输过程的很多环节，因此海上货物运输货损事故的发生在所难免。虽然可以根据有关的合同条款、法律、公约等规定，对于所发生的货损事故进行处理。但是在实际的处理过程当中，受损方与责任方之间，往往会发生争议，故而处理货损事故，首先要明确如下这两种关系。

第一，国际贸易与国际货物运输的关系。国际运输的索赔程序与贸易的索赔程序是分开的。货运代理在处理索赔之时，经常会收到托运人以“收货人在收到货后，发现货损，货物延误故而拒付托运部分或全部的货款，或取消今后的订单等”为由，向货运代理提出部分或全部的贸易损失，这实质上是一种贸易风险的转嫁，货运代理应当要求托运人运用国际贸易法律来保护其自身的利益。即使托运人或收货人，合法地享有向对方提起贸易索赔的权利，也不应当把运输索赔的解决作为解决贸易问题的前提，并且以此向货运代理提出非索赔范围内的要求。两者本来不适用于同一法律的范畴，托运人在货物运输当中的权利，并不会影响到有关贸易法规定当中的权利，两者可以同时进行，或先行处理贸易的索赔。

第二，运费的收取与索赔的关系。运费是托运人托运货物时，应当支付给承运人或承运代理人的费用，这是事前的行为与责任；而索赔是在货物运输的过程中，或货物到达目的地以后，事后的行为与权利的要求，托运人将受到国际货物运输中有关规定的合理保护，若是托运人以索赔未成或未解决为理由，拒付货运代理运费，将是没有依据的。只有对上述关系加以明确，才能够对国际货运当中的货损事故，进行公正的处理。

（一）海运过程当中常见的货损事故成因以及认定

海运货损事故，主要是指针对海上货物运输过程当中，货物的灭失或损坏。可能的货损事故成因，归纳起来有如下九种。

1. 未装船之前，已经受损或已经存在潜伏的致损因素；
2. 装卸作业当中受损；
3. 受载场所的条件不符合要求；
4. 船上的积载不当；
5. 装船后与航途中以及卸船前期间的保管不当；
6. 自然灾害；
7. 其他事故殃及；
8. 盗窃；
9. 其他。

在实际业务操作当中，可能会出现问题的环节，主要分为陆运到场地、货物在场地装箱、海上运输途中以及货物到港后这四个阶段，但是在很大程度上，海运货损事故都是在最终目的地收货人收货之时，或收货之后才被发现的。

当收货人提货之时，如果发现所提取的货物数量不足，外表状况或货物的品质与提单上记载的情况不符，应当根据提单条款的规定，将货物短缺或损坏的事实进行有效取证，以此表明提出索赔的要求，如果货物的短缺或残损不明显，也必须是在提取货物后的规定时间（一般规定为3天）以内，向承运人或其代理人提出索赔通知。

凡是船舶在海上遭遇恶劣气候的情况下，为了明确货损的原因和程度，应该核实航海日志、船方的海事声明或海事报告等有关资料和单证。货运事故发生以后，收货人与承运人之间，未能通过协商对于事故的性质和程度取得一致意见之时，则应当在共同同意的基础上，指定检验人对于所有应当检验的项目进行检验，检验人签发的检验报告，将是确定货损责任的依据。

（二）海上货运事故的索赔

海上货运事故的索赔，主要是指就海运货损事故发生以后，货物利益方对承运人提出索赔的行为。海上货运事故发生的原因很复杂，所以货运事故发生以后，首先需要找出事故发生的原因，若是存在多个原因，则根据近因原则，来确定事故责任人。

对于由承运人原因所造成的事故，还需要考虑到哪些责任是它必须要承担的，哪些责任是它可以免责的。对于发生的货物灭失或损坏，还需要确定损坏的程度，对于有争议的事故，还需要委托公证人进行公正检验。因此，索赔时，受损害方应当根据有关法律规定，按照一定的程序，提供证据证明事故原因、事故责任和损失的数额。

1. 索赔人

索赔人应当是遭受损害的货物所有人。由于国际贸易中货物流转程序的复杂性，索赔人可能包括下列几种不同身份。

（1）收货人

国际海上货物事故索赔人，主要是收货人。托运人在将货物装船以后，取得了承运人签发的已装船提单，然后将该提单转让给买方，即收货人，使得收货人成为货物的所有人，包括可转让提单的最终买受人。根据有关法律的规定，提单在转让给收货人之后，即构成了承运人与提单持有人之间的运输合同。所以在发生由承运人责任造成的货运事故之时，收货人就有权依据提单合同，向承运人提出索赔。实际上，货运事故的索赔，最多的是由收货人提出的。

（2）托运人

托运人向承运人的索赔事项，包括在货物交给承运人接管之后，到货物装船之时发生的货物灭失或损坏，以及在运输途中发生的承运人责任货运事故。托运人的索赔权利，来自这两个方面。

1）托运人作为承租人与承运人签订的租船合同在发生货物灭失或损坏之时，托运人可以依照租船合同来索赔损失。

2）提单合同

当托运人没有转让提单，例如，对于寄售的货物，托运人欲控制货物并且自己控制提单，或者当买方拒收货物，或银行议付之时出现不付点，提单被退回给托运人，托运人再次成为提单持有人之时，即托运人在发生货运既是缔约方又是提单所有人之时，通常托运人应当根据运输合同的规定进行索赔，因为此时提单等于没有转让。

（3）其他的提单持有人

除了上述的托运人和收货人以外，其他的提单持有人，也可以成为货运事故的索赔人。例如，银行或因议付，或因为融资成为提单的质押权人，作为提单持有人向承运人主张货物权利之时，如果提单货物发生灭失或损坏，银行就有权作为提单项下货物的占有权人或质押权人，依据提单合同向承运人索赔损失。

（4）无船承运人

在国际多式联运形式下，无船承运人以承运人的身份，接受托运人托运以后，再以托运人的身份与实际承运人签订运输合同。当发生实际承运人责任的货运事故之时，无船承运人即可以依据运输合同，向实际承运人进行索赔，作为其向实际托运人或收货人赔偿后的追偿。

（5）货物保险人

在发生海上货物事故之后，货物被保险人常常是直接向保险人提出索赔，然后将货物的索赔权，即代位追偿权，让渡给保险人。保险人在取得代位追偿权以后，即有权向承运人索赔。

2. 索赔的程序

货运事故的索赔，应当按照一定的程序进行，具体来说主要包括如下这几个环节。

（1）及时发出货损通知

根据有关国际公约和各国法律或合同的规定，在发生海上货物运输事故之时，收货人或其他货物索赔人，应当在规定的时间内，向承运人发出货运事故通知书，声明保留货运事故索赔权。如果货物索赔人未向承运人发出货物事故通知，货运事故的举证责任就由承运人转到收货人。如果收货人不能举证证明承运人的过失，则会在索赔当中败诉。

货物索赔人发出货运事故通知，是有时间限制的。根据我国《海商法》第81条第2款规定："货物灭失或损坏情况非显而易见的，在货物交付的次日起连续七日内，集装箱货物交付的次日起连续十五日内，收货人未提交书面通知的适用前款规定。"

法律规定事故通知的目的，是为了防止收货人不合理地延长货物索赔时间，从而保护承运人。并且，如果收货人不做出通知，举证责任将转移到索赔人，因为在《海牙规则》制度下，发生了货物灭失或损坏，首先假设承运人有责任，承运人如欲免责，需要负举证责任，举证来证明货运事故是由承运人可以免责的原因导致的。

如果索赔人拖延通知，将会不利于承运人举证。但是否做出事故通知，与承运人可否免责无关，也就是说，即使索赔人没有做出事故通知，也并不影响其索赔权。如果收货人能够举证来证明，货运事故是由承运人的责任造成，承运人仍然应当负责赔偿；反之，即使收货人做出了事故通知，也并不能说明承运人对货物事故有责任。

如果承运人能够举证来证明，货运事故是由其可免责原因造成的，则承运人无须对货运事故承担责任。但是，由于海上货物运输的复杂性，无论谁负责举证，举证都是一件困难的事情。因此，收货人为保留承运人的举证责任，还是应该按照法律规定及时地发出事故通知。

（2）准备索赔文件

通常，收货人在提出索赔之时，应当出具如下文件。

1）索赔函

索赔函是指货物索赔人向承运人提出货物索赔的正式文件，该文件无固定的格式，但应包括如下主要内容。

①索赔人的名称、地址；②船名；③装卸港口名称和船舶抵达卸货港日期；④提单号码以及提单中的货物描述；⑤货物灭失或损坏的情况；⑥索赔日期、索赔金额以及索赔的理由。

应当注意的是，索赔人按照法律的规定，向承运人提出的货运事故通知，并不表示已经向承运人提出索赔，只有索赔人向承运人提出索赔函之时，才表明索赔正式开始。

2）提单

提单是海上货物索赔当中的重要依据，其作为货物收据，表明承运人收到货物的数量和外表情况，提单作为运输合同，表明了承运人应当承担的责任义务，是处理索赔的重要法律性依据。

3）卸货报告，理货报告，货物溢卸、短卸报告，货物残损单等卸货单证

上述各种单证是对于船舶卸下货物的原始记录，由船方与理货人或装卸公司，共同做出并且会签。如果卸下的货物与提单或船舶的载货清单（Export Cargo Manifest）不符，会在此类报告当中做出记录，此类单证是货物灭失或损坏的原始记录，所以它是货物索赔之时的重要依据。

4）货物残损公证检验报告、重理单

当收货人和船方对于货物的损坏程度、数量、损坏原因，无法做出正确的判断或存在争议之时，往往需要双方共同指定公正检验机构，对于残损货物进行检验，确定损坏程度、数量、价值，以及导致货物残损的原因等，并且出具“货物残损检验证书”（Inspection Certificate for Damage and Shortage）。当船货双方对于卸货数量发生争议时，可以对所卸货物重新理货，并且出具重理单。这两种报告也是货物索赔最直接的原始依据。

5）商业发票、装箱单、重量单等

商业发票是由贸易合同当中，卖方开给买方的商业票据。它记载了货物的单价和货物总值，是索赔之时计算索赔金额的直接原始依据。如果发票当中记载的是货物CIF价值，索赔金额应当按此价值进行计算；如果发票是以FOB价或CFR价开具的，计算之时还应当加上运费和／或保险费，但是索赔人应当提供运费或保险费收据，以资证明。

装箱单或重量单，通常是商业发票的随附单证，用以证明提单项下货物品种与数量的详细情况，因此是提单之中货物记载的辅助性证明。

除了上述单证外，凡是能够确定货运事故的原因、损失程度、损失金额、货运事故责任的任何文件，都应当准备齐全，与上述单证一起提供。

另外，根据我国《合同法》的相关规定，索赔人提出的索赔金额，除了货物本身的损失外，还可以包括因为货物灭失或损害，所丧失的合理合同利益。提供索赔证据之时，应当包括与合同利益有关的证据。

3. 索赔权利的保全

（1）海事请求保全的概念以及目的

海事请求保全，是指对于海事请求具有管辖权的法院，根据海事请求人的申请，为了

使其海事权利得到保障，对于被申请人的财产或行为所采取的民事强制措施，这些强制性措施通常包括强迫被申请人提供可信赖的担保，比如书面担保、财产担保，扣押义务人的船舶，要求义务人实施某种作为或不作为等。

采取保全措施的目的，是保证海事请求人民事权利的顺利实现。例如，在卸货港发生重大的货运事故，金额巨大，此时如果不对于卸货船舶采取海事请求保全，该轮一旦离去，收货人的索赔可能就会非常困难。即使案件得到了胜诉判决，也可能会因为义务人经济能力有限（比如金额过大，或义务人经济困难），或者很难找到义务人（比如皮包公司）而无法实现请求人的索赔权利。

如果可以依法对于当事船舶或有关船舶进行扣押，就可以获得索赔权利的保障，从而有利于案件的解决。所以，海事请求保全是海事请求人实现其索赔权利的重要的和行之有效的措施，是货物索赔人保全自己的权利，顺利实现索赔的一种手段，保全措施的本身不是索赔行为，它只是为日后成功取得赔偿的一种保障措施。

（2）海上货物运输索赔权利保全的形式

海上货物运输索赔权利保全是海事请求保全的重要内容之一。根据相关法律和业内的惯常做法，对于海上运输货物索赔的权利保全，可以采取担保书和扣押船舶这两种形式。

1）货物赔偿担保书（Letter of Guarantee, Letter of Undertaking），或赔偿担保函（Letter of Indemnity, LOI），是指承运人针对其承运货物的灭失或损坏，向收货人提供保证的将按照仲裁机构的裁决或法院的判决，做出赔偿的书面文件。担保人一般是银行、船东互保协会、船舶保险人等。当然，具有足够经济力的大公司所出具的保函，也是可以接受的。担保书应当具有如下主要内容：受益人、担保责任范围、担保金额、赔偿支付条件、时间和地点及有效期等。

2）扣押船舶是海事请求保全的最主要、最典型的形式。船舶不同于一般的财产，作为海上运输工具，船舶具有名称、国籍等拟人化的特征。因此，扣押船舶，是民事诉讼当中特别海事诉讼的制度。国际海事委员会制定的《1952年统一海船扣押若干规定的国际公约》以及《中华人民共和国海事诉讼特别程序法》（以下简称《海事诉讼特别程序法》）当中，都对于扣船的有关问题，做出了特别的规定。

4. 索赔权利的转让

如果货物已经由保险人承保，并且保险人根据保险合同，已经对出险货物向货物所有人做出了赔偿，则根据保险的法律原则，货物所有人应当将其对于承运人的索赔权利转让给保险人。保险人在取得代位追偿权以后，可以直接向承运人进行索赔。

货物所有人在收到保险人赔偿以后，应当向保险人签署“收款及权益转让书”（Receipt and Subrogation Form），以供保险人凭此转让书向承运人进行索赔。

被保险人在向保险人索赔之前，不得损害保险人的利益，并且应积极地协助保险人向责任方索赔。如果因为被保险人的不当作为或不作为，而导致了保险人索赔权利的丧失或损害，保险人有权向被保险人追偿损失。所以，被保险人有义务维护保险人对于第三人的索赔权。

保险人在取得代位追偿权以后，即可以被保险人的名义向承运人主张赔偿。如果获得的赔偿额大于其向被保险人支付的赔偿额，超出的部分则应当退还给被保险人。

（三）索赔的受理与审核

索赔的受理与审核，是承运人的一项理赔工作。一般来说，国内的提赔人往往是通过国外代理提出索赔，是由运输货物的承运人受理，承运人在国外的代理无权处理，除非经承运人委托或授权。

1. 分清责任

承运人在处理索赔之时，首先应当分清发生货损的原因和应当承担的责任范围。当受损方向承运人提出某项具体索赔之时，承运人可以根据提单当中有关承运人的免责条款，来免除责任。因此，在索赔和理赔过程当中，往往会发生举证和反举证。原则上，受损方要想获得赔偿，必须要予以举证，而责任方企图免除责任或减少责任，则必须要予以反举证和举证。反举证是分清货损责任的重要手段，有时在一个案件当中，会多次进行，直到最终确定责任。

2. 审核

审核是处理货损事故之时，一项仔细并且重要的工作，在从事理赔工作之时，主要审核的内容包括如下各项。

（1）索赔的提出是否在规定的期限以内，如果期限已过，提赔人是否已经要求展期；

（2）提出索赔所出具的单证，是否齐全；

（3）单证之间有关的内容是否相符，比如船名、航次、提单号、货名、品种、检验日期等；

（4）货损是否发生在承运人的责任期限以内；

（5）船方有无海事声明或海事报告；

（6）船方是否已经在有关的单证上签字确认；

（7）装卸港的理货计数量，是否准确。

3. 承运人免责或减少责任应当出具的主要单证

承运人对于所发生的货损欲解除责任，或意图证明自己并无过失行为，则应当出具有关单证以证明，对于所发生的货损不承担或少承担责任。除了前述的收货单、理货计数单、货物溢短单、货物残损单、过驳清单、卸货报告等货运单证以外，承运人还应当提供如下各类单证。

（1）积载检验报告；

（2）舱口检验报告；

（3）海事声明或海事报告；

（4）卸货事故报告。

4. 索赔金的支付

通过举证与反举证，虽然已经明确责任，但是在赔偿金额上未取得一致意见之时，则应当根据法院的判决或协议，支付一定的索赔金。关于确定损失金额的标准，《海牙规则》并没有作出规定，但是在实际业务之中，大多是把货物的CIF价作为确定赔偿金额的标准。

（四）海运货损事故处理当中的注意事项

1. 有关保函的问题

目前，很多租约都规定船东要签发清洁提单。因此，在有瑕疵的货物上船的情况下，船方往往会同意收取托运人保函，签发清洁提单。这种做法尽管在实践当中很常见，仍是属于违法的。船东在赔偿了收货人以后，如果托运人不主动履行其在保函当中所承诺的义务，则保函将会难以起到保护船东的作用。

依据我国的法律，此类保函是欺诈的产物，不具有法律效力，其他国家的法律基本类同。因此，如果可能，船东应当拒收有瑕疵的货物，争取换货。若有瑕疵的货物已经装上船，应当尽量正确地签发提单。如果托运人／租家不同意船方有关货物存在瑕疵的判断，坚持要求船方签发清洁提单，则不能使用通常格式的保函，应当签署有关货物缺陷的协议，或可以使得船东处于较有利的地位。如果有任何疑问，应当实时地请示公司。

2. 有关提单的问题

（1）提单应当如实地批注

对于装之前即已经存在的货损，如果船方在大副收据上做出了批注，却没有在提单上加批注，船方不但要面临着收货人的索赔，承担赔偿责任，更为严重的是，船方将无法从保赔协会获得补偿，对此在实践当中一定要审慎地处理。提单应当与大副的收据内容相一致，如果与托运人有争议，则托运人需要正确地出具保函。

（2）提单应当正确地签发

当船长根据租约授权租家或其代理签发提单之时，应当按照公司推荐的格式签发，避免采纳租家提供的格式，以防止给船方造成损失。

3. 有关现场处理应当注意的问题

（1）谨慎地应对各种上船人员

发生货损之后，会有各种身份的人登船，包括船方代理、租家代理、货方代理、船东互保协会（P&I Club）的通代、检验人、货方的检验人等，船长一定要清楚地了解每个上船人的身份，然后区别对待。而对于非代表船方利益的人员，船长应当不告知其任何情况，也不能允许其接触船上的任何文件以及设备等。

（2）正确详细地记录

在处理货损货差索赔之时，为了免除船方责任，通常需要证明船东已经恪尽职守，使得船舶在开航前及当时适航，尽到了妥善照管货物的义务。船上正确详细的记录便是重要证据。例如，对于船上设备的检查记录、天气报告、海况照片、通风测温记录等。

二、空运事故的处理

（一）空运货物的不正常运输

货物的不正常运输，是指货物在收运及运输过程当中，由于各方面工作的差错及不规范的操作，而造成的货物的不正常状况，比如多装、少装、多收、少收货物，货物变质，货物损坏等。

（二）空运货损货差及其处理方式

在国际航空货物运输当中，航空货物运输所承运的货物，承运人应当承担当货物由托运人交承运人起，直至承运人将货物交收货人为止的全部责任，这一段时间也称为承运责任期间。在此期间，货物因为装卸、运送、保管、交付过程不妥善等，而发生的货物损坏或丢失事故，称之为货损货差。

1. 货　损

（1）货损的形式

1）破损

货物的外部或内部已经变形，具有明显的变形特点，因而使得货物的价值，可能或已经遭受到了损失，比如破裂、损坏。

2）内损

货物的外部包装完好，但是内装货物受损，这种情况，在未拆开外部包装之时不容易发现，只有在收货人提取货物之后或交由海关之时，才能发现。

（2）承运人对于货损的处理方法

承运人根据发现货物破损的时间，分别对于破损货物进行不同的处理方法，具体处理办法有如下这几个方面。

1）若在收运货物之时发现，应拒绝收运。

2）若在出堆操作之时发现，如果是轻微破损（内物未损坏），则须加固包装，继续运输；如果是严重破损（内物破坏），则要停止运输，通知发货人或始发站，征求处理意见。

3）若是在交接当中，转运货物之时发现，如果是轻微的破损，在TRM的备注栏内说明破损的情况；如果是严重破损，则须拒绝转运。

4）若在进行操作时发现，则填开不正常运输记录，并且通知货物装运站和始发站。

2. 货　差

（1）造成货差的原因

在国际货运当中，货差主要是指航空货物在运输的过程中，发生了货物短少等情况。造成货差的主要原因，是在运输的过程中，由于承运人的疏忽，发生了遗漏或在运输的过程中，遭到了盗窃以及发货人自身原因，所造成的货物差额。

（2）空运货损货差的处理

1）航空货物运输当中，如果发生了货损货差，首先要追查责任方，确定是代理责任还是承运人责任，无论是哪方责任，一般都是按照《华沙公约》中的国际空运相关条款，进行处理和赔偿，也就是按照航空主运单、分运单背面条款进行赔偿，一般根据货物的计费重量，最高赔偿额为每千克20美元，其余部分是由货主向保险公司提赔（货物在出运前办理了保险）的方法，来进行处理。

2）在运输交接货物之时，如发现货物外包装有破损或件数短少，应当在接货的同时，取得民航货运的商务记录，届时凭此向航空公司提出索赔。

3）空运货物在目的地卸离飞机以后，如果有残损或短少，收货人或其代理人必须要在48小时内向承运人提出异议，否则承运人则视为已经按照合同履行交货义务。

4）索赔以及诉讼，都必须在其相应的时效以内，如果超过索赔及诉讼时效才提出，则相关部门不予受理。

（三）无人提取的货物及其处理方式

1. 无人提取货物的定义

当货物到达目的地14天以后，由于下列原因所造成的无人提取之时，称为无人提取的货物。

（1）收货人对于货物通知不予答复；

（2）货运单所列地址无此收货人，或收货人的地址不详；

（3）收货人拒绝支付有关的款项；

（4）收货人拒绝提货；

（5）出现一些其他影响正常提货的问题。

2. 无人提取货物的处理

（1）无人提取货物的通知

对于无人提取的货物，目的站通常是发出无法交付货物通知单（Notice of Non-delivery）。无法交付货物通知单，应交给始发站的出票航空公司或当地的代理人，由其通知货物托运人，出票承运人的财务部门应当保留无法交货通知书（Notice of Non-delivery, IRP）的副本。

（2）到付运费的收取

1）由货物运输的目的站，填开货物运费变更通知单（Charges Correction Advice, CCA），并且向始发站结算此次运输产生的所有费用；

2）始发站收到目的站填开的航空货物运费变更通知单以后，由始发站负责向货物托运人收取到付运费和目的站产生的其他所有费用；

3）目的站根据托运人的要求，对货物进行变更运输的处理或其他交货处理，但是由其产生的费用，由托运人来承担。

（四）变更运输及其处理方式

变更运输是指托运人在货物发运之后，除了对于货运单上所注明的申明价值和保险金额，不能做相应的变更以外，可以对于货运单的其他各项内容，比如货物运费支付方式、收货人、目的站及退运等内容，做出一些修改。

在托运人要求进行变更之时，应当出示货运单正本，并保证支付由此而产生的费用，对于托运人的要求，航空公司即承运人在收货人还未提货或还未要求索取货运单和货物，或者拒绝提货和无法交付货物的前提下，应当予以满足，但是托运人的更改要求，不应当损害承运人及其他托运人的利益，当承运人难以达到托运人的要求之时，承运人应当及时通知托运人做其他的处理。

1. 变更运输的范围

（1）运输方面

1）对于收货人的更改；

2）对于目的站的更改；

3）要求在运输途中的任何经停站，停止货物运输；

4）在货物起运以前，在运输的始发站将货物撤回；

5）对于已经起运的货物，要求承运人继续将货物运回始发机场；

6）对于已经起运的货物，要求从中途或目的站退运。

（2）费用方面

1）更改托运人对于垫付款的金额；

2）更改运费的支付方式，将运费预付改为运费到付，或者将运费到付改为运费预付。

2. 变更运输的处理方式

（1）货物发运之前

在货物发运之前，如果货物托运人要求始发站退货，承运人应当向托运人收回货运单的正本，收取已经发生的费用（比如地面的运输费、托运手续费等）之后，将货物以及已付款项退还给托运人。

在货物发运之前，如果托运人要求更改垫付款金额或付款方式，应当收回原货运单，并且根据对于垫付款金额和付款方式的更改情况，向托运人补收或返回运费差额，在此项重改当中，托运人必须按照有关航空公司的收费标准，向承运人支付变更运输手续费和货运单费。

（2）货物发运后、提取前

在货物发运后、提取前，如果托运人要求变更垫付款金额或付款方式，则应当填写货物运费更改通知单（Cargo Charges Correction Advice），并且根据托运人要求变更内容的不同情况，对于托运人进行补收或退回运费差额，托运人必须按照航空公司有关的计费标准，向承运人支付变更运输的手续费。

在货物发运后、提取前，如果托运人要求变更运输（比如中途停运、改变收货人等），由于改变运输意味着运费发生变化，所以除了应根据以上有关规定，航空公司还应及时与有关承运人联系进行办理。进行此种变更时，托运人必须承担由于对货运变更所引起的货物运费的变化，对于已支付的运费进行多退少补，同时还必须承担由于变更运输所产生的变更运输手续费。

3. 更改货运单

（1）对于现有货运单的修改

对于货物运输的变更所引起的货运单上各项内容的更改，应该在全部的货运单中同时进行。对于货运单内容的修改，应当尽量与原内容相近，同时，还必须要在货运单上注明修改企业的IATA代号以及修改地代号。

（2）填开新货运单

当一票货物由于无人提取而退运，或根据托运人要求进行转运之时，承运人应当填开新的货运单，并且在新货运单的Accounting Information一栏当中注明原货运单号，而所有本该向收货人收取而没有收取的费用，按照运费到付处理，填在新开货运单的Other Charges一栏当中。

4. 运费更改通知书

当货物运费发生变化之时，无论是由何种原因造成，都应当通知相关部门和有关承运人，并填制货物运费更改通知书。

（1）当货物已经起运，并且远离始发站后，如果需要更改运费的付款方式或具体数额，则由货物运输有关的承运人，填开运费更改通知单，任何与货物运输有关的承运人，都可以填开运费更改通知单。

（2）在填开运费更改通知单之前，有关的承运人必须确认货物尚未交付给收货人，才能够进行运费更改通知单的填制。

（3）对于运费更改通知单，要求所要更改的运费，必须超过5美元，才能够填开。如果所更改的运费低于5美元，则没有必要填开运费更改通知单。

（4）运费更改通知单由相关承运人填开以后，必须及时将副本传送给始发站和目的站，以及相关财务部门结算部门。同时，填开承运人还必须进行留存，所以填开运费更改通知单，至少一式四份。

（5）运费更改通知单，由填制运费更改通知单的企业交第一承运人，再由第一承运人转交给第二承运人，并且依此类推。

（五）空运货物的索赔

在国际货物运输当中，各种运输方式都有着相对应的国际运输公约，或各国共同认可和执行的法律法规，国际空运货物的索赔，主要的法律依据有华沙体制中的《华沙公约》和《海牙规则》，以及各国的国内所执行的法律法规，空运货物的索赔必须遵守《华沙公约》或《海牙规则》的有关规定。

1. 索赔人

索赔人是指在国际空运货物的索赔当中，具有索赔权利的合法索赔人。在空运货物索赔当中，合法的索赔人包括如下各类。

（1）在航空货运单上列明的收货人或托运人。

（2）持主货运单上托运人或收货人签署的权益转让书的人员。例如，托运货物的主托运人和主收货人、受索赔人委托的律师、承保货物的保险公司和其他有关的单位。

（3）具有向航空公司索赔权利的托运人、收货人，必须是航空货运主运单上所填写的托运人或收货人，而对于分运单上的托运人、收货人或其他客户，则没有向航空公司索赔的权利，其索赔对象，应该是主运单上的托运人或收货人。

（4）对于已经到达目的站的货物，如果货物未被收货人提取，则托运人还具有索赔的权利，一旦货物被收货人提取，则托运人不能够进行索赔，除非托运人具有收货人的权益转让书。

在国际航空货物运输实际操作当中，如果接到索赔要求的承运人，不属于实际受理索赔的承运人，应当及时将索赔要求转交有关的实际受理索赔承运人，并且及时通知索赔人。

2. 索赔的时间和地点

（1）索赔的时间

1）如果货物损坏或短缺，是属于明显可见的，则索赔人应当从发现货损货差之时起，立即提出，最迟延迟到收到货物起14天以内提出；

2）如果由于承运人的原因，导致货物的运输延误而造成的货物损失，则索赔人应当在货物由收货人提取和支配货物起，21天以内提出；

3）如果是由于承运人原因而造成的货物毁灭或遗失，则索赔人提出索赔要求的时限，是自填开货运单之日起的120天以内；

4）如果托运人和收货人，对于运输货物存在任何异议，都要按上述的规定期限，由索赔人向承运人以书面的形式提出，除了承运人有欺诈行为外，有权提取货物的人如果在规定的时限以内，没有提出异议，将会丧失获得赔偿的权利。

5）对于提出索赔的货物，货运单的法律有效期为两年，超过法定索赔期限，收货人或托运人未提出赔偿要求的，则视为自动放弃索赔权利。

（2）索赔的地点

在国际航空货运的索赔当中，索赔人索赔的地点，是根据索赔人所在的位置或货差货损实际发生的地点，可以由索赔人在货物的始发站、目的站或发生货差货损的中间站，以书面的形式向承运人（可以是承运人中的第一承运人，当事承运人或最后承运人）或其代理人，进行索赔。而承运人对于索赔人的索赔要求，应当在两个月以内进行处理，处理地点一般为货运到达站。

3. 索赔需要的文件

在货损的索赔当中，索赔人必须提供一系列相关的索赔单据，其中主要的单据包括如下各项。

（1）索赔人的正式索赔函两份；

（2）货物舱单（由航空公司提供的复印件）；

（3）货物托运时的货物商业发票、装箱清单和其他的必要资料；

（4）商检证明（发生货损后由商检等中介机构，所做的鉴定报告）；

（5）由航空承运人签发的货运单正本或副本；

（6）货损发生以后，由相关机构填制的货物运输事故鉴定，详细客观地反映了货损情况；

（7）在整个运输过程当中，发生运输事故的记录；

（8）来往电传等文件。

（六）赔偿规定

在国际航空货物运输当中，对于货运损失的赔偿，主要是根据《华沙公约》和《海牙规则》，来确定其赔偿的额度和限额，其主要规定包括如下各项。

1. 如果货物在托运之时，没有办理声明价值的，则在发生货损以后，由承运人按照实际损失的价值进行赔偿，但是赔偿的最高限额，为毛重每千克人民币20元。

2. 如果货物在托运之时，已经向承运人办理货物声明价值的货物，则发生货损以后，承运人按照托运时声明的价值进行赔偿。如果承运人能够证明托运人的声明价值高于《民用航空规章货物》当中对于货物价值的规定之时，则发生了货损以后，承运人仍要按照实际损失进行赔偿。如果承运人在运输货物之时，超过了货物运输合同中双方所约定的到达期限，而造成的损失，承运人应当按照运输合同的约定进行赔偿。

3. 如果货物的一部分，或者货物当中的任何物件发生遗失、损坏或者延误，用以决定承运人责任限额的重量，仅为该件或者数件的总重量。如果货物的一部分或者货物当中的任何物件，发生遗失、损失或者延误，以至于影响到同一份货运单所列的另一包装件或者其他包装件的价值之时，在确定责任限额之时，另一包装件的总重量，也应当考虑在内。

4. 对于内损货物，如果无确实的证据，来证明货损是由于承运人的过错造成的，则承运人不必承担责任。但是，对于外包装破损或有盗窃痕迹的货物损失，则承运人应当负责赔偿。

（七）理赔程序

托运人或收货人若是发现货物有丢失、短缺、变质、污染、损坏或延误到达的情况，收货人应当场向承运人提出，承运人应当按照规定填写运输事故记录，并且由双方签字或盖章。如果有索赔要求，收货人或托运人应当按签发事故记录的法定时限，向承运人或其代理人提出索赔要求。向承运人提出赔偿要求之时，应当填写货物索赔单，并且随附货运单、运输事故记录与能证明货物内容、价格的凭证或其他有效证明。现将理赔程序，归纳为如下这几个方面。

1. 出具货物运输事故签证

当航空地面代理人在卸货之时，发现货物有破损，即由航空公司或航空公司地面代理人填写“货物运输事故签证”，这份签证由航空公司的货运部门签完以后，再由收货人签字，其中一份由航空公司留存，另一份由收货人留存，这份签证主要是对于目的站货物出现问题的一个证明。

对于“货物运输事故签证”的填写，必须对内装货物损失程度作准确、客观描述，所以不能出现“短少”“大概”等模糊的字眼。为了确定货物的具体受损程度，在填开“货物运输事故签证”之时，航空公司的地面代理人与收货人，可以共同开箱进行检查。在开箱检查之时，货损又可能会出现如下这两种情况。

（1）外包装破损，内装物完好；

（2）外包装破损，内装物破损。

在上述情况下，又会出现由于货主没有按照航空货物包装的要求，来进行包装而导致的货物受损，这种情况就需要货主和承运人共同承担责任。

2. 索赔人出具索赔申请书

在收货人发现货物由于运输不当或不正常，造成了货物的损失而向承运人提出索赔之时，必须要按照公约所规定的时限，提出索赔的要求，并且首先向航空公司提出索赔申请书。在索赔申请书中，要列明货物起运地与目的地、货运单号、承运人名称、发生货损的内容和损失以及索赔金额等。索赔申请书样式，见如下范例所示。

索赔申请书

中国国际航空公司货运部：

本公司在提取来自巴黎的一票货，运单号为888-1234567，1件共800千克，CA868／09APR承运。该货在目的地交付之时，发生了严重的外包装破损（详见贵公司开具的事故鉴定书）。

现本着实事求是，维护双方共同利益的原则，我公司向贵公司提出如下处理意见和索赔申请。

该货物价值8000美金，请给予原价赔偿。参见托运人出具的受损货物价值证明。

请贵公司予以尽快办理为盼，谢谢合作!

随附：运单、装箱单、发票、事故记录等。

××货运代理公司×年×月×日

3. 由航空公司审核所有的资料与文件

当航空公司接到索赔人提出的索赔申请书以后，由航空公司审核所有的资料与文件，并且进一步进行如下各项调查和审核工作。

（1）航空公司调查该批损失货物，是否已经办理保险，如果货物办理了保险，在保险公司进行全额赔偿以后，由保险公司再向承运人提出，进行追索赔偿，则承运人只需做限额赔偿。

（2）如果货物发生了遗失，航空公司则要查看来往电传，以确定丢失的货物及其数量，如果货物有损坏，则要查看记录，确定货物的损坏，是全部损坏还是部分损坏。

（3）在目的站进行理赔之时，航空公司要及时了解始发站是否收到索赔函，避免在始发站和目的站的双重索赔。

（4）在对于事故的调查和审核完成之后，由航空公司填写国际货物索赔报告。

4. 填写国际货物索赔单

航空公司在对于货物损失和相关资料文件的审核和调查完成以后，要填写国际货物索赔报告，并且由航空公司填写航空货物索赔单，由索赔人签字盖章，以表明航空公司正式认可索赔的有关事项。

5. 货物索赔审批单

在航空公司进行货物的理赔之时，由于各航空货物的不同和索赔的金额不同，需要由各级领导审批。

6. 责任解除协议书

在航空公司对于货物损失进行赔偿以后，在索赔人收到相关的赔偿之时，由双方共同签署责任解除协议书，证明索赔人在收到赔偿以后，放弃诉讼权及进一步的索赔权。

三、陆运事故的处理

（一）国际公路运输事故的处理

1. 货损事故责任的确定

公路承运人对于自货物承运之时起，至交付货物期间内所发生的货物灭失、损害，由于装卸、运输、保管及交接过程当中，发生的运输延误、灭失、损坏、错运等负赔偿责任。

货损事故的责任范围，包括如下各项。

（1）货损

货物有磨损、破裂、湿损、变形、污损、腐烂等现象；

（2）货差

货物发生短少、失落、错装、错卸、交接差错等现象；

（3）有货无票

货物存在而运单及其他票据未能随货同行，或已经遗失；

（4）运输过失

因为误装、误卸，办理承运手续过程当中的过失，或漏装等；

（5）运输延误

已经接受承运的货物，由于始发站未及时运出，或中途发生变故等原因，致使货物未能如期到达。

造成货损货差的其他原因，还有破包、散捆、票据编制过失等。

对于下列原因所造成的货损事故，公路承运人无须承担赔偿责任。

（1）由于自然灾害发生的货物遗失或损坏；

（2）包装完整，但是内容已经短少；

（3）由于货物的自然特性所致；

（4）根据卫生机关、公安、税务机关的有关规定处理的货物；

（5）由托运人自行保管、照料，所引起的货物损害；

（6）货物未过磅发生数量短少；

（7）承托双方订有协议，并且对货损有特别的规定者。

2. 货损事故记录的编制

（1）事故发生之后，由发现事故的运送站，或就近前往现场编制商务记录，如果属重大事故，在有条件之时，还应当通知货主一起前往现场调查，分析责任原因；

（2）如发现货物被盗，应当尽可能保持现场，并且由负责记录的业务人员或司机，根据发现的情况，会同有关人员做好现场记录；

（3）对于在运输途中发生的货运事故，司机或押运人应当将事故发生的实际情况，如实地报告车站，并且会同当地有关人员提供足够的证明，由车站编制一式三份商务事故记录；

（4）如果货损事故发生于货物到达站，则应当根据当时情况，会同司机、业务人员、装卸人员，编制商务记录。

3. 货损事故的赔偿

受损方在提出赔偿要求之时，首先应当办妥赔偿处理手续，具体做法包括如下各项。

（1）向货物的发站或到站，提出赔偿申请书；

（2）提出赔偿的申请人，必须持有有关的票据，比如行李票、运单、货票、提货联等；

（3）在得到责任方给予赔偿的签章以后，赔偿申请人还应当填写“赔偿要求书”，连同有关货物的价格票证，比如发票、保单、货物清单等，送交责任方。

在计算货损事故的赔偿金额之时，主要有如下这三种情况。

（1）发货前的损失，应当按到达地当天同一品类货物的计划价或出厂价，来计算赔偿，已经收取的运费也应当予以退还；

（2）到达后的损失，应当按货物运到当天同一品类货物的调拨价计算赔偿；

（3）对于价值较高的货物，则应当按一般商品的调拨价计算赔偿。

（二）国际铁路运输事故的处理

在铁路货物运输当中，凡是涉及铁路与发货人、收货人之间，或参加运送铁路间、铁路内部各单位间，发生的货损、货差，应当在事故发生的当日编制记录，作为分析事故原因、确定责任的原始证明和处理赔偿的依据。

1. 货损事故记录的编制

货运事故记录，分为商务记录、普通记录、技术记录这三种。

（1）商务记录

商务记录是指在货物运送的过程中，对于发生的货损、货差或其他不正常情况的如实记载，是具体分析事故原因、责任和请求赔偿的基本文件。在商务记录当中，应确切地记载货物的状态、发现运送状态不良的当时情况，以及发生货物损坏的原因。

记录当中应当列举事实，不应包括关于责任问题和发生损失原因的任何判断。同时，对于商务记录各栏，应当逐项填记，不准划销。

遇有下列情况之一，应当编制商务记录。

1）发现货物的名称、重量、件数等，与运单和运行报单当中所记载的事项不符；

2）货物发生全部或部分灭失，或包装破损；

3）有货无票或有票无货；

4）由国境站开启装有危险货物的车辆。

商务记录必须在发现事故的当日编制，并且按每票货物分别编制。如果运送同一发货人的同一种类的货物时，准许在到达站对数批货物编制一份商务记录。

接受商务记录的铁路部门，如对记录有异议，则应从收到记录之日起45天内，将异议通知给编制商务记录的人。超过这一期限，则被认为记录已经接受。

（2）普通记录与技术记录

在货物运送过程当中，发现编制商务记录情况以外的情况之时，如果有必要，车站应编制普通记录，普通记录不能作为赔偿的依据。当查明货损原因，是车辆状况不良所致之时，除了编制商务记录以外，还应当按货损情况，编制有关车辆状态的技术记录，并且随附于商务记录之内。

2. 货运事故的处理与赔偿

（1）赔偿请求的提出与受理

发货人、收货人，都有权根据运输合同提出赔偿要求。赔偿请求应当附有相应证据，并且注明款额，按照每批货物以书面的形式，由发货人向发送站、收货人向到达站提出。由全权代理代表发货人或收货人，提出赔偿请求之时，应当有发货人或收货人的委托书证明，这种赔偿请求权，委托书应当符合受理赔偿请求铁路所属国的法令和规章。自赔偿请求提出之日起，铁路必须要在180天以内，审查此项请求，并且对赔偿请求人给予答复。

（2）索赔的依据及随附文件

1）货物全部灭失，由发货人提出赔偿之时，发货人应当出具运单副本；由收货人提出之时，应当同时出具运单副本或运单正本和货物到达通知单，以及铁路方在到站交给收货人的商务记录；

2）货物部分灭失或质变、毁损之时，收货人、发货人都可以提出索赔，同时应出具运单正本和货物到达通知单，以及铁路到达站交给收货人的商务记录；

3）货物发生运输延误之时，应由收货人提出赔偿，并且提交运单正本和货物到达通知单；

4）承运人多收运送费用的，发货人可以按其已付的款额，向承运人追回多收部分的费用，但是同时应出具运单副本或发送路国内规章规定的其他文件；如果由收货人提出追回多收费用的要求，则应当把其支付的运费作为基础，同时出具运单正本和货物到达通知单。

在提出索赔的赔偿请求书上，除了应附有运单或运单副本以外，在适当的情况下，还需附商务记录，以及能证明货物灭失、损坏和货物价值的文件。

（3）索赔请求时效

凡是根据运输合同，向铁路部门提出索赔，以及铁路对于发货人、收货人关于支付运费、罚款的赔偿的要求，应在9个月以内提出，有关货物运输延误的赔偿，则应当在两个月以内提出。上述时效的计算方法，包括如下各项。

1）关于货物损坏或部分灭失以及运输延误的赔偿，自从货物交付之日或应交付之日起计算；

2）关于货物全部灭失的赔偿，自从货物按期运到后的60天以内提出；

3）关于补充支付运费、杂费、罚款的要求，或关于退还此项款额的赔偿要求，则应当自付款之日起计算；如未付款，则自货物交付之日起计算；

4）关于支付变卖货物的货款要求，则自变卖货物之日起计算。

四、国际多式联运事故的处理

国际多式联运不仅要使用两种或两种以上的运输工具，来完成各区段的运输，而且要完成各区段不同运输方式之间的衔接、换装工作。因此，发生货损、货差等货运事故的可能性，要比单一运输方式之下大得多。

（一）多式联运中的主要事故种类

国际多式联运中的主要事故，包括货物破、擦损，水渍损，汗渍损，污损，盗损，气温变化引起的腐烂变质，冻结或解冻损，以及其他原因引起的货物全损和灭失。

（二）多式联运中货损事故处理的主要特点

由于多式联运在运输组织、实际运输的过程等方面与传统的分段运输有着较大的区别，多式联运的事故处理与传统的分段运输相比，有一些新的特点。

1. 索赔与理赔的多重性

根据多式联运合同，多式联运经营人承担着货物全程运输责任，对于全程运输过程中发生的货物损害负责；而多式联运经营人为了完成全程运输任务，就需要与各区段的实际承运人签订分运合同，并且与各区段衔接点的代理订立代理合同，以实现各区段的运输。在货方投保全程运输险和多式联运经营人投保运输责任险的情况下，在货损事故处理当中，索赔和理赔的次数还会有所增加，比如货方已经投保全程货物运输险，则多式联运经营人根据合同向受损人承担责任以后，要向保险人索赔，保险人理赔以后，再根据分运合同向责任人索赔。

2. 多式联运经营人采用的责任形式对于货损事故的影响

在统一责任制之下，多式联运经营人对运输全程负责，各区段的实际承运人对自己承担的区段负责，无论事故发生在哪一个区段，都按照统一规定的限额进行赔偿。在网状责任制之下，多式联运经营人对全程运输负责，各区段的实际承运人都要按事故发生区段适用的国际公约或地区法律规定和限额，来进行赔偿。这样，多式联运经营人对于货物的赔偿，与实际承运人向多式联运经营人的赔偿，都可以按相同的责任基础和责任限额来进行。

3. 多式联运当中对于隐藏损害的处理

集装箱货物多式联运，是由多种运输方式、多个实际承运人，共同完成一票货物的全程运输，该运输过程当中发生的货物灭失、损害有两种情况：一种是能够确定货损发生的运输区段以及责任人，另一种则不能确定，即为隐藏损害。

无论是发生哪一种损害情况，根据合同，多式联运经营人都应当承担责任，但是在隐藏损害发生、多式联运经营人对货方赔偿以后，由于不能确定货损事故发生区段和实际责任人，可能会造成多式联运经营人独自承担赔偿责任的局面。因此，对于隐藏损害的处理，也成为多式联运事故处理的一个特点。

为了避免隐藏损害所造成的联运经营人独自承担赔偿责任的情况，可以采取的处理方式，有如下两种。

（1）联运经营人按照统一责任制规定的限额，对货方赔偿以后，不再追究责任人，而是由参加多式联运的所有实际承运人来共同承担这些赔偿数额。这种做法很难被各实际承运人接受，所以在实际当中很少使用。

（2）假定该事故发生在海运阶段，这种做法一般要与联运经营人投保运输责任险相结合。多式联运经营人按照统一责任标准或网状责任标准，向货方赔偿以后，可以从保险人处得到赔偿。这种做法在目前已得到了各方面的认可，并且普遍应用于实际隐藏损害赔偿的处理。

（三）国际多式联运当中的索赔

1. 根据货损原因确定索赔的对象

受损人在索赔之时，应当首先根据货损造成的原因以及有关合同情况，来确定实际责任人，并且向其提出索赔。如果货物在目的地交货以后，收货人发现箱内所装货物与贸易合同的规定存在差距，比如数量不足，货物的品种、质量、规格与合同的规定不符，由于货物外包装不牢或装箱不当使得货物受损，或未在合同规定的装运期以内交货等情况，则收货人可以凭有关部门、机构出具的鉴定书，向发货人提出索赔。

如果在目的地交货之时，货物数量少于提单或装箱单上记载的数量，或货物的灭失或损害，是由于多式联运经营人免责范围以外的责任所造成的，收货人或其他人有权提出索赔，可以凭有关部门、机构出具的证明，向多式联运经营人或向实际承运人索赔。

对于投保的货物，在保险人责任期间内发生，并且属于承保责任范围的，保险人应当赔偿货物的一切灭失、损害，受损方都可以凭着有关的证明、文件和保险合同，向保险公司提出索赔。

2. 索赔之时应当具备的单证

在索赔之时，索赔方必须要具备索赔申请书、运输合同以及合同证明（运单或提单）、货物残损单以及货物溢短单（理货单、重理单等）、货物残损检验证明书、索赔清单等单证和文件。

另外，还应当出具商业发票、损害修复用单、装箱单、拆箱单、卸货报告等，其他的可作为破损事故处理与明确责任方、责任程度的一切商务、运输单证，受损方为保护自己的利益，应当妥善保管、处理和使用这些单证、文件。在发生保险索赔之时，应出具保险合同等有关的单据。

3. 索赔金额必须要合理

（1）索赔金额应当把货损的实际程度、数量及货物价格等因素，作为基础来计算；

（2）必须要考虑到责任方在合同及相关法规当中，所规定的责任限额，该限额是多式联运经营人和实际承运人，对于货损赔偿的最高限额；

（3）必须要考虑到责任方在双方合同以及有关法规当中的免责规定，符合免责规定的损害，一般不能够得到赔偿。

4. 索赔与诉讼必须要在规定的时限内提出

根据《国际多式联运公约》，有关多式联运的任何诉讼，如果在两年期间没有提出，则失去时效。时效时间是自多式联运经营人交付货物之日的起次日开始计算。在货物交付之日后的6个月以内，或货物应当交付之后的6个月，仍未交付的情况下，如果没有提出书面索赔通知，则诉讼在此期限届满后，即失去时效。

接到索赔要求的人，可于以上的时效期以内，随时向索赔人提出书面声明，以延长时效期间，这种期间可用一次声明或多次声明再度延长。

5. 诉讼与仲裁应当在规定的地点提出

各种方式的运输公约，对于提出诉讼和仲裁的货方地点，都有着明确规定。如果某法院根据所在国家法律规定，有权处理多式联运诉讼，且下列地点之一是在其管辖范围，则原告可以选择这些地点的任一法院提起诉讼，包括被告的重要营业所或经常居所所在地，或订立多式联运合同的地点，或按合同规定接管多式联运货物的地点或交付货物的地点，或多式联运合同当中，为此目的所指定并且在多式联运单据当中载明的任何其他地点。

（四）国际多式联运的理赔

当国际多式联运发生货损事故以后，受损人提出索赔，而由实际责任人受理，非实际责任人则无权受理受损人的索赔，应当及时转交实际责任人，并且通知索赔人。责任人进行理赔的一般程序，如下各项所示。

1. 确定货损发生的原因，以及造成的损失，并且确定需要承担责任的范围。

2. 进行审核，审核的内容包括货损是否发生在承运人应当负责任的责任期间；索赔是否在合同与有关法律法规所规定的期限以内提出；提出索赔所出具的单证是否齐全，举证是否合理；单证间的关系是否一致；各区段的责任方，是否在各单证上签字确认；各区段、各中转地点的衔接过程当中，理货计数是否准确；各实际承运人、仓储人、代理人、装卸机构等，是否有事故报告、海事声明等。

3. 根据多式联运合同或分运合同，与相应的法律法规及国际惯例等中的免责条款提出证明，进行免责和减少责任。

4. 根据调查计算货损金额，并且结合索赔人提出的索赔要求，来确定赔偿金额，确定之后，由责任方与索赔方取得一致，并且进行赔偿支付。

5. 赔偿之后，根据具体造成货损的原因，对于直接造成货损的相关部门和承运人进行追索，如果进行了货物保险和多式联运责任保险的投保，还可以向保险公司要求赔偿。

（五）多式联运经营人的赔偿责任限制

多式联运经营人的赔偿责任限制，是指在多式联运经营人与实际承运人，在掌管货物期间，对于货物灭失、损害及延误，而造成的货方损失进行赔偿的最高限额规定。该限额是由多式联运合同当中，双方达成一致所采用的责任形式与责任基础来决定。

在现行的不同方式的法规当中，限额规定的形式一般分为两种：一是单一赔偿标准形式，就是只规定单位重量（毛重每千克）货物赔偿的限额；二是双重赔偿标准，不但规定单位重量货物的赔偿限额，也规定每一货损单位（每件或每一基本运输单元）的赔偿限额。《国际多式联运公约》是以双重标准与单一赔偿标准相结合的方式，来规定多式联运经营人的赔偿限额的，其适用的情况和赔偿标准，如下各项所示。

1. 在国际多式联运当中，如果是采用了海（水）—陆联运，即包括海运或内河运输与陆运组成的多式联运，多式联运经营人对于每一货损单位的赔偿限额，是毛重每千克2.75特别提款权（SDR）；对每一件货物的赔偿限额为920SDR，两者较高者为准。

2. 在国际多式联运当中，联运方式只要不包括海运或内河运输，即采用的是公—铁联运、铁—公联运或公—空联运，则多式联运经营人的赔偿限额，要按发生的货物损坏或灭失每千克不超过8.33SDR来计算。

3. 对于由于延迟交货所造成的损失，多式联运经营人的责任限额，为延迟交付货物运费的2.5倍，但是不超过多式联运合同所规定的全部应付运费的总额。

4. 对于多式联运经营人来说，当货物的灭失、损坏和延迟交付等同时发生之时，其赔偿限额是以货物全部灭失之时应负的责任为限。

复习思考与讨论

1. 简述国际货运代理的概念与性质。

2. 国际货运代理的服务内容与作用，分别是怎样的？
3. 国际货运代理相关的行业组织有哪些？
4. 我国对于货运代理的行业管理情况是怎样的？
5. 班轮运输的业务流程包括哪些？
6. 租船运输业务流程有哪些？
7. 国际航空货物出口运输代理的业务流程是怎样的？
8. 国际航空货物进口运输代理的业务流程是怎样的？
9. 国际铁路联运出口货物的运输流程是怎样的？
10. 国际铁路联运进口货物的运输流程是怎样的？
11. 国际公路联运的代理业务情况是怎样的？
12. 集装箱运输的代理业务情况是怎样的？
13. 国际多式联运的代理业务情况是怎样的？
14. 国际货运事故的处理，包括哪些情况？
15. 空运事故的处理包括哪些情况？

第四章

全球供应链

CHAPTER 4

本章学习目标

1．全球供应链的概念

2．全球供应链产生的驱动力

3．全球化采购

4．全球化生产

5．全球化配送

6．全球供应链壁垒

本章核心内容

全球供应链　国际市场驱动力　技术力量驱动力

全球成本驱动力　政治与经济驱动力　全球化采购

货币支付　全球化生产　全球化配送　全球供应链壁垒

Section 1

第一节　全球供应链概述

一、全球供应链的概念

供应链是围绕着核心企业，通过对信息流、物流、资金流的控制，从采购原材料开始，制成中间产品以及最终产品，最后由销售网络把产品送到消费者的手中，将供应商、制造商、分销商、零售商，直到最终用户，连成一个整体的功能网链结构模式。

供应链是一个范围更广的企业结构模式，包含所有加盟的节点企业，从原材料的供应开始，经过链中不同企业的制造加工、组装、分销等过程，直到最终用户。它不仅是一条连接供应商到用户的物料链、信息链、资金链，而且是一条增值链，物料在供应链上，因为加工、包装、运输等过程而得到增值，会为相关企业都带来一定的收益。

全球供应链，是指在全球范围以内构建的供应链，以全球化的视野，将供应链网络延伸至整个世界，在世界范围以内选取最有竞争力的合作伙伴。

经济全球化，催生了全球供应链，在这种全球化的供应体系当中，供应链的成员已经遍及全球，生产资料的获得，产品生产的组织、销售以及相关信息的获得，都是在全球范围以内实现的。企业要参与全球经济范围以内的竞争，就必须要在全球范围以内，寻找生存和发展的机会，在国际市场要素、技术力量要素、全球成本要素以及政治和经济要素的驱动之下，使得有能力的企业纷纷向海外扩张。

其具体表现是这些企业在全球范围以内，采购生产所用的原材料与零部件，在全球范围以内组织生产，并且向全球范围内的客户配送商品，在全面、迅速地了解世界各地消费者需求的同时，对于整个供应链进行计划、协调、操作、控制和优化，在供应链中的各个环节之间，运用现代信息技术，实现供应链的一体化和快速反应，最终达到降低成本、扩大收益的目的。

二、全球供应链产生的驱动力

全球供应链管理的产生及其发展，是由多种要素驱动而成的。这些要素有国际市场方面的，有技术力量方面的，有成本方面的与政治、经济方面的。

（一）国际市场驱动力

从国际市场的角度来说，这种驱动力来自两个方面，一方面是海外竞争者的压力，另一方面是海外消费者提供的机遇。

海外消费者的需求，为企业提供了进军海外市场的商机，这些商机无疑是促使企业进军海外市场的直接动因。但是，来自竞争对手的压力，则促使着企业必须要主动进军海外市场。外国公司在本国市场的出现，会给本国企业带来极大的威胁，本国企业为了提升自己的市场份额，有必要使得自己和国外竞争对手处在同一个竞争平台上，这样会有利于提升企业的竞争力，从而更好地捍卫本国市场。

例如，早期的日本汽车行业，为了和欧美汽车行业展开竞争，纷纷进军欧美市场，其目的就是为了能够在欧美这个市场当中，与竞争对手展开竞争。目前，我国许多企业也已经纷纷向美国、日本等发达国家的市场进军，在这种主动参与国际竞争的过程中，一方面扩大了企业的知名度，同时也很好地捍卫了本国市场。

（二）技术力量驱动力

随着技术在全球范围内的转移与扩散，许多国家和地区都已经具备了相当强的生产与科研能力。许多跨国公司为了充分利用当地的生产和技术资源，在世界各地纷纷建立研究开发机构，使得研究开发的产品更加贴近当地市场的需求。促使跨国公司在世界各地设立研究开发机构的原因，一方面，是由于当地拥有高素质的研究人员，例如，微软在英国剑桥设立了一个研究实验室；惠普在中国设立了研究开发基地等。另一方面，是因为目前产品的生命周期越来越短，将研究机构建在生产基地附近，既会有利于技术从研究机构向工厂转移，也能够及时地解决转移过程当中出现的问题。

（三）全球成本驱动力

成本问题，往往是决定公司在海外投资建厂的决策性要素，廉价的劳动力资源，是驱使海外建厂的决定性因素。比如，美国的软件在印度生产，日本的产品在中国制造，看中的都是当地廉价的劳动力资源。另外，降低成本的另外一种手段，便是缩短供应链成员之间的物理距离，这不但可以降低运输的成本，同时还能够更好地贴近市场。

在资本成本方面，由于发展中国家为了吸引外商的投资，政府往往会制定出很多优惠政策，这些政策对跨国公司的吸引力，也是非常大的。

（四）政治与经济驱动力

国家或地区之间的自由贸易协议，使得这些国家或地区之间的原材料的进口和在当地组织生产加工，变得更加方便。

相反，一些国家或地区的贸易保护措施，也会促使一些企业考虑在出口国或地区投资设厂，以突破出口国或地区的贸易壁垒。例如，美国的得克萨斯仪器公司和英特尔公司将微芯片的加工地设在欧洲，日本的汽车厂商将生产地设在欧洲等。

Section 2

第二节　全球供应链业务及管理

一、全球化采购

（一）全球化采购的概念

采购是企业生产经营过程当中一个重要的环节，从成本的角度来说，原材料和零部件的采购费用，在企业的生产成本当中，具有很重要的地位。在全球范围以内工业企业的产品成本构成之中，原材料及零部件的采购成本，会随着行业的不同而不同，一般在30%～90%之间，平均水平在60%以上。

所以采购成本是企业管理当中的主题与核心部分，采购合理化对于企业降低产品成本，具有很重要的意义。

为了更有效地降低采购成本，扩大供应商的选择空间，保障所购产品的质量，国际化企业已经将采购的范围从本国扩展到了全球。

所谓的全球采购，是指利用全球的资源，在全世界范围内寻找供应商，寻找质量过关、价格合理的产品。互联网和电子商务的出现，为全球采购创造了非常便利的条件，这种快捷的信息交换方式，大大缩短了买卖双方的时间和空间的距离，使得买方能够在更为广泛的空间范围内，找到自己所需的相对更为经济的资源，并且可以通过集中采购的方式来降低采购费用，通过全球化的供应链网络与供应商进行协同运作，缩短了供应商的供货时间，从而能够及时获取所需的货物。

同样，卖方也可以利用全球化的供应链网络，与其客户进行协同运作，能够及时了解和把握客户的需求信息，并且按时将产品交到客户的手中。

（二）全球化采购发展的推动力

从当今经济全球化和国际物流的发展趋势来看，采购全球化的快速发展，主要有如下这几个方面的推动因素。

1. 跨国公司生产基地的全球化分布

跨国公司作为全球化的生产企业，在全世界范围内寻找原材料、零部件的来源，并且选择一个适应全球分销的物流中心，以及关键供应物资的集散仓库，在获得原材料和分销新产品之时，使用当地现有的物流网络，并且推广其先进的物流技术与方法。跨国公司的这种全球性分布的生产网络，要求其在全球范围内寻找、购买各种原材料和半成品，以降低其采购的成本。

2. 生产企业与专业第三方物流公司的同步全球化

跨国公司生产布局的全球化发展进程，将以前所形成的完善的第三方物流网络，也带入到了全球市场中。例如，有着日本背景的伊藤洋华堂在打入中国市场之后，其在日本的物流配送伙伴伊藤忠株式会社也跟随而至，并且承担了其在中国的配送活动。这种伙伴式的业务发展模式，也是促使跨国公司进行全球化采购的推动因素之一。

3. 多式联运的发展和国际航线的形成，使得跨国公司的全球化采购战略成为可能

为了充分应对经济全球化的发展趋势，以及业务对象全球化分布的发展，国际运输企业之间也开始形成了一种覆盖多种航线，相互之间以资源、经营的互补为纽带，面向长远利益的战略联盟。

这不仅使得全球物流能够快速、便捷地进行，而且使得全球范围以内的物流设施得到了充分的利用，有效地降低了国际物流相关的成本，从而使得跨国公司的全球化采购战略得以实施。

基于上述因素的推动作用，以及跨国公司在全球范围内追求利润的需要，采购的国际化不仅是大势所趋，而且随着信息技术、物流技术的发展，将会成为带动全球经济快速发展的一个新的利益增长点。

而基于全球化战略下的统一采购，使得跨国公司等大的国际制造商，通过其在世界各地的多家子公司的购买力量，将其触角伸向了国际市场，并且得到了更有经济力的订单。跨国公司的全球化统一采购战略，是降低采购成本、提高采购质量、提升企业整体市场竞争力的有效方式，同时，也可以避免传统的分散采购方式当中所存在的物料灰色价格与交易回扣等现象的发生。

（三）全球化采购的优势

全球化采购与传统的采购方式相比，是在全球供应链环境之下实施的，这种基于全球供应链采购的优势，主要体现在如下几个方面。

1. 通过扩大供应商比价范围，提高采购的效率，降低采购的成本

通过全球化采购，在全球范围内，对于有兴趣交易的供应商进行比较，能够以较低的价格获得更好的产品和服务。由于地理位置、自然环境和经济发展的差异，各个国家和地区的资源优势是各不相同的。通过全球化采购，充分地利用各国的资源优势，并且加以合理地组合，使得企业以较低的价格，获得更好的产品和服务。全球化采购可以得到较高质量的商品，大大地提高企业的经济效益。

2. 实现了生产企业从为库存而采购到为订单而采购的转变

在传统的采购模式当中，采购的目的是为了补充库存，采购部门并不关心企业的生产情况和市场的需求变化情况，采购部门制订的采购计划，很难适应生产需求的变化。在全球电子商务模式之下，采购活动是以订单驱动的方式来进行的。制造订单的产生，是在用户需求订单的驱动下产生的。

然后，制造订单驱动采购订单，采购订单再驱动供应商。这种准时化的订单驱动模式，可以及时地响应用户的需求，从而降低库存的成本，提高物流的速度与库存周转率。

3. 实现采购管理向外部资源管理的转变

传统的采购方式，缺乏与供应商之间的交流和合作，导致供应商缺乏柔性和需求变化的快速反应能力。通过对外部资源的管理，供需双方建立起了一种长期的、互利的合作关系，这样一来，采购方就可以及时地将质量、服务、交易期的信息，传送给供方，使得供方严格地按要求提供产品与服务。根据生产的需求协调供应商计划，从而实现准时化采购。

4. 实现采购过程的公开化与程序化，加强采购的科学化管理

企业的全球化采购，一般都是按照电子商务的规定流程来进行的，这样就大大地减少了采购过程的随意性。通过全球化采购，还可以促进采购管理的定量化、科学化，实现信息的大容量与快速传送，为决策提供更多、更准确、更及时的信息，使得决策的依据更加充分。电子商务采购，为采购提供了一个全天候超时空的采购环境，降低了采购的费用，简化了采购的过程，大大地降低了企业的库存，使得采购交易的双方形成战略伙伴的关系。

（四）全球化采购的货币支付问题

在全球化采购的过程当中，付款方式一般有两种，一种是货到付款，另一种是预先付款。对于采购方公司来说，希望采用货到付款的方式，这样可以少占用资金。但是，在很多情况之下，供应商是要求采购方预交货款的。另外，在全球化采购的过程中，货币汇率的变化会对采购的成本产生一定影响。

1．货币支付

在国际采购的过程当中，采购方与供应商之间，经常会用到信用证。所谓的信用证，是由一家银行（开户行）依照客户（申请人）的要求和指示，或为其自身需要向第三者（受益人）开立的，在符合信用条款的条件之下，凭借规定的单据，由银行承担付款责任的信用凭证。

也可以将信用证理解为一种银行开立的有条件承诺付款的书面证明。信用证不是支付的手段，而仅仅是对于支付的承诺，真正的支付是通过汇票来完成的。支付凭证通常有提货单、临时发票，以及有关的货物描述资料。如果采购方有赖账的行为，银行将负责支付费用。因此，银行要承担支付风险。

常见的信用证，包括如下这几种形式。

（1）可撤销信用证与不可撤销信用证

可撤销信用证是指开证行开出信用证以后，只要该证未被利用，就有权随时进行修改或撤销，不必事先征得受益人的同意。这种信用证并没有给受益人提供付款的保证，所以目前很多国家都不使用这种信用证。不可撤销信用证一经开立，若是没有受益人及其他有关方的同意，则不可擅自撤销或更改该信用证的内容。

（2）保兑信用证与非保兑信用证

保兑是指一家银行开立的信用证，由另一家银行加以保证兑付的行为。经过保兑的信用证，称为保兑信用证。经过保兑的信用证，便意味着有两家银行向受益人负责。实行保兑信用证的银行，需要承担风险。对于出口商来说，在大多数情况下，最好的支付方式是保兑不可撤销信用证。有些银行不愿意承担风险，它们更喜欢承担咨询的角色，它们不承担风险的理由，是它们认为自己比出口商更能准确地判定开证行的可信度。

（3）即期信用证与远期信用证

即期信用证是指按照信用证的要求，凭着卖方提示的即期汇票和装运单据或单凭装运单据，开证行即予付款的信用证。其特点是，受益人的收汇安全迅速。远期信用证是指开证行或其指定付款行，收到受益人交来的远期汇票后，并不立即付款，而是先行承兑，等汇票到期再行付款的信用证。

远期信用证又可以分为两种，为银行承兑信用证和迟期付款信用证。

①银行承兑信用证

银行承兑信用证是指开证行收到单据，经过审查无误后，在卖方开立的远期汇票上承兑，然后留下单据，承兑过后的汇票退还给受益人，等到期时再提示付款。受益人在汇票到期以前，也可以通过贴现收回货款。

②迟期付款信用证

迟期付款信用证是指开证行在信用证明确规定受益人交单后的若干天付款，或货物装船后的若干天付款，这种信用证无须开立汇票，因此也不具备贴现条件。

（4）循环信贷信用证与非循环信贷信用证

非循环信贷信用证，只能用于一批货物的运输。当买卖关系确立之后，便开始使用循环信贷信用证。

（5）可转让信用证与不可转让信用证

可转让信用证是指受益人有权要求银行将信用证的全部或部分金额，转让给另一个或两个以上的第三者（第二受益人）使用的信用证。可转让信用证多是用于通过中间商签订的合同，由中间商将信用证转由供应商执行。

不可转让信用证是指受益人不能将信用证的权利，转让给第三者的信用证。凡是可转让信用证，必须要注明“可转让（Transferable）”字样，如果未注明，则被视为不可转让信用证。

（6）背对信用证

背对信用证又称为背对背信用证或从属信用证，是适应中间商经营进出口业务的需要而产生的一种信用证。它是指出口人（中间商）收到进口人开来的信用证（称为母证）之后，要求该证的通知行或其他银行以原证为基础，另开一张内容近似的新证（称为子证）给另一受益人（实际供货人）。这另开的新证，便是背对信用证。

新证开立以后，原证仍然有效，由新证开证行代原受益人（中间商）保管。原证的开证行与原开证人，同新证之间毫无关联，原因在于新证的开证人是原证的受益人，而不是原证的开证人与开证行。

因此，新证的开证行在对其受益人（供货人）付款之后，便会立即要求原证的受益人（中间商）提供符合原证条款的商业发票与汇票，以便同新证受益人提供的商业发票与汇票进行调换，然后附上货运单据寄予原证的开证行收汇。

（7）电报索汇条款信用证

电报索汇条款信用证是指议付行在收到单据核对无误之后，便可用电报通知开证行，要求立即将货款用电汇付款的信用证。有此种信用证，能够使出口商尽快地收到货款。

2. 货币汇率变动对于采购成本的影响

货币的汇率对于采购方的采购成本影响是非常大的。汇率的变化，对于采购方的影响至少会有如下这4种可能性：

（1）如果合同要求用供应商所在国的货币支付，当该国的货币升值之时，采购方的采购成本将会增加。

（2）如果合同要求用供应商所在国的货币支付，当该国的货币贬值之时，采购方的采购成本将会降低。

（3）如果合同要求用美元支付，当美元贬值之时，受损失的将会是供应商。

（4）如果合同要求用美元支付，当美元升值之时，受益的将是供应商。

二、全球化生产

生产全球化是经济全球化的主要特征之一，第三次科技革命推动了国内分工向着更深的层次发展，各国在生产领域的合作愈加紧密。在生产全球化的进程当中，跨国公司扮演着重要的角色。因为跨国公司具有国际化的生产体系，它与外界的交换，母公司与子公司、子公司与子公司之间的交换，都具有跨越国境的性质。

因此，跨国公司不仅广泛地深入到国际市场，而且将外部市场转变成为了公司的内部市场。

（一）全球化生产的特点

生产全球化是经济全球化的核心内容，所谓的生产全球化，具有两层含义：一是指单个企业（主要是指跨国公司）的全球化生产，向着纵深推进，其跨国经营的分支机构在数量上和地域上有着极大的扩展，在组织安排和管理体制上，为无国界规划的动态过程；二是指借助跨国公司及其分支机构之间多种形式的联系，以价值增值链为纽带的跨国生产体系逐步建立的过程。而交通运输、信息通讯技术的发展，使得跨国公司能够在全球范围以内，在优化资源配置的基础上，进行各类生产，并且协调其生产经营活动。

因此，一个企业要想在这种环境中生存下去，仅仅靠公司本身的资源显然是不够的，只有战略性地将全球公司的各个分部、子公司、联盟公司，组成全球性的紧密网络，才能够对于全球任何一个区域的市场当中的需求做出快速的反应，并且提供相应的优质产品与服务。

在全球化公司经营网络当中，一部分专门负责全球性的物资采购、生产制造、产品更新换代、配送和科研开发，而另一部分则负责当地市场的销售与售后服务。资金、原材料、零部件和产成品、信息、创意、人力资源等公司的资源，在网络当中的各个部门之间，不断地交换流动着。

以怎样的高效整合方式组织这样的全球运作，通常称为全球物流管理，或称为全球供应链管理，这也是跨国公司全球竞争的一个核心。

全球化生产一般有两种形式：一种形式是利用其他国家或地区的廉价劳动力资源与优惠政策，在当地自己投资建厂，来组织生产活动；另一种形式是全球化的业务外包。例如，许多的欧美日企业，将产业外移到包括东南亚和中国在内的亚洲市场当中。

这种产业外移当中的一个最显著的特点，就是将自己的非核心业务，以较低的成本费用，外包给更为专业的企业来完成。这种外包的地域范围，已经从本国扩展到了整个世界。

（二）全球化生产的优势

全球化生产是国际企业优化资源配置、产业结构调整的需要，是规模经济的需要。生产是在全球组织，竞争也是在全球展开，经济全球化的发展，为企业的跨国经营创造了条件。企业在全球范围内组织生产，具有如下各项优势。

1. 可以更好地接近市场，满足当地消费者的需求

全球化生产要比在一国的国内组织生产，通过产品出口的方式进入国际市场，更能够接近消费者的需求。随着国际时尚流行周期的缩短，以及随着市场的扩大和更多的季节性、风俗性、时令性消费的出现，国际市场消费者的购买模式，呈现出了多样化、个性化的趋势，这不仅要求企业建立起柔性的生产体系与之相适应，更重要的是能够及时地对这种市场要求的变化做出相应的反应。而全球化生产体系与国际市场的紧密结合，便顺应了这一要求。比如快餐食品、饮料和食品原料等，这些商品不能够长时间储存或进行长途运输，而顾客却分布在世界各地，为了更好地接近或维持国外销售市场，跨国公司普遍实行就地生产就地消费，以利于提供新鲜食品。

2. 可以获取资源优势，降低生产的成本

全球化生产的方式，能够充分地利用世界上各个国家和地区的生产要素优势，以降低生产的成本，使得企业资源达到最佳的配置。全球范围以内，由于自然条件和经济发展的不平衡，各个国家和地区所拥有的生产要素（包括资本、技术、劳动力、土地、自然资源、信息、管理等），必然存在着一定的差异。

只有将本国的优势生产要素和他国的优势生产要素相结合，才能够弥补国内生产要素的不足，从而获得更大的利益。

3. 可以避开东道国的贸易壁垒限制，更加顺利地进入国际市场当中

一般而言，各国为了保护本国市场，会采取一定的贸易保护措施，最常见的贸易壁垒，主要是关税壁垒和非关税壁垒。当企业通过产品出口的方式进入东道国之时，可能会遭遇贸易障碍，但是生产要素的进入往往不会受到贸易壁垒的限制，因为企业生产要素尤其是资本要素的输出，是能够受到世界上绝大多数国家欢迎的。为了吸引外资，很多国家都采取了相应的优惠政策及措施，比如设立自由贸易区、保税区、出口加工区等，因此全球化生产可以绕过贸易壁垒的限制，顺利地进入国际市场之中。

4. 能够降低运输、储存、搬运、装卸等物流费用，降低成本，提升产品的国际竞争力

企业通过全球化生产，可以在更加接近市场的地方组织生产，缩短产品从生产者到达消费者手中的运输里程，并且减少所需环节，从而大大节约了物流费用。

5. 有利于获取先进的技术与管理经验

企业通过全球化生产，可以获取和利用国外先进的技术、生产工艺、新产品设计和先进的管理经验等。有些先进的技术与管理经验，很难通过公开购买的方式来获取，但是跨国公司可以通过与掌握这些先进技术的其他跨国公司合资建厂，或并购当地企业的方式来获取。获取与充分利用这些管理经验，可以促进跨国公司的本地生产能力，有效提高其竞争能力。

6. 可以获得东道国的优惠政策

跨国公司进行对外投资的主要目的，是为了利用东道国政府的优惠政策，以及母国政府的鼓励性政策。东道国政府为了吸引外来投资，常常会制定一些针对外来投资者的优惠政策，比如，为外来投资者提供优惠的税收与金融政策，提供优惠的土地使用政策，为外来投资者创造良好的投资软、硬环境等。这些优惠政策尤其是税收上的优惠政策会诱导外国投资者做出投资决策。在这些优惠政策的吸引之下，跨国公司愿将某种产品的生产基地设在东道国，实行全球化经营战略。同样，母国政府对于对外投资的鼓励性政策，也会刺激跨国公司作出对外投资的决策，比如鼓励性的税收政策、金融政策、保险政策，以及海外企业产品的进口政策等。

三、全球化配送

全球化配送是在全球范围内，根据用户的要求，对物品进行拣选、加工、包装、分割、组配等作业，并且按时送到指定地点的物流活动。国际化企业在利用全球采购、全球生产和全球销售战略之时，全球配送对于提高全球供应链运行效率，起到非常重要的作用。

（一）全球化配送的重要性

与国内市场相对比，国际市场的需求变化具有更大的不确定性。目前，国际市场的需求也呈现出小批量化的特点，而且对于商品供应的及时性要求也是越来越高。如何满足国际市场的这种需求，提高全球化配送的效率，降低全球化配送成本，是提升企业在国际市场竞争力的一个重要手段。

特别是一些大型国际化企业，它们在国际市场当中的竞争，已经从产品质量、价格等方面的竞争，扩展到了物流服务等无形手段的竞争。国际配送中心就是在这样的背景之下发展起来的。全球化的配送，已经由过去传统的分散型配送方式向集约化的国际配送中心的方式转变。

与国内配送或区域性配送相比，全球化配送所涉及的范围广泛，配送活动的改善空间很大。因此，全球化配送的方式，为企业带来的利益空间也比较大，同时也给配送管理带来了很大的困难。所以，如何有效地组织全球化配送活动，是供应链管理的一项重要内容。

（二）国际配送中心的作用

出口据点和海外配送据点的集约化，使得从生产到全球范围内的配送这一国际物流系统的运营更加合理化，能够更加有效地为顾客提供服务，从而实现降低物流成本和扩大销售的目的。这种海外配送据点的集约化的具体表现形式，便是国际配送中心，它担负着组织配送海外生产用原材料，向客户提供商品和服务的任务。

国际配送中心在国际物流系统当中有着非常重要的地位。国际配送中心是国际物流活动当中进行商品、物资等集散的场所，就范围而言，可以大到某些国家和地区，比如新加坡、中国香港；小可以具体到港口码头、保税仓库、外贸仓库等。

通过建设大批量、社会化、专业化的国际配送中心，可以简化国际物流通道，节约国际物流成本，便于跨国公司、国际物流服务企业进行国际物流整个流程的有效控制与管理。

国际配送中心的主要作用，体现在如下几个方面当中。

1. 国际配送中心结合了高效率的信息情报网，能够迅速、准确地掌握流通过程当中的库存情况，从而避免了库存积压与库存量分布不均的问题。在配送中心配备中心计算机，计算机终端连接着各个用户，每个用户日常的销售量和库存数据会随时进入中心计算机进行分析和处理，然后由配送中心决定每天向各个网点补充商品的品种、数量和时间，如此，通过配送中心实现了对于整个系统中库存量的控制。

2. 国际配送中心的建立，有利于形成快速、有效的发送体制，保证了在提高顾客服务水平的同时，降低发送的费用。配送中心直接掌握了各个网点的库存情况，或采取事先登记、预约、订货计划等手段，来掌握日常送货的需要。在此基础上，配送中心就可以通过合理安排送货路线、调配运输车辆、配装以及利用往返车辆等各种措施，来提高发送的效率。同时，通过电子计算机的计算，可以得出效率最高的送货方案，比如必要的车辆数量与最佳的送货路线等。

3. 通过国际配送中心集中进货，使得工厂与仓库之间按照计划、有规律地进行大批量运输成为可能，从而有利于降低运输费用。

4. 对于品种、规格繁多的商品，通过国际配送中心进行配售，有利于减少中间环节，提高流通的效率。

5. 在国际配送中心，顾客可以在一张订单上同时订购几种、几十种商品，这样就可以大大地缩短订购时间和费用。此外，配送中心可以根据顾客的订单，对许多商品进行统一的加工和包装，以降低加工成本，节省包装材料。

（三）全球化配送存在的问题

从前文的论述当中可以看出，全球化配送可以扩大企业产品的销售空间，使企业得以更有效地利用规模经济所带来的成本优势。但是与此同时，也会带来如下一些问题。

1. 配送的距离比较长，从而导致配送的时间长，这样势必会使得客户企业保持较高的存货水平，配送的费用也会随之增加。

2. 由于配送的距离长，相应的配套服务也难以同步跟上，对于市场变化的反应会相对滞后。

3. 由于全球配送是跨国配送，势必要经过国际物流当中的通关、商检等诸多环节，影响配送效率。

4. 由于配送要涉及许多的国家或地区，货物的成本和价格会受到国际汇率变动的影响。

Section 3

第三节　全球供应链壁垒

影响全球供应链发展的因素，主要包含文化因素、政治和法律因素、经济因素、市场因素、基础设施因素、人力资源因素、信息资源因素与货币因素等。

一、文化因素

文化因素当中的信仰、价值观、习俗、语言等方面的差异，对于企业的海外业务、整体目标与整个供应链业务都有着较大的影响。这些影响主要体现在企业之间的商业交流、交易的协商、合同的签订等各方面。这些文化差异的存在，会使一方认为是非常合理的行为，却可能会使另一方产生误会。在跨国运作之时，经常会有因为语言表达不当或者由于价值观的不同，导致丢失宝贵的合同或者失去客户的事件发生。

二、政治和法律因素

在不同的国家和地区，其政策与法律各有不同。全球化供应链的运作遍及世界，必然要涉及不同的政策和法律制度。因此，在开展供应链业务活动之时，必须要充分地了解和利用当地的政策法规。

三、经济因素

经济因素极大地影响着供应链的全球化趋势，同时也影响着全球化供应链的管理与运作。这些因素包括金融、地区性贸易协议、税收、进出口配额和劳动力的成本费用等。

四、市场因素

国际市场驱动力来自海外竞争者的压力与海外消费者提供的机遇，但同时也会遇到一定的市场阻力和困难。由于各个国家或地区的消费观念和审美观念的不同，会导致一些好的产品得不到某些地区市场的认可。所以，有些国际化企业在产品开发的策略上，采用在当地建立研究开发机构的办法，来更好地满足当地客户的需求。

五、基础设施因素

一个国家的基础设施，也是运作和管理全球化供应链的基础。这里的基础设施是指高速公路系统、港口、铁路运输与交通设施、先进的物流技术，具有一定规模的生产制造基地和先进的生产制造技术等。对于一些基础设施不够完善的国家与地区，国际供应链管理系统将会很难得以有效地运营。

六、人力资源因素

在那些非技术工人成本偏低的区域，往往缺乏一流的技术和管理人员。而在一些经济发达的国家中，除了文化差异以外，技术与管理人才的适用性很强。所以，在全球供应链的管理实施过程中，人员的培训便成为一项非常重要的工作。

七、信息资源因素

信息资源对于供应链，特别是对于全球化供应链的管理和运作，有着极为重要的影响。在经济发达地区，信息技术的应用水平比较接近，技术标准和规范也比较一致，这就为条形码技术、POS销售点系统、GPS与CIS等现代物流技术的应用提供了比较便利的条件。而在一些经济欠发达的地区，信息基础设施往往还不足以支撑这些现代物流信息系统的有效运行。

八、货币因素

在供应链上的贸易结算当中，必然要涉及不同货币间的兑换问题。由于汇率的波动，以及不同国家的税收制度不尽相同，这些都会对全球供应链的绩效评估与利益分配造成影响。

复习思考与讨论

1. 简述全球供应链的概念。
2. 全球供应链产生的驱动力包括哪些？
3. 全球化采购的概念是怎样的？
4. 全球化生产的特点是什么？
5. 全球化配送的重要性是什么？
6. 国际配送中心的作用有哪些？
7. 影响全球供应链发展的因素有哪些？

第五章

国际物流中的通关实务

CHAPTER 5

本章学习目标

1. 报关的含义
2. 报关的程序
3. 进出口货物的通关制度
4. 保税进出口货物的通关
5. 保税仓库进出口货物的通关
6. 保税工厂进出口货物的通关
7. 保税集团进出口货物的通关
8. 保税区进出口货物的通关

本章核心内容

报关　报关人　报关单位　通关制度　放行与结关

进出境地原则　转关运输原则　指定地点原则

申报程序海关查验　税则归类　税费缴纳征税放行

担保放行　信任放行　保税货物　加工贸易　保税仓库

保税工厂　保税集团　保税区进出口货物

Section 1

第一节　报关制定

一、报关的含义

（一）报关的概念

《中华人民共和国海关法》（以下简称《海关法》）当中规定：“进出境运输工具、货物、物品，必须要通过设立海关的地点进境或出境。”因此，由设关地进出境并且办理规定的海关手续，是运输工具、货物、物品进出境的基本原则，也是进出境运输工具负责人、进出口货物收发人、进出境物品的所有人，所应当履行的一项基本义务。

报关是与运输工具、货物、物品的进出境密切相关的一个概念。《海关法》当中，对于管理相对人办理进出境等海关事务的表述为“办理报关纳税手续”“办理报关手续”“从事报关业务”“进行报关活动”，或者直接称为“报关”。一般而言，报关是履行海关进出境手续的必要环节之一，指的是进出境运输工具的负责人、货物和物品的收发货人或其代理人，在通过海关的监管口之时，依法进行申报并且办理有关手续的过程。

在这里需要说明，在进出境活动当中，我们还要经常用到“通关”这一概念。通关与报关既有联系，又有区别。两者都是对于运输工具、货物、物品的进出境来说的，但是报关是从海关管理相对人的角度，仅指向海关办理进出境手续以及相关手续，而通关仅包括海关管理相对人向海关办理有关的手续，还包括海关对进出境运输工具、货物、物品依法进行监督管理，核准其进出境的管理过程。

另外，在货物进出境的过程当中，有时还需要办理“报检、报验”的手续。报检、报验与报关不同，指的是按照国家的有关法律、行政法规的规定，向进出口检验、检疫部门办理进出口商品检验、卫生检疫、动植物检疫与其他检验、检疫手续。

一般来说，报检、报验的手续，要先于报关的手续进行办理。

（二）报关的范围

根据《海关法》的规定，所有进出境的运输工具、货物、物品，都需要办理报关手续。报关的范围，包括进出境运输工具、进出境货物与进出境物品。

1. 进出境运输工具

它主要包括用以运载人员、货物、物品进出境，并且在国际运营的各种境内或境外船舶、车辆、航空器等。

2. 进出境货物

它主要包括一般的进出口货物、保税货物、特定减免税货物、过境货物、转运等其他的进出境货物。另外，一些特殊形态的，比如以货品为载体的软件等，也属于报关的范围。

3. 进出境物品

它主要包括进出境人员携带、托运等的行李物品；以邮递方式进出境的邮递物品；享有外交特权与豁免的外国机构或人员的办公用品或自用品等。

（三）报关人

向海关办理报关手续的人，称为报关人。报关人包括报关单位与报关员。

1. 报关单位

报关单位是指向海关提出书面申请，经过海关审核同意，拥有海关颁发的报关注册登记证书、有权办理进出口货物及运输工具报关手续的境内法人。报关单位分为如下三大类。

（1）自理报关企业

其报关活动仅限于本单位业务范围的进出口货物，不能代理其他单位的报关。它们是有进出口经营权的国有大中型企业，工贸、农贸、技贸公司以及外商投资企业中的独资、合资与合作等企业。外贸专业公司不能委托其分公司报关，因为它们不是企业法人。

（2）代理报关企业

即代理客户经营对外贸易的仓储运输、国际运输工具、国际运输工具服务，兼营报关服务的企业。此类企业的本身，并没有进出口经营权，只能代理该企业所承揽的货物的报关业务，比如外运、外代公司等。

（3）专业报关企业

此类企业既无进出口经营权，也无国际运输代理权，而是专门从事接受进出口货物经营单位和运输工具负责人，以及它们的代理人的委托，办理报关、纳税等事宜，具有法人地位的经营实体，它符合海关鼓励的报关专业化、社会化的发展方向。

2. 报关员

报关员是指依法取得报关从业资格，按照规定程序在海关注册，向海关办理进出口货物报关业务的人员。

二、报关的程序

报关程序是指进出口货物的收发货人、运输工具负责人、物品所有人或其他代理人，按照海关的规定，办理货物、物品、运输工具进出境，以及相关海关实务的手续与步骤。

我国货物的进出境，必须要经过海关审单、查验、征税、放行这四个作业环节。所以，进出口货物的发货人或其代理人，应当办理相应的进出口申报、配合查验、缴纳关税、提取装运货物等手续。但是，这些程序还不能够满足海关对于所有进出境货物的实际监管要求。因此，从海关对于进出境货物进行监管的全过程来看，按照时间的先后，可以将报关的程序分为如下这三个阶段。

（一）前期阶段

根据海关对于保税货物、特定减免税货物、暂准进出境货物等的监管要求，进出口货物的收发货人或其代理人，在货物进出境之前，要向海关办理上述的货物备案手续。主要包括如下各项。

1. 保税货物当中，除了进出口加工区和保税区以外的保税加工货物外，在进口之前，进口货物收货人或其代理人，应当办理加工贸易的备案手续，申请建立加工贸易电子账册或者申领加工贸易纸制手册。

2. 特定减免税货物在进口之前，进境货物收货人或其代理人，应当办理企业的减免税申请与申领减免税的证明手续。

3. 暂准进出境货物当中的展览口，在实际进境之前，进境货物收货人或其代理人，应当办理展览品进境备案的申请手续。

4. 其他进出境货物当中的出料加工货物，在实际出境之前，出境货物发货人或其代理人，应当办理出料加工的备案手续。

（二）进出境阶段

根据海关对于进出境货物的监管制度，进出口货物收发货人或其代理人在货物进出境之时，向海关办理进出口申报、配合查验、缴纳税费、提取或装运货物手续。

1. 进出口申报

进出口申报是指进出口货物收发货人或其代理人，在海关规定的期限以内，按照海关规定的形式，向海关报告进出口货物的情况，提请海关按照其申报的内容放行进出口货物。

2. 配合查验

配合查验是指申报进出口的货物经过海关查验之时，进出口货物的收发货人，或者办理进出口申报具体手续的报关员，要到达查验的现场，配合海关查验货物，按照海关的要求搬移货物，开拆包装以及重新封装货物。

3. 缴纳税费

缴纳税费是指进出口货物的收发货人或其代理人，在接到海关发出的税费缴纳通知书之后，向海关指定的银行办理税费款项的缴纳手续，通过银行将有关的税费款项存入海关的专门账户。

4. 提取货物

提取货物是指提取进口货物，而装运货物是指装运出口货物。

（三）后续阶段

根据海关对保税货物、特定减免税货物、暂准进出境货物等的监管要求，进出口货物收发货人或其代理人，在货物进出境的储存、加工、装配、使用之后，在规定的期限内，按照规定的要求，向海关办理上述的进出口货物核销、销案、申请解除监管的手续。

1. 保税货物

无论是保税加工货物还是保税物流货物，进口货物收货人或其代理人，都应当在规定的期限内，办理申请核销的手续。

2. 特定减免税货物

进出口货物的收发货人或其代理人，应当在海关监管期满时，或者在海关监管期内，经过海关批准出售、转让、退运、放弃，并且办妥有关手续之后，向海关申请办理解除海关监管的手续。

3. 暂准进境货物

收货人或其代理人，应当在暂准进境规定的期限内，或者在经过海关批准延长暂准进境期限到期以前，办理复运出境手续或正式进口手续，然后申请办理销案手续；暂准出境货物，发货人或其代理人应当在暂准出境规定的期限内，或者在经过海关批准延长暂准出境期限到期以前，办理复运进境手续或正式出口手续，然后申请办理销案手续。

4. 其他进出境货物中的出料加工货物、部分租赁货物等

进出境货物收发货人或其代理人，应当在规定的期限内，办理销案手续。

Section 2

第二节　进出口货物的通关制度

一、通关制度

海关通关制度是主权国家为了维护本国的政治、经济和文化利益，对进出口货物与物品，在进出口岸进行监督管理的基本制度。

（一）通关的定义

所谓的通关，是指进出境运输工具的负责人、货物的收发货人及其代理人、物品的所有人向海关申请办理进出口货物的进出口手续，海关对其呈交的单证与申请进出口的货物，依法进行审核、查验、征缴税费、批准进口或者出口的全过程。

（二）基本程序

进出口货物的通关程序，一般来说，可以分为如下四个基本环节：申报、查验、征税、放行。加工贸易进出口货物，经过海关批准的减免税或缓期缴纳进出口税费的进出口货物，以及其他放行后一定期限内，仍然需要接受海关监管的货物通关程序，可以分为如下五个基本环节：申报、查验、征税、放行、结关。

（三）放行与结关

放行是口岸海关监管现场作业的最后一个环节。口岸海关在接受进出口货物的申报之后，经过审核报关单据、查验实际货物后，依法办理进出口税费计征手续，并且缴纳税款之后，在有关单据上签盖放行章，海关结束其现场的监督行为。在这种情况之下，放行即为结关。进出口货物可以由其收货人提取、发运，出口货物可以由其发货人装船、启运。

在进出口货物放行之前，海关人员还需要对前期的申报、查验、征税等环节的工作进行核对，在核查无失误与遗漏的条件之下，海关方予签章。报关员应当配合海关做好上述工作。对保税加工贸易的进口货物、经过海关批准减免税或缓纳税款的进口货物、暂时进出口货物、转关运输货物以及其他在口岸海关未缴纳税款的进口货物，口岸海关接受申报后，经过审核单证符合规定的，即可以放行转为后续管理。

结关是指对经过口岸放行后，仍然需要继续实施管理的货物，海关在规定的期限以内进行核查，对需要补征、补税的货物做出处理，直至完全结束海关的后续监管的工作程序。

加工贸易进口货物的结关，是指海关在加工贸易合同规定的期限内，对其进口、复出口及余料情况进行核对，并且经过经营单位申请办理了经过批准内销部分的货物的补征、补税手续，对于备案的加工贸易合同予以销案。

特定减免税货物的结关，是指有关进口货物到达海关监管年限，并且向海关提出解除监管申请，领取经过主管海关核发的海关对于减免税进口货物的解除监管证明，完全结束海关监管的工作程序。

暂时进出口货物的结关，是指在海关规定的期限内（含经过批准延期的）暂时进口货物，复运出口或者暂时出口货物复运的进口，并且办理了有关的纳税销案手续，完全结束海关监管的工作程序。

二、进出口货物的申报

申报是指进口货物的收货人、出口货物的发货人或其代理人，在进出口货物之时，在海关规定的期限内，以书面或者EDI方式向海关报告进出口货物的情况，并且随附有关货运与商业单据，申请海关审查放行，并且对所报告内容的真实性、准确性，承担法律责任的行为，便是通常所说的“报关”。申报是进出口货物通关的第一环节，也是关键的一个环节。

（一）申报资格

参与申报的报关企业与报关人，必须是经过海关审核批准予注册的专业报关企业、代理报关与自理报关企业及其报关员。海关在接受申报之时，首先要审核报关单位及其报关资格是否合法有效。报关单位及其报关员的报关资格，应当符合如下这几个方面的条件。

1. 进出口货物的收发货人，是有权经营进出口业务的企业。

2. 有权经营进出口业务的收发货人（自理报关企业），已经向海关办理了报关、注册登记手续。

3. 专门或代理从事办理报关手续的专业报关企业、代理报关企业，已经向海关办理了报关注册登记手续。委托人还应当是有权经营进出口业务的企、事业单位。报关员是经过报关单位指定，并且经海关培训考核认可的人员。

（二）申报时间

1. 进口货物的申报时间与期限

根据《海关法》第18条、第21条的规定，进口货物的报关期限，为自运输工具申报进境之日起14日（是法定节假日的，顺延计算）。进口货物的收货人或其代理人，超过14日期限未向海关申报的，由海关征收滞报金。滞报金的日征收金额，为进口货物CIF价格的0.5‰。

进口货物滞报金期限的起算日期，为运输工具申报进境之日起的第15日。邮运进口货物的滞报金起收日期，为收件人接到邮局通知之日起的第15日。转关运输滞报金起收日期，有两个：一是运输工具申报进境之日起的第15日；二是货物运抵指运地之日起的第15日。两个条件只要达到一个，即要征收滞报金。如果两个条件都达到，则要征收两次滞报金。

进口货物自运输工具申报进境之日起，超过3个月还没有向海关申报的，其进口货物可由海关提取变卖处理。如果属于不宜长期保存的，海关可以根据实际情况，提前进行处理。变卖后所得的价款，在扣除运输、装卸、储存等费用与税费之后，尚有余款的，自货物变卖之日起1年以内，经过收货人申请，可以予以发还。逾期无人申领的，要上缴国库。

规定进口货物的报关期限和征收滞报金，是为了运用行政手段与经济手段，促使进口货物所有人或其代理人及时报关，从而加速口岸的货运，减少积压，使得货物早日投入生产与使用。进口货物的收货人，为了能够尽快收到货物，并且在海关规定的期限之内，办理报关手续，应该要求国外厂商及时把货运单据寄过来，在货物及有关单证上，正确地表明货物的全部标记唛码，包括合约的号码、详细年份、字头、编号及代号，以及收货人的名称、地址。

2. 出口货物的申报时间与期限

根据《海关法》同条规定，出口货物的发货人除了海关特准以外，应当在装货的24小时以前，向海关进行申报。规定出口货物的报关期限，主要是为了留给海关一定的时间，办理正常的查验与征税等手续，以维护口岸的正常货运秩序。除了需要紧急发运的鲜活、维修和赶船期货物等特殊情况以外，在装货的24小时以内申报的货物，一般要暂缓受理。

（三）申报地点

根据现行海关法规的规定，进出口货物的报关地点应当遵循如下这三个原则。

1. 进出境地原则

在一般情况下，进口货物应当由收货人或其代理人，在货物的进境地向海关申报，并且办理有关的进口海关手续；出口货物应当由发货人或其代理人，在货物的出境地向海关申报，并且办理有关的出口海关手续。

2. 转关运输原则

由于进出口货物的批量、性质、内在包装或其他一些原因，经过收发货人或其代理人申请，海关同意的，进口货物也可以在设有海关的指运地，出口货物也可以在设有海关的启运地向海关申报，并且办理有关进出口的海关手续。这些货物的转关运输，应当符合海关监管的要求，在必要时，海关可以派员押运。

3. 指定地点原则

经过电缆、管理或其他特殊方式输送进出境的货物，经营单位应当按照海关的要求，定期向指定的海关申报，并且办理有关的进出口海关手续。这些以特殊方式输送出境的货物，输送的路线长，往往需要跨越几个海关甚至几个省份，而且输送的方式特殊，一般不会流失，有着固定的计量工具，比如电表、油表等。因此，上一级海关的综合管理部门协商后指定由其中的一个海关管理，经营单位或其代理人，可以直接与这一海关联系报告。

（四）申报单证

准备好报关用的单证，是保证进出口货物顺利通关的基础。报关单位及其报关员，必须要在向海关申报进出口货物之前，认真地准备好报关的必备单证。一般情况下，报关的必备单证除了进出口货物的报关单以外，可以分为基本单证、特殊单证与预备单证。

1. 报关单的式样

根据海关规定报关员所填写的《进（出）口货物报关单》的式样，以及包括的内容如下所示。

（1）一般的贸易进出口货物，要填写白色的报关单；

（2）进料加工的进出口货物，要填写粉红色的报关单；

（3）来料加工装配与补偿贸易进出口货物，要填写浅绿色的报关单；

（4）外商投资企业进出口货物，要填写浅蓝色的报关单；

（5）出口后需要国内退税的货物，要填写浅黄色的报关单。

2. 报关单准备的份数

一般的进出口货物，应当填制报关单一式三联，俗称基本联。其中，第一联为海关留存联，第二联为海关统计联，第三联为企业留存联。

在已经实行报关自动化系统，利用计算机报关进行数据录入的口岸报关，报关员只需要填写一份报关单，交给指定的预录入中心，将数据输入到计算机当中便可。在其他的方式下，按照贸易方式的不同，填制不同份数的报关单。

（1）来料加工与进料加工贸易货物

①进口：打印四联，除了基本联以外，第四联为海关核销联。

②出口：收汇的，打印五联，除了基本联以外，第四联为海关核销联，第五联为出口收汇核销联。

（2）其他的贸易货物

①进口：进口不需要付汇的，打印基本联。进口需要付汇的，打印四联。除了基本联以外，第四联为退税联或出口收汇核销联。

②出口：不需退税或出口收汇的，打印基本联，需要退税或出口收汇的，打印四联。除了基本联以外，第四联为退税联或出口收汇核销联。

（五）申报程序

1. 接到进口提货通知或备齐出口货物

（1）进口货物的收货人或代理人，在接到运输或邮递公司寄交的提货通知单时，即表示欲进口的货物已经到达港口、机场、车站或邮局，收货人应当立即准备向海关办理报关手续。

（2）出口货物的发货人，在根据出口合同的规定，按时、按质、按量备齐出口货物以后，即应当向运输公司办理租船订舱手续，准备向海关办理报关的手续。

2. 办理保管委托

报关企业可以分为自理报关企业、专业报关企业与代理报关企业这三种，没有报关资格的进出口货主，需在货物进出口之前，在进出口的口岸，就近委托专业或代理报关企业，来办理报关手续，并且出具报关委托书。委托书应当载明委托人和被委托人双方的企业名称、海关注册登记编码、地址、法定代理人姓名，以及代理事项、权限、期限、双方责任等内容，并且加盖双方单位的公章。

3. 准备报关单证

在向海关办理报关手续以前，应当准备好海关必备的单证，具体包括如下这几类。

（1）进口货物报关需要提供的单证

①由报关员自行填写或由自动化报关预录入人员录入以后打印的报关单。

②进口货物属于国家限制或控制进口的，应当交验对外经济贸易管理部门签发的进口货物许可证，或其他的批准文件。

③进口货物的发票、装箱单（装箱清单）。

④进口货物的提货单（或运单）。

⑤减税、免税或免验的证明文件。

⑥对应实施商品检验、文物鉴定、动植物检疫、食品卫生检验或其他受管制的进口货物，还应当交验有关主管部门签发的证明。

⑦海关认为必要之时，可以调阅贸易合同、原产地证明与其他有关的单证、账册等。

⑧其他的有关文件。

（2）出口货物报关之时需提供的单证

①由报关员自行填写或由自动化报关的预录入人员录入打印的报关单一式多份，其所需份数是根据各部门的需要而定，出口退税要加填一份黄色出口退税专用报关单。

②出口货物属于国家限制出口货物配额出口的，应当提供许可证件或其他的证明文件。

③货物的发票、装箱清单、合同等。

④商检证书等。

⑤对方要求的产地证明。

⑥出口收汇核销单（指创汇企业）。

⑦其他的有关文件。

（3）报关单预录入

《中华人民共和国海关对报关单位和报关员的管理规定》第19条规定，在实行计算机报关的口岸，专业报关与代理报关单位、自理报关单位或报关员，应当负责将报关单上申报的数据，录入到电子计算机当中，并且将数据、内容传送到海关的报关自动化系统，海关方予接受申报。报关单预录入工作一般要满足如下的各项条件。

①报关单位和报关数据录入服务单位，需要经过海关的批准，才可以负责电子计算机数据录入工作。

②数据录入单位对于录入电子计算机的报关单据的完整性与准确性，要承担责任。

（4）递单

报关单位在完成报关单的预录入后，应当将准备好的报关随附单证，以及按规定填制好的进出口货物报关单，正式向进出口的口岸海关递交申报。报关员向海关递交报关单，便意味着通关工作的正式开始，保管单位及其报关员必须要承担相应的法律和经济责任。

（5）海关审单

海关审单是指海关工作人员通过审核报关员递交的报关单及其随附有关单证，检查判断进出口货物是否符合《海关法》与国家的有关政策、法令的行为。

审核单证是海关监管的第一个环节，它不仅为海关监管的查验与放行环节打下了基础，也为海关的征税、统计、查私工作，提供了可靠的单证与资料。海关审单的主要任务包括如下各项内容。

①确认报关企业及报关员是否具备报关的资格，有关证件是否合法有效。

②报关时限是否符合海关的规定，确定是否需要征收滞报金。

③货物的进出口是否合法，即是否符合国家有关对外贸易法律、法规的规定。

④报关单证的填制是否完整、准确，单证是否相符、齐全、有效。

⑤对于通过电子计算机登记备案的加工贸易合同，要对有关加工贸易合同的每次进出口单据进行核对，并且在《登记手册》当中登记。

⑥根据《中华人民共和国进出口关税条例》（以下简称《进出口关税条例》）与国家其他有关的税收政策来确定进出口货物的征免性质。

三、进出口货物的查验

根据《海关法》中的第19条规定，进出口货物除了经过收发货人申请，海关总署特准可以免验的以外，都需要接受海关的查验。

（一）海关查验的概念

海关查验即验关，是指海关接受报关员的申报以后，对进口或出口的货物进行实际的核对与检查，以确定货物的性质、原产地、货物状况、数量和价格是否与报关单所列一致。

（二）海关查验的目的

海关查验，一方面是保证申报环节当中申报的单证以及查证单货相一致。通过实际的查验，发现审单环节不能发现的无证进出问题，以及走私、违规、逃漏关税等问题；另一方面，通过查验货物，才能够保证关税的依率计征。因为进口货物税则分类及适用税率的确定，申报的货价海关是否予以接受，都是决定于查验的结果。如果查验不适，税则分类及估价不当，不仅适用的税率可能会发生差错，并且估价会亦高亦低，因而使得税负不公，国家或进口厂商将会蒙受损失。

（三）查验地点

海关查验货物一般是在海关监管区内的进出口口岸码头、车站、机场、邮局或海关的其他监管所当中进行。为了加速验放，方便外贸运输，根据货物的性质，海关对于海运进出口的散装货物（如矿砂、粮食、原油、原木等）、大宗货物（比如化肥、水泥、食糖、钢材等）、危险品与鲜活商品等，结合装卸环节，在作业现场予以验放。

对成套设备、精密仪器、贵重物资、急需急用的物资与“门对门”运输的集装箱货物等，在海关规定的地点进行查验有困难的，经过进出口货物收发货人的申请，海关核准后，海关可以派员到监管区域以外的地点进行查验，就地查验放行货物。但是，申请单位应当按照规定缴纳规费，并且提供往返的交通工具、住宿等方便条件。

（四）查验方法

海关对进出口货物的查验，主要是采取彻底检查、抽查、外形查验等方法，以强化海关对于进出口货物的实际监管。彻底查验，是对货物逐件开箱（包）查验，对货物的品种、规格、数量、重量、原产地、货物状况，逐一与申报的报关单详细地核对。抽查是按照一定的比例，对货物有选择地开箱（包）查验，并且对开箱（包）查验的货物品种、规格、数量、原产地及货物状况等，逐一与申报的报关单详细地核对。

外形查验主要是核对货名、规格、生产国别和收发货单位等标志，是否与报关单相符，检查外包装是否有开拆、破痕的痕迹，以及有无反动字样、黄色文字图像等，海关查验进出口货物之后，都要填写一份《海关进／出口货物查验记录》，货物查验记录是由执行查验任务的海关官员来填写。

记录一般包括查验时间、地点、进出口货物的收发货人或其代理人名称、申报的货物情况、查验货物的运输包装情况（比如运输工具的名称、集装箱号、尺码和封志号）、货物的名称、规格型号、原产国别、自然属性（品质）、新旧程度、数（重）量、进出口之时状态（原材料、半成品、整件、全套组装件、全套散件或关键件等）、查验过程当中存在的货物残损情况及造成残损的原因、提取货样的情况以及查验结论等内容。查验官员与陪同查验的报关员，应当在货物查验记录上签具全名。

（五）查验时报关人员的职责

1. 代表货主到场

海关货主到场之时，进出口货物的收发货人或其代理人应当到达货物查验现场，并且按照海关的查验要求，负责搬移、开拆与重封货物的包装等。为了较好地完成这一任务，报关员在代理报关之前，要对被代理报关的货物有一定了解，对于各种单证应当进行初步审查，有不清楚或不符合规定的地方，应当向被代理人了解或指出。报关人员在海关查验现场要回答海关人员提出的有关问题，并且配合海关做好反走私的调查工作。

2. 缴付规费

海关根据所在地的港口、车站、国际航空港、国界通道与国际邮件交换站进出境货物、旅客行李、邮件以及运输工具的实际情况，规定其监管的区域。在海关监管区域执行任务时，不收规费。

但是，若进出境货物的收发货人及其代理人要海关派员到海关监管区域以外的地方（比如货主的仓库、工厂、施工工地或铁路专用线、专用码头、专用机场等）办理海关手续、执行监管任务之时，应当事先向海关提出申请，经过海关的同意，并且按照海关的规定缴付规费，因此，规费是海关超过监管区域向货主提供服务而收取的服务费。其作用既是对海关服务的报偿，也具有一定的限制功能。因为海关人员缺乏，工作紧张，不可能经常大量派出人员执行分散的监管任务。

四、进出口货物的征税

海关在审核单证与查验货物之后，要根据《进出口关税条例》与《中华人民共和国海关进出口税则》（以下简称《海关进出口税则》）规定的税率，对实际货物征收进口或出口关税以及相关的税费。

税费计征是指海关根据国家的有关政策、法规，对进出口货物征收关税及进口环节税费。根据《海关法》和《进出口关税条例》的相关规定，进出口的货物除了国家另有规定的以外，都应当征收关税。关税是由海关依照《海关进出口税则》进行征收。我国对进口货物除了征收关税外，还要征收增值税，少数商品要征收消费税。

根据国家的法律规定，上述两种税款由税务机关征收。为了简化征税手续，方便货物进出口，同时又可以有效地避免货物进口之后再另行征收可能造成的漏征，国家规定进口货物的增值税和消费税，由海关在进口环节代税务机关征收。因此，在实际工作当中，又常常称为海关代征税。海关税费计征的一般程序，有以下几个步骤。

（一）税则归类

税则归类是指将进出口货物，按照《海关进出口税则》的归类总规则，归入到适当的税目，以便按照该税目所使用的税率计征关税。由于进出口商品的种类繁多，变化日新月异，因此，要将每一种进出口商品准确地归入税则中适合的税目，是一项专业性、技术性很强的工作，而不是简单的对号入座。要在税则当中找到进出口商品准确的税号，需要具有比较丰富的商品知识，同时也必须要熟悉税则和归类总规则。

1. 税率的运用

《海关进出口税则》当中的关税税率，有普通税率与优惠税率这两种，出口税率只有一种。根据《进出口关税条例》第6条的规定，对原产于与我国未订有关税互惠协议的国家或者地区的进口货物，按照普通税率纳税；对原产于与我国订有关税互惠协议的国家或地区的进口货物，按照优惠税率征税；对我国出口货物征收歧视性或者给予其他歧视性待遇的国家或者地区的进口货物，可以征收特别关税。

关税是保护国内工农业生产，贯彻国家产业政策与外贸政策，以及调节进出口的重要手段。关税税率需要根据国家经济发展的需要，适时进行调整。为了保证正确执行国家政策，维护货物进出口人的利益，使得全国海关实施统一的税率，海关对进出口货物，按照收发货人或其代理人申报进口或者出口之日实施的税率计征税款。对进口货物到达前，已经过海关核准先行申报的，海关要按照装载此项货物的运输工具，申报进境之日实施的税率，来计征税款。

2. 完税价格的审定

完税价格是指海关按照《海关法》与《进出口关税条例》的有关规定，计算应征关税的进出口货物的价格。进口货物是以海关审定的成交价格为基础的CIF价格，作为完税价格。进口货物的CIF价格，包括货价加上货物运抵我国关境内输入地点起卸之前的包装费、运费、保险费和其他劳务费用，以及货物在成交的过程中，进口人向卖方支付的佣金和为国内生产、制造、出版、发行，或者使用该进口货物有关的专利、商标、著作权以及专用技术、计算机软件和资料等费用，但是入费、技术费、培训费等不包括在内。出口货物是以海关审定的货物售予境外的FOB价格，扣除出口税之后作为完税价格的。FOB价格不能确定的，则需由海关估定。

（二）税费缴纳

1. 纳税义务人

凡是进口货物的收货人、出口货物的发货人，都是关税的纳税义务人。在我国境内生产、委托加工与进口《中华人民共和国消费税暂行条例》（以下简称《消费税暂行条例》）规定的消费品的单位与个人，都是消费税的纳税义务人。

2. 缴纳期限

对经过海关审定应征关税、增值税、消费税和监管手续费、船舶吨税的货物或船舶，纳税义务人应当在海关填发税费缴纳证的次日起7日以内（星期六、星期日和法定节假日除外），向指定的银行缴纳税费款。税款缴纳证为一式六联，其中一至五联，经过海关加盖“中华人民共和国XX海关单证专用章”之后，交给纳税义务人凭以银行缴纳税款。第六联（存根联）由填发的海关存查。

3. 汇　率

进出口货物如果是以外币来计算成交的，由海关按照填发税款缴纳证之日，国家外汇管理部门公布的“人民币外汇牌价表”的买卖中间价，折合成为人民币。“人民币外汇牌价表”未列入的外币，要按照国家外汇管理部门确定的汇率，折合成为人民币。

4. 滞纳金

对于进出口货物纳税义务人，未在规定的缴纳期限以内缴纳税费的，由海关自到期的次日起至缴清税费款日止，按日征收欠缴税费款0.1%的滞纳金，并且制发滞纳金收据。

滞纳金额 =（关税额+增值税、消费税应纳税额）× 滞纳天数 × 0.1%

五、进出口货物的放行

放行是口岸海关监管现场作业的最后一个环节，口岸海关在接受进出口货物的申报之后，经过审核报关单据、查验实际货物，依法办理进出口税费稽征手续并且缴纳税款之后，在有关单据上签盖放行章，海关的监管行为至此结束。在这种情况之下，放行即为结关。进口货物可以由收货人凭单据提取、发运，出口货物可以由发货人装船、启运。

放行的基本形式，一般包括如下这几种。

（一）征税放行

进出口货物在取得海关放行之前，如果属于应征税货物，则应由海关的税收部门，按照《进出口关税条例》和《海关进出口税则》的相关规定，根据一票一证的方式，对这些货物的收发货人，征收有关的关税与代征税，然后签印放行。

海关征税工作的基本方针，为依率计征、依法减免、科学归类、严肃退补、及时入库。其工作重点，是抓好对一般贸易的审价，对特定减免的审批，对加工贸易的稽查，以及杜绝对缉私、稽查办案“以罚代税”现象。

在征税环节，海关做出的征税决定，对纳税义务人具有强制性。因此，纳税义务人必须要按时缴纳，不得拖延。海关征税的依据，是货物的“完税价格”。在通常情况下，进口货物的CIF价、出口货物的FOB价，即可以作为海关征税的依据价格，但是对于CIF价或FOB价，明显要低于同期货物的进口价格，或买卖双方存在特殊经济关系，影响了进口成交的价格，或者根据海关掌握的市场情况，海关有权审定“完税价格”。

（二）担保放行

担保是以向海关交纳保证金或提交保证函的方式，保证在一定的期限以内，履行其承诺义务的法律行为。其目的在于确保海关监管货物的安全性，避免因为纳税人无偿付能力或不履行义务而对海关所造成的风险。

1. 海关接受担保的范围

根据《中华人民共和国海关关于进出口货物申请担保的管理办法》的规定，海关对符合下列情况的进出口货物，实行担保放行制度。

（1）暂时进出口的货物。

（2）国家限制进出口货物，已经领取了进出口许可证，但是因故不能及时提供的。

（3）进出口货物有待于提取或发运，报关之时交验有关单证（比如发票合同、装箱清单等）暂时不全，后予补交的。

（4）进出口货物有待于提取或发运，正在海关办理减免税手续，报关之时暂时不能提供的。

（5）经过海关的同意，将海关未放行的货物暂缓办理进出口纳税手续的。

（6）进出口货物因为特殊情况，经过海关总署同意或批准的。

对下列的情况，海关不接受担保。

（1）进出口国家限制进出口的货物，未领到进出口货物许可证件的。

（2）进出口金银、濒危动植物、文物、中西药品、食品、体育及狩猎枪支弹药与民用爆破器材、无线电器材、保密机等，这些受国家有关规定管理的进出口货物，不能向海关交验有关主管部门批准文件或证明的。

2. 担保的形式

进出口货物担保的形式，有缴纳保证金和提交保证函这两种。保证金是由担保人向海关缴纳现金，以确保担保人履行义务的一种担保形式。对于要求减免的进口货物，在未办完海关手续之前，担保人申请限期放行货物的，只能是以保证金的形式申请担保。保证金的金额，应当相当于有关货物的税费之和。

在担保期限以内，申请担保人要求办理有关货物的进口手续的，经过海关同意，可以将保证金抵作税费，并且补征不足部分或退还多余部分。保证函是由担保人按照海关的要求向海关提交订有明确权利义务的一种担保文件。出具保证函的担保人，必须是中国法人，也可以是完税单位的开户银行。

3. 担保的程序与期限

（1）以保证金形式申请担保的，由报关人向海关缴纳相当于有关货物的进口税费等额的保证金。海关在收取保证金以后，向报关人出具《中华人民共和国海关保证金收据》。以保证函形式申请担保的，由担保人按照海关规定的格式，填写保证函一式两份，并且加盖担保人的公章。一份留海关备案，另一份由担保人留存。

（2）经过海关批准后，填报进出口货物报关单一式三份。其中，两份留存海关，一份由保管人留存，凭此办理销案手续。

（3）持经过海关审核的报关单，到海关货物监管现场提取或发运货物。

（4）在一般情况下，担保期不得超过20天。否则，海关对有关的进出口货物按规定进行处理。

4. 担保的销案

当事人办理进出口担保申请时，应当在担保期满前主动向海关办理销案手续。销案是指在规定期限内，当事人履行了事先承诺的义务以后，海关退还担保人已经缴纳的保证金，或注销已经提交的保证函，以终止所承担的义务。对于未能在担保期限内向海关办理销案手续的，海关可以视不同情况，按下列的规定进行处理。

（1）将保证金抵作税款，责令报关人按照规定补办进出口手续，并且处以罚款；

（2）责令担保人缴纳税款或通知银行扣缴税款，处以罚款；

（3）暂停或取消报关人的报关资格。

5. 担保人的法律责任

担保人应当在担保期满以前，履行向海关承诺的义务。如果将暂时进口货物复运出境或进境，或补办进口手续向海关缴纳进口税款，向海关提供进出口许可证或其他单证等，在规定的时限以内，向海关办理销案手续。

（三）信任放行

这是海关为了适应外向型经济发展的需要，在有效监管的前提之下，对监管模式进行改革的一项措施。海关根据进出口企业的通关信誉、经营情况、管理水平等因素，对其进行评估分类。对被海关授予“信得过企业”称号的各类企业，给予通关的便利，采取集中报关、预先报关、信任放行等优惠措施，使得这些企业的进出口货物，在口岸进出口之时径直放行，事后在一定的时期内，通过分批或集中定期纳税，来完备海关手续。

这种放行制度是建立在海关与企业、报关人相互信任前提之下的。但是，在方便企业的同时，也给海关构成一定的管理风险。为此，各地海关采取与企业签订“信任放行”的谅解备忘录，实行“义务监管员”制度，即企业按照海关的要求推荐义务监管员，经过海关培训合格之后发证上岗，代替海关行使权利。有的海关还开辟了“信得过企业窗口”，对这些企业的货物随到随放，由业务监管员代替海关查验。

这些措施，为企业节省了通关费用，同时也缓解了海关监管力量不足的困难。当然，经海关批准的“信得过企业”，如果发现违反了海关规定的事情，海关可以提出警告，情节严重的，可以立即取消通关优惠企业的资格，并且依法从严惩处。

Section 3

第三节　保税进出口货物的通关

一、保税货物的通关制度

（一）保税货物的定义及特征

保税货物的一般含义是指，“进入一国关境，在海关的监管下未缴纳进口税款，存放后再复运出口的货物”。由于各国实行保税制度的目的有所不同，各国海关保税制度所涉及的范围也会有所差异。因此，各国对于保税货物的解释也不同。我国《海关法》第57条对于“保税货物”的定义为“经海关批准未办理纳税手续进境，在境内储存、加工、装配后复运出境的货物”。从《海关法》的定义中，可以看出保税货物具有如下这三个特征。

1. 特定目的

我国《海关法》将保税货物限定于两种特定目的而进口的货物，即进行贸易活动（储存）和加工制造活动（加工、装配）而进口的货物。将保税货物与其他目的暂时进口的货物（如工程施工、科学试验、文化体育活动等）区别开来。

2. 暂免纳税

我国《海关法》第59条规定：“经海关批准暂时进口或暂时出口的货物，以及特准进口的保税货物，在货物收、发货人向海关缴纳相当于税款的保证金或者提供担保后，准予暂时免纳关税。”保税货物未办理纳税手续进境的，属于暂时免纳，而不是免税，待到货物最终流向确定之后，海关再决定征税或免税。

3. 复运出境

这是构成保税货物的重要前提，从法律上来说，保税货物未按照一般货物的规律办理进口和纳税手续，因此，保税货物必须要以原状或加工后产品复运出境，这既是海关对保税货物的监管原则，也是经营者必须要履行的法律义务。

（二）保税货物通关的基本程序

保税货物的通关与一般进出口货物有所不同，它不是在某一个时间上办理进口或出口手续后即完成了通关，而是从进境、储存或加工，到复运出境的全过程，只有办理了这一整个过程的海关手续之后，才真正完成了保税货物的通关，保税货物通关的基本程序包括如下各项。

1. 合同登记备案

合同登记备案是指经营保税货物的单位，持有关证件、对外签约的合同及其他有关单证，向主管海关申请办理合同的登记备案手续，海关核准之后，签发有关的登记手册。合同登记备案是向海关办理的第一个手续，需要在保税货物进口以前办妥，它是保税业务的开始，也是经营者与海关建立承担法律责任和履行监管职责法律关系的起点。

2. 进口货物

进口货物是指已经在海关办理合同登记备案的保税货物在实际进境之时，经营单位或其他代理人应当持海关核发的该批保税货物的登记手册以及其他单证，向进境地的海关申报，办理进口手续。

3. 储存或加工后复运出口

储存或加工后复运出口是指保税货物进境以后，应当储存于海关指定的场所，或交付给海关核准的加工生产企业进行加工制造，在储存期满或加工产品以后再复运出境。经营单位或其代理人，应当持该批保税货物的登记手册以及其他单证，向出境地的海关申报办理出口手续。

4. 核销结案

核销结案是指在备案合同期满或加工产品出口后的一定期限内，经营单位应当持有关的加工贸易登记手册、进出口货物报关单以及其他的有关资料，向合同备案海关办理核销手续。海关对于保税货物的进口、储存、加工、使用和出口情况，进行核实并且确定最终征免税之后，对于该备案合同予以核销结案。这一环节是保税货物整个通关程序的终点，意味着海关与经营单位之间的监管法律关系的最终解除。

二、加工贸易方式进出口货物的通关

（一）加工贸易的含义与类别

加工贸易是一种在国际贸易当中被普遍使用的贸易方式，它包括来料加工、进料加工、出料加工与补偿贸易这四种形式。与一般的贸易相比，加工贸易的环节多，涉及的当事人多，整个过程又跨越了生产与流通这两种形式，因而海关对于加工贸易货物的监管，要比一般的贸易更复杂。

加工贸易分为一般加工与深加工。一般加工是指由第一家加工贸易企业，直接加工复出口的加工贸易。深加工是指由第一家加工贸易企业加工后，又转至另一家加工贸易企业进行深度加工，使加工品具有更高的附加值，从而赚取更高的工缴费的行为。

《关于加工贸易保税货物跨关区深加工结转的管理办法》规定，加工贸易企业开展深加工结转业务时，应当事先经过外经贸主管部门批准，并且按规定办理海关手续以后，才可以开展货物的实际结转。海关对保税货物深加工结转，采用的是计划审批制度，转出企业在申领《加工贸易登记手册》之后，即可以凭《中华人民共和国海关加工贸易保税货物深加工结转申请表》（以下简称《申请表》）向海关预申报结转计划。

经过转入地的海关同意后，可以分批办理结转送货手续。海关对深加工结转的保税货物，采用转关运输和不按转关运输这两种方式进行监管。按转关运输办理结转的，在每一次交货之前，必须要分别在转出、转入地的海关办理结转报关手续，海关对加工贸易深加工结转形式进出口进行单项统计，不按转关运输办理结转的，企业要按《申请表》的内容，进行实际送货之后统一在调入地的海关办理结转报关手续。

在《关于加工贸易保税货物跨关区深加工结转的管理办法》当中，还针对深加工结转的有关程序，做出了具体的规定。

（二）加工贸易的批准与备案

从海关监管的角度进一步要求，企业从事加工贸易，应当持有关批准文件与加工贸易合同，并向海关备案，加工贸易制成品单位的耗料量，应由海关按照有关的规定进行核定。《关于对外加工装配业务的管理规定》中规定，凡是经过对外贸易经济合作部，有关省、自治区、直辖市人民政府或国家授权地方人民政府批准的，有对外经营权的外贸（工贸）公司（包括广东、福建两省的县级和县级以上的对外加工装配服务公司，下同）可以对外签约，也可以与国内加工单位联合对外签约承接加工装配业务。没有对外经营权的加工单位，在与外商谈判之时，需要有上述公司的参加，并且共同对外签约。

外商委托我国的国内代理人签订合同的，必须要提供经过国内公证机构或经贸部门认定的委托证明文件。承接对外加工装配的企业和外商的国内代理人，必须是具有法人资格的经济实体。经营单位对外签订的合同，需要经过对外贸易经济合作部，国务院有关部委或省、自治区、直辖市的对外经贸管理部门，或者它们的授权机关审批。

1999年海关总署发布的《关于异地加工贸易的管理办法》中规定，经营单位开展异地加工贸易的，需要凭其所在地的外经贸主管部门核发的《加工贸易业务批准证》和加工企业所在地外经贸主管部门出具的《加工贸易加工企业生产能力证明》，填制《中华人民共和国海关异地加工贸易申请表》，向经营单位的主管海关提出异地加工申请。加工企业的主管海关，凭着经营单位提供的《加工贸易业务批准证》《委托加工合同》《加工贸易加工企业生产能力证明》《申请表》及其他有关的单证，来办理合同的登记备案。如果是由加工企业向海关办理合同备案手续的，必须要持有经营单位出具的委托书。

（三）加工贸易制品的出口

加工贸易是为外商订货进行加工的贸易，其加工产品最终应当复出口。为了保证加工贸易产品按时出口，加工贸易制成品应当在规定的期限以内复出口，而且对于加工的成品中使用的进口料、件，享受国家规定的保税待遇的，应当向海关办理核销手续。属于先征收税款的，可以依法向海关办理退税手续。

《中华人民共和国海关对进料加工保税集团管理办法》（以下简称《对进料加工保税集团管理办法》）规定，保税进口的料、件，应当专料专用。如果需要将进口料、件与国内料、件混合加工之时，保税集团的牵头企业应当事先向海关申报投入进口料、件的比例和数（重）量。

保税进口的料、件，应当自进口之日起1年内加工为成品返销出口。如果有特殊情况需要延长期限的，保税集团的牵头企业应当向海关提出书面申请，但是延期最长不得超过1年。如期满仍未加工成品复出口或转为进口的，由海关按照《海关法》的有关规定进行处理。保税集团进口的料、件，以及加工的产品，都属于海关监管的保税货物，未经海关的许可，任何单位与个人不得将其出售、转让、调换、抵押或移作他用。

保税集团进口的料、件及加工的产品，如果在储存、加工、运输的过程中，发生短少，除了不可抗力的原因以外，其短少部分应当由保税集团的牵头企业承担缴纳税款的责任，并且由海关按照有关规定进行处理。

（四）对于加工贸易进口料、件转作他用的处理

加工贸易进口料、件转为他用，是指经营者或加工者，将从事加工贸易而进口的原材料、零部件，不作原定的加工贸易，而是改作其他的用途，比如私自将进口料、件转卖赚取差价，或用作其他的经营，或是将加工的成品直接在国内销售等。即使加工贸易变为普通进口贸易的用途转变，也不能够享受国家对于加工贸易的有关政策。

为此，加工贸易保税进口料、件或者制成品，因故转为内销的，海关要凭准予内销的批准文件，对保税的进口料、件依法征税，属于国家对进口有限制性规定的，还应当向海

关提交进口许可证件。

（五）海关对于企业的分类管理

根据企业的经营管理状况、报关情况以及遵守法律法规情况，海关实施动态的分类管理。

（六）加工贸易进口料、件银行保证金台账制度

所谓的加工贸易进口料、件银行保证金台账制度，是指经营加工贸易的单位或企业，凭着海关核准的手续，按照合同备案料、件金额，向指定的银行申请设立加工贸易进口料、件保证金台账，加工成品在规定的加工期限以内全部出口，经过海关核销合同之后，再由银行核销保证金台账。

Section 4

第四节　保税仓库、保税工厂、保税集团及保税区进出口货物的通关

一、保税仓库进出口货物的通关

（一）保税仓库的含义

保税仓库是指经过海关核准的专供存放用于来料加工、进料加工复出口，或暂时存放之后再复运出口的，以及经过海关批准缓办纳税手续进境的货物专门仓库。

它通常设立在进出口的口岸或加工贸易企业、“三资”企业比较集中的地方，是我国保税制度的主要形式之一。保税仓库一般用于存放暂时进境储存应当复运出境的货物，或海关批准暂缓纳税的进口货物。

根据我国的实际情况，海关允许存放保税仓库的货物，包括如下这三类。

1. 供加工贸易（来料加工、进料加工）加工成品复出口的进口料、件。

2. 外经贸主管部门批准开展外国商品寄售业务、外国产品维修业务、外汇免税商品业务以及保税生产资料市场的进口货物。

3. 转口贸易货物以及外商寄存、暂存货物以及国际航行船舶所需的燃料、物料和零配件等。一般贸易进口货物，不允许存入保税仓库。自从1996年4月1日起，凡是经过我国港口转口至任何国家或地区的烟酒，一律不准作为转口货物存入海关的保税仓库当中。

（二）保税仓库的类型

目前，我国保税仓库按照其基本特征，可以分为两大类：一是自用保税仓库；二是公用保税仓库。这两类保税仓库，依其所存货物的用途不同，又可以细分为加工贸易进口料、件，“三资”企业进口物资，转口贸易，寄售商品等各种专用保税仓库。

1. 自用与公用保税仓库

自用保税仓库是指经过海关核准，专门存放仅供本企业自用的、符合海关对于保税仓库所存货物定义的货物专用仓库。它的特点是，为本企业生产、经营活动提供仓储服务，不具有为他人提供仓储服务的特征。

公用保税仓库，或称为公共保税仓库，是指经过海关核准的，可以存放用于供应所有购货单位的、符合海关对于保税仓库所存货物定义的货物专用仓库。该类仓库的基本特点是代客存储，但是有的仓库也兼有自用性质。

近年来，自用和公用保税仓库业务的发展比较快，保税仓库的规模与数量不断扩大和增加，设立保税仓库的区域，从沿海城市向内陆地区纵深发展，并且已经形成了一个点多面广，以沿海城市、经济特区、经济技术开发区、沿海经济开发区和保税区等享受国家优惠政策的地区为主要集散地的，以内地为分流点的保税仓库发展格局。

2. 各种专用保税仓库

保税仓库除了按其基本特征分为自用与公用之外，若是照仓库所存放货物的实际用途来分，可以包括如下各种。

（1）加工贸易进口料、件的保税仓库；

（2）“三资”企业进口物资的保税仓库；

（3）转口贸易的保税仓库；

（4）国际航行船舶油料、零备件的保税仓库；

（5）寄售商品的保税仓库；

（6）维修技术中心（站）寄售零备件的保税仓库；

（7）免税外汇商品的保税仓库；

（8）国际航行船舶船员自用物品的保税仓库；

（9）出国服务人员自用物品的保税仓库；

（10）海上石油开发外籍人员生活用品的保税仓库；

（11）其他经过海关总署批准的保税仓库。

（三）保税仓库的设立与原则

1. 保税仓库的设立

保税仓库应当具备如下各项条件。

（1）应当具有专门储存、堆放进口货物的安全设施；

（2）建立健全的仓库管理制度与详细的仓库账册；

（3）配备经过海关培训认可的专职管理人员；

（4）保税仓库的经理人，应当具备向海关缴纳税款的能力。

2. 申请建立保税仓库应当提供的文件

申请建立保税仓库应当提供的文件包括如下各种。

（1）工商部门颁发的营业执照；

（2）经营单位填写的保税仓库申请书，应当填明仓库名称、地址、负责人、管理人员、储存面积以及存放何类保税货物等内容；

（3）经过外贸主管部门批准开展有关业务的批件，比如寄售、维修等；

（4）其他的有关资料，比如租赁仓库的租赁协议、仓库管理制度等。

主管海关在审核上述申请文件以后，派员到仓库实地验库，核查仓储设施，核定仓储面积，对于符合海关监管条件的，区别不同类型的保税仓库，分别办理审批手续。对于设立公共保税仓库的，由直属海关审核同意之后，报由海关总署审批。对于设立加工贸易备料保税仓库的，由直属海关负责审批，并且报由海关总署备案。经过批准设立的保税仓库，由海关颁发保税仓库登记证书。

（四）保税仓库业务的开展原则

保税仓库应当遵循的原则，是有关企业与报关员应当了解和掌握的知识。按照海关现行规定，设立保税仓库应当遵循如下几个原则。

1. 取得资格

要求开展保税仓库业务的企业，由于其业务涉及进出口货物，因此，必须要首先取得经贸主管部门的批准；其次是取得营业资格，企业凭着经贸主管部门的批准文件和工商行政管理机关签发的营业执照，向当地的主管海关申请设立保税仓库。

2. 专库专用

经过海关核准的保税仓库，不同于企业内部的其他仓库。保税仓库是专用于存储经过海关核准的、未完税的进口货物。仓库所存货物受到海关的直接监管，未经过海关的同意，保税仓库不得存入其他非海关的监管货物。保税仓库的专用性，还表现在仓库应当具有专门储存、堆放进口货物的安全设施，建立健全的仓库管理制度与详细的仓库账册，配备经海关培训认可的懂得海关有关规定的专职管理人员，并随时接受海关监管。

3. 限期存储

进口货物不得无限期存放于保税仓库。按2003年12月5日发布的《中华人民共和国海关对保税仓库及所存货物的管理办法》第10条规定，保税仓库所存货物的储存期限为1年。如有特殊情况可以向海关申请延期，但是延期最长不得超过1年。保税货物的储存期满，仍未转为进口也不复运出境的，由海关将货物变卖，所得价款比照《海关法》的规定处理。

4. 不得擅自移作他用

保税仓库所存货物属于海关监管货物，任何企业、仓管员和报关员等，未经过海关的同意，都不得擅自将所存货物移作他用。对擅自移作他用者，海关将依法追究其法律责任。

（五）保税仓库进出口货物的海关手续

1. 进口保税货物的入库手续

（1）进口货物在保税仓库所在地进境之时，应由货物所有人或其代理人，向入境所在地的海关申报，填写进口货物报关单，在报关单上加盖“保税仓库货物”戳记，并且注明“存入XX保税仓库”。经过入境地的海关审查验放后，货物所有人或其代理人，应当将有关货物存入保税仓库，并且将两份进口货物报关单随货代交保税仓库，保税仓库经营人应当在核对报关单上申报进口货物与实际入库货物无误之后，在有关的报关单上签收，其中一份报关单交回海关存查（连同保税仓库货物入库单据），另一份由仓库留存。

（2）进口货物在保税仓库所在地以外其他口岸入境之时，货物所有人或其代理人应当按照海关进口货物转关运输管理的规定，办理转关运输手续。货物所有人或其代理人应当先向保税仓库所在地的主管海关，提出将进口货物转运至保税仓库的申请，主管海关核实之后，签发进口货物转关运输联系单，并且注明“货物转运存入XX保税仓库”。货物所有人或其代理人凭此联系单到入境地的海关办理转关运输手续，入境地海关核准之后，将进口货物监管运至保税仓库的所在地。货物抵达目的地之后，货物的所有人或其代理人应当按照上述“本地进货”手续，向主管海关办理进口申报及入库手续。

2. 进口保税货物的出库手续

保税货物经过一段时间的存储以后，企业根据货物的不同流向，向海关申请办理复运出境、转用于加工贸易或“三资”企业进口的物资等报关手续。

（1）对于提离仓库转口销售或退运出境的，应当向海关填写出口货物报关单一式三份，并且交验进口之时由海关签印的报关单，经过海关核查无讹的，由海关留存一份出口货物报关单，货主或其代理人留存一份，一份随货带交出境地的海关，并且凭此放行货物出境。

（2）对于寄售、维修转为进口的，由货主或其代理人向海关递交进口货物许可证和进口货物报关单等单证，海关按照有关的进口规定办理手续。

（3）对于转往其他保税仓库的，由企业向海关填报中华人民共和国海关进口转关运输货物申报单，海关按照转关的规定办理手续。

（4）对于转用于加工贸易的，货主应当事先持批准文件、合同等有关单证，向海关办理备案登记手续，并且填写来料加工、进料加工专用报关单和保税仓库领料核准单一式三份，一份由批准海关留存，一份由领料人留存，一份由海关签章之后交货主。仓库经理人凭海关签印的领料核准单交付有关的货物，并且凭此向海关办理核销手续。

（5）对用于中、外国际航行船舶的保税油料和零配件，以及用于在保修期限内免费维修的有关外国产品的保税零配件，免征关税与进口环节税。

3. 保税仓库货物的核销

保税仓库货物应当按月向主管海关办理核销，经营单位要于每月的前5天，将上月所发生的保税仓库货物的入库、出库、结存等情况列表报送主管海关，并且随附经海关签章的进口、出口报关单，以及保税仓库领料核准单等单证。主管海关对保税仓库入库、出库报表与实际进口、出口报关单以及领料单进行审核，必要时派出人员到仓库实地核查有关记录与货物的结存情况，核实无误之后予以核销，并且在一份保税仓库报表上加盖印章认可，退还给保税仓库经营单位留存。

二、保税工厂进出口货物的通关

（一）保税工厂的概述

1. 保税工厂的含义和特点

保税工厂是指经过海关批准，并且在海关的监管之下进口的原材料、零部件、元器件等，进行加工、生产、存放外销产品的专门工厂或专门车间。保税工厂进口的料、件，可以享受全额保税的优惠。待加工成品出口之后，按照实际耗用的进口料、件，免征关税和产品（增值）税。保税工厂是伴随着进料加工、来料加工等加工贸易发展的需要而产生的一种保税业务方式，它适应专门或主要为加工出口产品工厂的多批、连续进口料、件的需要。保税工厂与保税仓库相比有着自己的特点，具体包括如下各项。

（1）货物流向的明确。保税工厂是专门或主要从事加工出口产品的企业，所需的进口料、件用途明确，比较适合加工生产企业采用。而保税仓库进口货物的流向不定，或转口或内销或作为加工贸易使用，起到货物中转站的作用，适合专门从事货物流通贸易的公司采用。

（2）保税工厂进口货物的手续与一般的加工贸易大体相同，即料、件申报进口之后，直接进入工厂加工制造。而保税仓库进口货物则需要先申报进口存入仓库，待到货物流向确定以后，再办理有关的进口手续，需要“二次报关”之后，方可以提取使用，供直接销售、使用或加工制造。

2. 保税工厂的设立

凡是经过国家批准，有权经营进出口业务的企业，或具有法人资格的承接进口料、件加工复出口的出口生产企业，都可以向主管地海关申请建立保税工厂。建立保税工厂需要具备如下各项条件。

（1）拥有专门加工、制造出口产品的设施；

（2）拥有专门储存、堆放进口货物和出口成品的仓库；

（3）建立专门记录出口产品生产、销售、库存情况账册；

（4）有专人管理保税货物、仓库与账册。

具备上述条件的经营加工单位，可以提交加工贸易保税工厂申请书，向海关申请。经过海关实地勘查批准以后，发给加工贸易保税工厂登记证书，并且在核发的登记手册上，加盖加工贸易保税工厂的印记，始准进行保税加工。

在原则上，保税工厂应当是建立在设有海关的地区，以便于监管。但是如果确有需要，并具备海关监管条件的，未设海关的地区也可以设立保税工厂。对于私营企业申请建立保税工厂的，海关根据有关规定，按照如下的原则进行管理。

（1）对于不能依法取得法人资格的私营独资企业或合伙企业，无论是本企业自行申请，还是由有进出口经营权的企业代其申请，都不予批准。

（2）对于已经依法取得法人资格，并且承接进口料、件加工成品出口业务的有限责任公司，可以自行，也可由与能承接出口加工业务有关的、有权经营进出口业务的企业，向海关提出建立保税工厂的申请。若是采用后一种方式，则负有共同法律责任。

（3）对于虽然已经取得法人资格，但是尚未开展生产经营活动的有限责任公司，在原则上，不予同意设立保税工厂。

（4）未设海关的地区，不准私营企业设立保税工厂。

（二）保税工厂应当遵循的原则规定

1. 设置账册

保税工厂必须要按照国家规定的会计制度和海关相关的监管要求，设置如下的有关账册。

（1）材料账户

材料账户是反映与监督企业进口料、件增减变化和结存的账户。企业按照“主料”“辅料”和“包装物料”等总账科目，来设置“材料总分类账”，并且按料、件的类别和品种，设置“材料明细分类账”。

（2）产成品账户

产成品账户是反映与监督企业保税加工成品销售情况的账户。企业除了设置“销售”总账科目以外，还应当按照产成品的品种或规格，设置明细分类账。

2. 内销补税

按照海关的规定，对为外商加工、装配成品和为制造出口产品而进口的料、件，企业可以按照实际加工出口成品耗用的进口料、件，享受免税的待遇。对在进料加工合同当中已经明确产成品有内外销比例的，其用于内销的进口料、件，应当在进口之时，按一般的贸易货物向海关办理进口纳税手续。对于因故特准转为内销的，企业应当向海关补交进口关税和增值税，并且按章办理相关的进口手续。

（三）保税工厂进出口货物的海关手续

保税工厂是专为开展加工贸易出口产品而设立的，其加工贸易项下（包括进料加工、来料加工）进出口货物的办理程序，与前面所述的进料加工、来料加工办理程序大致相同。

1. 合同备案登记

经营加工贸易的单位，应当首先向外经贸主管部门办理加工贸易合同的审批手续，凭着外经贸主管部门的批件，到主管海关办理合同登记备案手续，在按照规定提交备案有关单证，并且在指定银行开设加工贸易银行保证金台账之后，主管海关予以核发加工装配和中小型补偿贸易进出口货物登记手册，并且在该登记手册上加盖“加工贸易保税工厂”戳记。经过海关确定为A类企业的，不设立加工贸易银行保证金台账，C类企业与加工限制类商品的B类企业，实行保证金台账“实转”，加工允许类商品的B类企业，实行保证金台账“空转”。

2. 料、件进口

已经在主管海关办理合同登记备案的保税工厂，加工产品所需的进口料、件，由经营加工贸易单位或其代理人持海关核发的登记手册，向进境地海关申报进口，填写进料加工或来料加工专用的进口货物报关单，并且在进口报关单的右上角加盖“保税工厂货物”戳记，按照规定缴纳监管手续费。

进境地海关审核报关单证无误之后，验放有关的进口货物。将一份进口报关单签章之后，退还给经营单位留存，另一份进口报关单送给主管海关。实行保证金台账“实转”的企业，应当按海关规定，向海关在中国银行设立的指定账户存入与进口料、件关税和进口环节增值税等值的保证金。

3. 成品出口

保税工厂对进口料、件，经过加工、制造生产成品复出口之时，经营单位或其代理人应当持登记手册向出境地海关申报出口，填写进料加工或来料加工专用出口货物报关单，并且在出口报关单的右上角加盖“保税工厂货物”戳记。对于进料加工项下出口属于国家许可证管的商品，还应当提交出口许可证。出境地海关审核报关单证无误之后，验放有关出口货物，将一份出口报关单签章之后，交还给经营单位，作为今后合同核销的依据，另一份出口报关单寄送给主管海关。

4. 合同核销

保税工厂在规定的期限以内，加工产品出口完毕以后，经营加工贸易单位应当持登记手册，经过海关签章的进出口报关单，向原登记备案的主管海关办理合同核销手续。主管海关对登记手册、进出口报关单的内容进行审核，必要时派人员到保税工厂核查有关的情况，查阅有关的账册记录。对于情况正常的，予以核销结案，签发核销结案通知书。对于已经开设银行保证金台账的合同，经营单位要凭海关签发的银行保证金台账核销联系单，向原开设银行保证金台账的银行办理销账手续。实行保证金台账“实转”的，银行要退还保证金以及利息。

三、保税集团进出口货物的通关

保税集团是在保税工厂的基础上发展而成的，它适应了不同企业为生产同一最终产品而进行保税加工的需要，也是我国保税制度当中的一种新形式。海关对于保税集团管理的基本依据，是海关总署颁布的《中华人民共和国海关对进料加工保税集团管理办法》。

（一）保税集团的定义

目前，我国实行的保税集团制度，是专门为开展加工贸易当中的进料加工业务提供保税服务的一种形式，全称为“进料加工保税集团”。它是为了适应进料加工业务的飞速发展，支持与鼓励对出口产品的深加工，提高出口产品的加工增值，提高产品的质量与档次，从而增强在国际市场当中的竞争能力。

海关在保税工厂的基础上，对于进口料、件，需要经过多工序、多企业加工，生产同一最终产品出口的情况，实行了在保税集团内部不同企业、不同工序滚动保税的制度（比如制作长毛绒玩具，从进口腈纶原料、纺纱、染色、织布，制作长毛绒面料，到裁剪、缝制，生产长毛绒玩具串口）。

这一多厂联合、集团保税的形式，使得我国保税制度在更高的层次、更大的范围得以扩展。“进料加工保税集团”是指经过海关批准，由一个具有进出口经营权的企业牵头，同若干个加工企业，联合对进口料件进行多层次、多工序的连续加工，直至最终产品出口的企业联合体。

保税集团的成员企业，应当是生产同一最终产品的加工生产企业，成员企业应当在同一城市以内，由一个具有进出口经营权的企业作为集团的牵头单位。牵头企业代表保税集团向海关负责，并且具备向海关缴纳税款的能力，集团内部各成员企业，应当承担有关的连带责任。

保税集团企业在进料加工项下进口的料、件，海关予以全额保税，对于料、件和半成品，在不同企业、不同工序转接加工的，都实行滚动保税监管，并且按照有关委托加工的规定进行管理。保税集团进料加工项下的加工成品出口，免征出口关税。但是属于国家实行出口许可证的商品，应当向海关交验出口货物许可证。

（二）保税集团的建立

1. 建立保税集团的条件

保税集团及各成员企业应具备下列各项条件。

（1）设立专门的管理机构，制定集团管理章程与符合海关对于保税货物监管要求的管理制度；

（2）加工生产的产品，应当为国家鼓励出口的商品，或重点出口创汇的商品；

（3）具备加工出口产品的设备、技术与能力；

（4）具备符合海关监管条件的专门储存、堆放进口货物，以及加工成品、半成品的仓库与场所，并且有相应的安全设施；

（5）应当按国家会计法规的要求，建立有关进口货物与加工成品的储存、调拨、加工、销售等情况的账册；

（6）配备经过海关培训认可的，熟悉海关规定的专职管理人员。

2. 建立保税集团的申请

申请建立保税集团，由牵头企业向主管海关申请，并且提供如下各种资料。

（1）牵头企业填写的保税集团申请书；

（2）牵头企业及各成员企业的工商营业执照和税务登记证；

（3）各加工生产企业加工产品的工艺流程和各加工环节的料定额等技术资料；

（4）集团章程或协议及集团管理制度；

（5）其他的有关资料。

3. 建立保税集团的审批

主管海关在审核牵头企业的申请资料之后，派人员到各成员企业，实地调查其加工生产的能力、管理状况、货物储存仓库、账册设置、各企业间料件或半成品的调拨结转手续等情况，对于符合海关监管条件的，予以批准建立保税集团，并且颁发进料加工保税集团登记证书。

（三）保税集团进出口货物的办理程序

1. 合同登记备案

保税集团是专为进料加工提供的保税形式，因此，集团在进口货物之前，应当先按照进料加工的有关规定，办理合同登记备案手续。

保税集团牵头企业在对外签订进口料、件合同之后，应当向外经贸的主管部门，办理合同的审批手续，并且凭外经贸主管部门的批件，到主管海关办理合同登记备案。在提供有关备案单证资料，并且到指定的银行开设加工贸易银行保证金台账之后，主管海关予以核发《进料加工登记手册》，并且加盖“保税集团货物”戳记。

2. 料、件的进口

保税集团开展进料加工业务所需的料、件进口之时，牵头企业或其代理人应当持主管海关核发的进料加工登记手册，向进境地的海关申报进口，填写进料加工专用的进口货物报关单，在其右上角加盖“保税集团货物”戳记，并且按照规定缴纳监管手续费，进境地海关审核有关的单证无误之后，验放进口货物，在一份进料加工进口专用报关单上，加盖海关印章之后，退交给牵头企业或其代理人，作为今后进料加工合同核销的依据。有关银行保证金台账的设立，“实转”与“空转”的要求，按照有关的规定执行。

3. 成品出口

保税集团进料加工项下加工成品出口之时，牵头企业或其代理人应当持海关签发的进料加工登记手册，向出境地的海关申报出口，填写进料加工专用的出口货物报关单，在其右上角加盖“保税集团货物”戳记，对于出口成品属国家实施配额、许可证管理商品的，还应当向海关提交配额证明、出口许可证。出境地的海关审核报关单证无误之后，验放有关的出口货物，在一份进料加工出口专用报关单上，加盖海关印章以后，退交牵头企业或其代理人，作为今后合同核销的依据。

4. 合同核销

保税集团开展进料加工的最终产品在出口后的一个月内，牵头企业应当向办理合同登记备案的主管海关，办理合同的核销手续，并提供进料加工登记手册、经过海关签章认可的进出口货物报关单以及其他的有关单证。主管海关根据进料加工合同项下进口料件和加工成品出口的实际数量，以及核定的产品各工序与生产环节的消耗定额，进行分段核销。

在必要时，海关派人员到有关的成员加工企业进行实地核查，调阅有关的账册记录。对于合同执行情况正常的，主管海关予以核销结案。已经开设银行保证金台账的进料加工合同，牵头企业要凭主管海关签发的银行保证金台账核销联系单，向原开设银行保证金台账的银行，办理销账手续。

（四）海关对于保税集团进出口货物的监管要求

保税集团开展进料加工业务进口的料、件，应当自进口之日起1年以内加工为成品出口，如有特殊情况需要延长加工期限的，牵头企业应当向主管海关提出书面申请，但是延期最长不得超过1年。

保税集团进口的料、件与加工的产品属于海关监管的保税货物，未经过海关的许可，不得出售、转让、调换、抵押或移作他用。如果进口料、件或加工成品因故需要转为国内销售的，牵头企业应当报外经贸主管部门批准，并且经主管的海关核准，补缴原进口料、件的进口关税，以及进口调节增值税、消费税。

属于国家实行配额、许可证、特定登记进口、机电产品管理以及其他进口管理商品的，还需要提交有关的配额证明、进口许可证以及其他文件。

保税集团进口的保税料、件，应当做到专料专用，料、件在进口之后，应当存入指定的保税仓库，提取出库加工之时，海关要按照保税仓库有关办法监管，料、件进入加工企业加工之时，海关按照保税工厂的有关管理办法进行监管。

加工时，如果因生产工艺要求，需要将进口料、件与国内料、件混合加工之时，牵头企业应当事先向主管海关报明投入进口料、件和国内料、件的比例和数（重）量情况。保税集团的牵头企业，应当于每季度第一个月的15日前，将上季度进口料件的储存、使用加工以及有关产品的实际流向等情况，列表报于主管海关核查，牵头企业需要将集团内部加工企业的各个生产环节以及工序，使用进口料、件的消耗定额，每年以列表形式报于主管海关备核。

保税集团进口的料、件和加工的产品，如果在储存、加工、运输的过程当中，发生短少或灭失现象，除了不可抗力原因以外，其短少、灭失部分，应当由牵头企业承担缴纳税款的责任，并且由海关按照有关的规定处理。

海关对保税集团每年要进行一次年审，如果发现有经营管理混乱或违反海关规定情况的，可以令其限期整顿或吊销保税集团证书。海关可以随时派人员检查保税进口料、件，与加工产品的储存、加工、出口等情况，查阅有关的账册单据，在必要时，可以派人员进驻集团及其成员企业进行监管。保税集团及其成员企业，应当给予协作配合并且提供便利。

四、保税区进出口货物的通关

（一）保税区的含义

保税区是指我国境内某一个特定的，与国际市场紧密相连的，按照国际经济惯例运作，具有自由贸易区性质的封闭式区域。它是特别关税区的一种形式。

保税区具有如下显著特点。

1. 我国保税区为海关监管区，海关在保税区以内设置机构，依法对进出保税区的货物、运输工具和个人携带物品进行监督，征收关税与其他税费，查禁走私，编制海关统计并且办理其他的海关业务。

2. 保税区与非保税区（指我国境内的其他地区）的分界线，会设有封闭的隔离设施。进出保税区的货物、运输工具和个人携带的物品，必须由海关指定的出入口进出，并且要向海关如实申报，交验有关单证，接受海关的检查。

3. 保税区以内，仅设立行政管理机构以及有关企业。除了安全保卫人员以外，其他人员不得在保税区内居住或留宿。

4. 保税区内的企业，应当持当地人民政府有关主管部门的批准文件，以及工商行政管理部门颁发的营业执照，向海关办理登记注册手续。

5. 在保税区以内设立国家限制和控制的生产项目，需要经过国家规定主管部门批准。国家法律禁止进出口的货物、物品，不得运入、运出保税区。销往非保税区的货物，也不得运入保税区。保税区内的保税货物与经加工的产品，应当复运出境。保税区内的企业、行政管理机构，进口合理数量的自用物资、物品，仅限于区内使用，并不得运往非保税区。

保税区内的外贸、生产和仓储企业，应当对有关货物的进口、加工、储存、使用、出口及销售等情况，建立专门的账册，定期列表报送海关核查。海关有权对保税区内的货物和有关的营业场所实施检查。

6. 实行更为特殊、灵活的政策。除了执行所在经济特区、经济开发区的现行政策以外，在货物、资金与人员进出，以及投资经营等方面，实行更为自由的政策。

（1）关税优惠

从境外进入保税区的货物，其进口关税与进口环节的其他税收，除了法律、行政法规另有规定以外，按照如下的规定办理：区内生产性的基础设施建设项目，所需要的机器、设备和其他基建物资，予以免税；区内企业为加工出口产品所需要的原材料、零部件、元器件、包装物料，予以保税；区内企业自用的生产、管理设备和自用合理数量的办公用品，以及所需的维修用的零配件、生产用燃料，建设生产厂房和仓储设施所需的物资、设备，予以免税；保税区行政管理机构自用合理数量的管理设备和办公用品，以及所需的维修用的零配件，予以免税。其他的货物或物品，从境外进入保税区的，应当依法纳税。

（2）手续简便

保税区与境外之间进出口的货物，由货物的收发人或其代理人向海关备案。对于上述货物，除了实行出口被动配额管理以外，不实行进出口配额、许可证管理。

（二）保税区的发展与类型

1987年12月，深圳诞生了我国大陆的第一个保税工业区——沙头角保税工业区。1990年9月，国务院批准在上海浦东新区设立外高桥保税区。1991年5月，国务院批准在天津设立天津港保税区。1992年5月，国务院又批准在大连经济技术开发区内，设立大连保税区，在广州经济技术开发区内设立广州保税区。

目前，我国总共设立15个保税区，即上海、深圳（沙头角、福田、盐田）、天津、大连、广州、厦门、张家港、海口、青岛、宁波、汕头、福州与珠海保税区。各种保税区由于基础条件、在本地区经济发展当中的地位各不同，设立的目标与操作亦不相同。

1. 综合性保税区

例如，上海外高桥保税区确定的2000年发展目标，是将保税区建成集五大功能为一体的综合性现代化区域。五大功能，分别为保税仓储与商品展示交易功能，国际贸易、进出口贸易与转口贸易功能，出口加工功能，离岸金融服务功能与经济信息集散功能。

2. 工业型保税区

深圳沙头角保税区便属于此类保税区。其管理规则明确规定，以发展先进的外向型工业为主，适当地发展进出口贸易、转口贸易、仓储、运输、房地产及其他第三产业。

3. 贸易型保税区

这类保税区所占的比例最大，比如天津、大连、张家港、宁波、厦门、广州和汕头保税区等。在保税区内，主要开展的是国际贸易和为此服务的货物加工、整理、包装、运输、仓储、商品展销、商品零售以及房地产、金融、保险等业务。

（三）保税区进出口货物的海关手续

1. 保税区单位注册

保税区内设立的企业（包括生产企业、外贸企业、仓储企业等）及行政管理机构，需要经所在地人民政府或其指定的主管部门批准，并且持有关批准文件、工商营业执照等有关资料，向保税区的海关机构办理注册登记手续。

2. 保税区内某些生产项目的审批

在保税区内设立国家限制和控制的生产项目，需要经国家规定的主管部门批准。

（1）除了国家指定的汽车进口口岸的保税区（天津、大连、上海、广州、福田）之外，其他的保税区都不得以转口的方式进口汽车，对于保税区内企业自用的汽车，也应当在指定的口岸办理进口手续。

（2）在保税区内设立的生产，受被动配额许可证管理的纺织品与化学武器的化学品、化学武器关键前体、化学武器原料及易制毒化学品等企业时，应当报国家主管部门批准。产品出境之时，海关一律要凭出口许可证验放。

（3）保税区内设立生产激光光盘的企业时，应当报国家主管部门批准，海关按照现行有关监管的规定实行管理。

3. 运输工具备案

进出保税区的运输工具，是指专门承运保税区进出口货物与区内企业、机构自备的运输工具。经过所在地人民政府或其指定的主管部门批准，由运输工具负责人、所有人或其代理人，持有关批准证件，以及列明运输工具的名称、数量、牌照号码和驾驶员姓名的清单，向保税区的海关机构办理登记备案手续。海关核准之后，发给准运证。保税区外的其他运输工具进出保税区之时，应当向海关办理临时进出核准手续。

4. 进入保税区货物的报关

（1）货物从境外运入保税区与从非保税区运入保税区的，应当在海关的监管下进行。进口货物经其他口岸运入保税区时，按海关对转关运输货物的监管规定办理有关手续。非保税区运入保税区的货物，视同出口。

（2）运入保税区的进口货物、保税货物、转口货物，由区内的收货人或其代理人填写进口货物报关单，为一式三份（其中转口货物报关单为一式四份），保税货物应当盖“保税货物”戳记，转口货物应当盖“转口货物”戳记。随同进口合同、商业发票（副本）、装货清单（副本）、发货通知（副本）等有关单证向海关申报，海关凭此验放。

（3）非保税区运入保税区的出口货物，由发货人或其代理人填写出口货物报关单一式三份，并且随附出口合同、商业发票（副本）、装箱清单（副本），向海关申报，属出口许可证管理的商品，应当交验出口许可证。应当征出口税的商品，要缴纳出口税。

（4）从非保税区运入保税区，已经办妥进口手续的进口货物、物品（包括供生产出口产品的料、件）不予退税。

（5）从非保税区运入保税区，供区内使用的机器设备（包括在保税区承包工程施工使用的机器设备）、交通工具、办公用品与日常生活用品，应当由使用单位在上述物资、物品运入保税区之时，向海关报送清单两份，经过海关核验认可后，始准运入保税区。对于上述货物的进出口和使用等情况，有关企业应当建立专门的账册。

5. 运出保税区货物的报关

（1）保税区出口货物，应当经过设有海关的专用通道出口，并且接受海关的检查。保税区的货物经过非保税区出口时，按“出口转关运输”的规定办理。保税区货物运往非保税区的，视同进口。

（2）保税区货物运往非保税区之时，收货人或其代理人，应当向海关填报进口货物报关单一式两份，并且随附商业发票（副本）、装箱清单（副本），其中涉及进口许可证管理的商品，还应当交验进口许可证，办理进口和纳税手续。

（3）保税区内生产的产品销往非保税区之时，由收货人或其代理人填写进口货物报关单一式两份，并且随附商业发票（副本）、装箱清单（副本）向海关申报，海关对产品所含的进口料、件征税，或对无法清楚申报所含进口料、件的品名、数量、重量和单价等的产品，按照成品征税。若产品当中涉及进口许可证管理的，还应当交验进口许可证。

6. 生产企业进出口货物的报关

（1）保税区内生产企业在进出口货物之前，应当对其产品及料、件的进口、储存、出口和销售等情况，分别建立专门的账册，方便海关随时进行检查。

（2）保税区内生产企业进出口货物，除了按运入或运出保税区货物的报关要求报关以外，其进口料、件，应当自进口之日起1年内，加工成品要返销境外。未能返销的，可以向海关申请延期，延期最长不得超过1年。

（3）保税区生产企业进口的料、件，因特殊需要运往非保税区委托加工的，需要事先向海关申请并且登记备案，经过海关核准后，料、件或成品进出保税区之时，由企业向海关交验产品或料、件清单，海关凭此验放。出区加工的产品，应当在委托加工合同执行完毕后30天内，向海关办理核销手续，并且将产品及剩余料、件，按规定的期限全部运回区内。

（4）非保税区料、件运入保税区内加工的，是比照保税区料、件运往非保税区委托加工的规定办理。如果需要使用与消耗进口料、件的，应当事先报经海关批准，并且办理进口和纳税手续。

7. 外贸和仓储企业进出口货物的报关

（1）保税区内的外贸企业，为区内企业代理进出口货物时，需要向海关递交外贸企业与生产企业签订的代理合同和对外成交合同以及其他的有关单证。经过海关审核验放的代理进口货物和出口产品，都不得擅自转让或销往非保税区。

（2）保税区的外贸企业，不得代理非保税区企业的进口货物，或收购非保税区产品出口。

8. 其他的监管规定

（1）海关依法在保税区内执行监管任务，进出保税区的货物、运输工具以及人员，应当经过由海关指定的专用通道，并且接受海关的检查。

（2）保税区内的企业，应当按照国家有关法律、法规来设置账簿、编制报表，凭合法、有效的凭证记账进行核算，记录有关进出保税区货物和物品的库存、转让、转移、销售、加工、使用和损耗等情况。

（3）保税区内实行海关稽查制度，区内的企业应与海关实行电子计算机联网，进行电子数据交换。

（4）海关进出保税区的货物、物品、运输工具、人员及区内有关场所，有权依照相关的法规进行检查、查验。

（5）保税区内的货物，可以在区内的企业之间转让、转移，双方当事人应当就转让、转移事项向海关备案。

（6）保税区的转口货物，可以在区内仓库或区内其他的场所，进行分级、挑选、刷贴标志以及改换包装形式等的简单加工。

（7）保税区内的加工企业，开展进料加工、来料加工业务，海关不实行加工贸易银行保证金台账制度。但是，区内企业委托非保税区企业进行加工业务的，非保税区企业应当向当地海关办理合同登记备案手续，并且实行加工贸易银行保证金台账制度。

（8）进出保税区的运输工具负责人，应当持保税区主管机关批准的证件，连同运输工具的名称、数量、牌照号，以及驾驶员姓名等清单，向保税区的海关机构办理登记备案手续。

复习思考与讨论

1. 简述报关的概念。
2. 报关的范围有哪些?
3. 报关的程序有哪些?
4. 通关制度是什么意思?
5. 进出口货物的申报情况是怎样的?
6. 进出口货物的查验情况是怎样的?
7. 进出口货物的征税情况是怎样的?
8. 进出口货物的放行情况是怎样的?
9. 保税货物的通关制度情况是怎样的?
10. 保税仓库、保税工厂、保税集团及保税区进出口货物的通关情况分别是怎样的?

第六章

国际物流中的检验检疫

CHAPTER 6

本章学习目标

1. 出入境检验检疫制度
2. 出入境检验检疫机构及其职责
3. 出入境检验检疫的项目
4. 进出口商品检验检疫的工作程序

本章核心内容

出入境检验检疫制度　进出口商品检验制度

进出境动植物检疫制度　国境卫生监督制度

出入境检验检疫机构　出入境检验检疫机构的职责

法定检验的检疫　进出口商品的报检　动植物的检疫

卫生检疫与处理　进口商品的认证管理

货物装载与残损鉴定　入境报检　出境报检

Section 1

第一节　概　述

出入境检验检疫制度，是贸易管制制度的一个重要组成部分，其目的在于维护国家声誉和对外贸易有关当事人的合法权益，是国家主权的一种具体体现。所以，检验检疫是国际物流当中非常重要的一个环节。

一、出入境检验检疫制度

出入境检验检疫，是指检验检疫部门和检验检疫机构，依照法律、行政法规和国际惯例等的要求，对出入境的货物、交通运输工具、人员等进行的检验检疫、认证及签发官方检验检疫证明等，各种监督管理工作。

我国出入境检验检疫制度的内容包括进出口商品检验制度、进出境动植物检疫制度以及国境卫生监督制度。

（一）进出口商品检验制度

进出口商品检验制度，是根据《中华人民共和国进出口商品检验法》及其实施条例的规定，由出入境检验检疫机构对进出口商品所进行的品质、质量检验和监督管理的制度。

商品检验机构实施进出口商品检验的内容，包括商品的质量、规格、数量、重量、包装以及是否符合安全卫生的要求。商品检验的种类分为四种，即法定检验、合同检验、公正鉴定和委托检验。

对法律、行政法规、部门规章制度有着强制性的标准或其他必须要执行的检验标准的进出口商品，要依照标准检验，对法律、法规未规定强制标准或其他必须要执行的检验标准，要依照对外贸易合同约定的检验标准检验。

（二）进出境动植物检疫制度

进出境动植物检疫制度，是依据《中华人民共和国进出境动植物检疫法》及其实施条例的规定，出入境检验检疫机构，对进出境动植物及动植物产品的生产、加工、存放过程，实行动植物检疫的进出境监督管理制度。

出入境动植物检疫监管的方式包括实行注册登记、疫情调查、检测和防疫指导等。其主要内容包括进境检疫、出境检疫、过境检疫、进出境携带和邮寄物检疫以及出入境运输工具检疫等。

（三）国境卫生监督制度

国境卫生监督制度，是指出入境检验检疫机构根据《中华人民共和国国境卫生检疫法》及其实施细则，以及国家其他的卫生法律、法规与卫生标准，在进出口口岸对出入境的交通工具、货物、运输容器以及口岸辖区的公共场所、环境、生活设施、生产设备，所进行的卫生检查、鉴定、评价和采样检验的制度。

国境卫生监督职能主要包括进出境检疫、国境传染病检测、进出境卫生监督等。

二、出入境检验检疫机构及其职责

（一）出入境检验检疫机构

1998年3月29日，根据中国共产党十五届二中全会和九届全国人大一次会议决定通过的国务院机构改革方案，国务院以《国务院关于部委管理的国家局设置的通知》（国发[1998]6号）批准组建了国家出入境检验检疫局。

出入境检验检疫局是由出入境卫生检疫与进出口食品卫生监督检验、动植物检疫和进出口商品检验机构（“三检”机构）合并组建而成的，负责出入境卫生检疫，动植物检疫和进出口商品的检验、鉴定、认证、认可和监督管理，是国家设在口岸的行政执法机构。

根据党中央、国务院的决定，国家出入境检验检疫局和国家质量技术监督局合并，组建成为国家质量监督检验检疫总局，并且于2001年4月10日正式成立，为国务院部级直属机构。国家质检总局成立以后，原国家出入境检验检疫局设在各地的出入境检验检疫机构、管理体制以及业务不变。

自2018年4月20日起，全国口岸通关迎来新变化，原出入境检验检疫系统统一以海关名义对外开展工作，各类监管场所、办公场所统一更换标识标牌、机构名称，口岸一线旅检、查验和窗口岗位实现统一上岗、统一着海关制服、统一佩戴关衔。

（二）出入境检验检疫机构的职责

1. 贯彻执行出入境卫生检疫、动植物检疫和进出口商品检验法律、法规和政策规定的实施细则、办法以及工作规程，负责所辖区域的出入境检验检疫、鉴定、认证和监督管理等行政执法工作。

2. 负责实施出入境卫生检疫、传染病监测和卫生监督，口岸传染病的预防与控制工作，以及出入境人员的预防接种和传染病体检监测的管理工作。

3. 负责实施出入境动植物及其产品，和其他检疫物的检验检疫与监督管理，以及动植物的疫情监测、调查等工作，办理动植物检疫审批，实施动植物疫情的紧急预防措施。

4. 负责实施进出口商品（含食品）的法定检验和监督管理、一般包装和出口危险品货物包装检验、进出口商品的鉴定管理工作，以及实施外商投资的财产鉴定，办理进出口商品复验工作。

5. 负责实施对于进出口食品、动植物及其产品等的生产（养殖、种植）、加工和存放等单位的卫生、检疫注册，负责实施进口安全质量许可和出口质量许可工作，负责实施进出口产品、体系认证和实验室认可、人员注册等工作，并且监督管理。

6. 负责实施国家实行进口许可制度的民用商品的入境验证，负责出口、转口商品的有关出境验证。

7. 负责实施出入境交通运载工具和集装箱及容器的卫生监督、检疫监督和有关的适载检验、鉴定，负责出入境的交通运载工具、集装箱、包装物及铺垫材料和货物的卫生除害处理的管理工作。

8. 负责执行国家、国务院有关部门所签署的有关检疫、检验的国际协议、协定和议定书等，负责技术性贸易壁垒协定和检疫协议的实施工作。

9. 负责签发出入境检验检疫证单和标识、封识，并且进行监督管理。负责出口商品普惠制原产地证和一般原产地证的签证工作。

10. 负责所辖区域的出入境检验检疫业务统计，调查和收集国外传染病疫情、动植物疫情和国际贸易商品的质量状况，提供有关的信息。

11. 负责对于所辖区域以内，各类涉外检验检疫、鉴定和认证机构（包括中外合资、合作机构）以及卫生除害处理机构的监督管理。

12. 负责出入境检验检疫科技的标准化、信息化工作，负责有关国际合作与交流工作。

13. 负责人事管理、教育培训、外事、财务、基建、物资管理、纪检监察、审计、精神文明建设与思想政治工作。

14. 承办国家交办的其他工作。

Section 2

第二节　出入境检验检疫的项目

一、法定检验的检疫

根据《中华人民共和国进出口商品检验法》及其实施条例，《中华人民共和国进出境动植物检验检疫法》及其实施条例，《中华人民共和国国境卫生检疫法》及其实施细则，《中华人民共和国食品卫生法》，以及其他有关法律法规的规定，出入境检验检疫机构依法对出入境的人员、货物、运输工具、集装箱及其他法定检验检疫物（统称法定检验检疫对象），所实施的检验、检疫、鉴定等检验检疫业务，称为法定检验检疫，又称为强制性检验检疫。

除了国家法律、行政法规规定，必须要由出入境检验检疫机构进行检验检疫的货物以外，输入国规定必须要凭着检验检疫机构出具的证书才准入境的，和有关国际条约规定的须经由检验检疫机构，进行检验检疫的进出境货物的货主或其代理人，也应当在规定的时限和地点向检验检疫机构报检。

根据《中华人民共和国进出口商品检验法》的规定，国家商检部门规定、调整必须要实施检验检疫的进出口商品目录，并且公布实施。

我国的出入境检验检疫主管部门，根据对外贸易的发展和国际动植物疫情的变化情况，对《进出口商品检验种类表》（以下简称《种类表》）和《出入境检验检疫机构实施检验检疫的进出境商品目录》（以下简称《目录》），进行过多次的调整，2017年3月1日起施行的《目录》共涉及H. S编码21类。

《目录》中商品的“海关监管条件”为“A”，表示需要实施进境检验检疫，2017年版《目录》中的“海关监管条件”为“A”的商品编码，总共4663个；“海关监管条件”为“B”，表示需要实施出境检验检疫，2017年版《目录》当中，“海关监管条件”为“B”的商品编码，总共3050个：“海关监管条件”为“D”，是表示需要海关与检验检疫联合监管，2017年版《目录》当中，“海关监管条件”为“D”的商品编码，总共3个，其中A类与B类有重复编码。

《目录》中商品的“检验检疫类别”为“M”，是表示进口商品检验，《目录》当中“检验检疫类别”为“M”的商品编码，总共2119个；“检验检疫类别”为“N”，是表示出口商品检验，《目录》当中“检验检疫类别”为“N”的商品，编码共424个；“检验检疫类别”为“P”，是表示进境动植物、动植物产品检疫，《目录》当中，“检验检疫类别”为“P”的商品编码，总共2393个；“检验检疫类别”为“Q”，是表示出境动植物、动植物产品检疫，《目录》当中，“检验检疫类别”为“Q”的商品编码，总共2373个，“检验检疫类别”为“R”，是表示进口食品卫生监督检验，《目录》当中“检验检疫类别”为“R”的商品编码，总共1724个；“检验检疫类别”为“S”，是表示出口食品卫生监督检验，《目录》当中，“检验检疫类别”为“S”的商品编码，总共1479个；“检验检疫类别”为“L”，是表示民用商品入境验证，《目录》当中，“检验检疫类别”为“L”的商品编码，总共421个，各类均有重复编码。

在《目录》当中，有一项比较特殊的商品——成套设备。在实际进出口业务当中，由于运输方面的限制，一套设备往往会以零配件或散件的方式，分别包装或者分批进口。因此，设备进口之时，申请人往往会将一套设备分成很多项进行申报。无论分为多少项进行申报，也无论其中每一项的商品编码是否在《目录》以内，成套设备都属于法定检验检疫的范围。进口成套设备的货主或其代理人，应当主动按照有关规定，向检验检疫机构办理报检手续。

二、进出口商品的报检

对于列入《目录》以内的商品，检验检疫部门要依法实施检验，判定其是否符合国家技术规范的强制性要求。判定的方式是采取合格评定方式，合格评定的程序包括抽样、检验和检查；评估、验证和合格保证；注册、认可和批准以及各项的组合。

除了《目录》当中所列的商品，法律法规以及有关规定还规定了一些出入境货物必须要经过检验检疫机构检验，比如废旧物品（包括旧机电产品），需要做外商投资财产价值鉴定的货物，需要做标识查验的出口纺织品、援外物资等。上述的进出境货物，无论是否在《目录》以内，按照规定都应当向检验检疫机构申报。

检验检疫机构对于必须要经过检验检疫机构进行检验检疫以外的进出口商品，根据有关规定实施抽查检验。检验检疫机构可以公布抽查检验结果，或者向有关部门通报抽查检验情况。

检验检疫机构根据需要，对检验合格的进出口商品，可以加施检验检疫标志或者封识。

三、动植物的检疫

检验检疫机构依法实施动植物检疫的，包括进境、出境、过境的动植物，以及动植物产品和其他检疫物；装载动植物、动植物产品和其他检疫物的装载容器、包装物、铺垫材料，来自动植物疫区的运输工具；进境拆解的废旧船舶；有关法律、行政法规、国际条约规定或者贸易合同约定的，应当实施进出境动植物检疫的其他货物、物品。

对国家列明的禁止进境物，检验检疫机构可以作退回或销毁处理。

对进境动物、动物产品、植物种子、种苗及其他的繁殖材料、新鲜水果、烟草类、粮谷类及饲料、豆类、薯类和植物栽培介质等，实行进境检疫许可制度，输入单位在签订合同或协议之前，应当事先办理检疫审批手续。

检验检疫机构对出境动植物、动植物产品或其他检疫物的生产、加工、存放过程，要实施检疫监管。

检验检疫机构对过境运输的动植物、动植物产品和其他检疫物，要实施检疫监管。

检验检疫机构对携带、邮寄动植物、动植物产品和其他检疫物的进境，要实行检疫监管。

对来自疫区的运输工具，口岸检验检疫机构要实施现场检疫和有关的消毒处理。

四、卫生检疫与处理

检验检疫机构对于出入境的人员、交通工具、集装箱、行李、货物、邮包等，要实施医学检查和卫生检疫，对未染有检疫传染病或者已经实施卫生处理的交通工具等，要签发入境或者出境检疫证。

检验检疫机构对出入境人员，要实施传染病监测，有权要求出入境人员填写健康申明卡，出示预防接种证书、健康证书或其他的有关证件。对患有鼠疫、霍乱、黄热病的出入境人员，要实施隔离留验；对患有艾滋病、性病、麻风病、精神病、开放性肺结核的外国人，要阻止其入境；对患有监测传染病的出入境人员，要视情况分别采取留验、发就诊方便卡等措施。

检验检疫机构对国境口岸和停留在国境口岸的出入境交通工具的卫生状况，要实施卫生监督，监督和指导对于啮齿动物、病毒昆虫的防除；检查和检验食品、饮用水及其储存、供应、运输设施；监督从事食品、饮用水供应的从业人员的健康状况；监督和检查对于垃圾、废物、污水、粪便、压舱水的处理；对卫生状况不良和可能引起传染病传播的因素，要采取必要的措施。

检验检疫机构对发现患有检疫传染病、监测传染病、疑似检疫传染病的入境人员，要实施隔离、留验和就地诊验等医学措施；对来自疫区、被传染病污染、发现传染病媒介的出入境交通工具、集装箱、行李、货物、邮包等物品，要进行消毒、除鼠、除虫等卫生处理。

五、进口废物原料、旧机电产品装运前的检验

对于国家允许作为原料进口的废物，以及涉及国家安全、环境保护、人类和动植物健康的旧机电产品，要实施装运之前检验制度。实施装运前检验，可以防止境外的有害废物或不符合我国有关安全、卫生和环境保护等技术规范强制性要求的旧机电进入国内，从而有效地保障人身和财产安全，有效地保护环境。

进口废物原料以前，进口单位应当事先取得国家环保总局签发的《进口废物批准证书》。进口单位与境外贸易关系人签订的合同当中，应当订明进口废物的装运前检验条款。废物的出口商，应当在装船前向检验检疫机构指定或认可的检验机构，申请实施装运前检验，经过检验合格后才可以装运。

进口旧机电产品的收货人或其代理人，应当在合同签署以前，向国家质检总局或收货人所在地直属检验检疫局，办理备案手续。对按照规定应当实施装运前预检验的，由检验检疫机构或经过国家质检总局认可的装运前预检验机构实施。已经实施装运前检验的废物原料和旧机电产品，在运抵口岸之后，检验检疫机构仍然会按规定实施到货检验。

六、进口商品的认证管理

国家对于涉及人类健康和动植物生命与健康，以及环境保护和公共安全的产品，实行强制性认证制度。凡是列入《中华人民共和国实施强制性产品认证的产品目录》以内的商品，必须要经过规定的认证机构认证合格，取得规定认证机构颁发的认证证书，并且加施认证标志以后，才可以进口。此目录以内的商品在进口之时，检验检疫机构按照规定实施验证，查验单证，核对货证是否相符。

七、出口商品的质量许可和卫生注册管理

国家对于重要的出口商品实行质量许可制度，检验检疫部门单独或会同有关主管部门，发放出口商品质量许可证，未获得质量许可证的商品则不准出口。检验检疫部门已经

对机械、电子、轻工、机电、玩具、医疗器械、煤炭类等商品实施出口商品质量许可制度，上述产品的生产企业或其代理人可以向当地检验检疫机构申请出口质量许可证书。检验检疫机构对实施质量许可制度的出口商品实行验证管理。

国家对出口食品及其生产企业（包括加工厂、屠宰场、冷库、仓库等）实施卫生注册登记制度。实施卫生注册登记制度的出口食品生产企业，应当向检验检疫机构申请卫生注册登记，取得卫生注册登记证书以后，才可以生产、加工、储存出口食品。

八、出口危险货物运输包装的检验

生产危险货物出口包装容器的企业，必须要向检验检疫机构申请包装容器的性能鉴定。包装容器经过检验检疫机构鉴定合格以后，才可以用于包装危险货物。生产出口危险货物的企业，必须要向检验检疫机构，申请危险货物包装容器的使用鉴定。危险货物包装容器经过检验检疫机构鉴定合格的，才可以包装危险货物出口。

九、货物装载与残损鉴定

对于装运出口易腐烂变质的食品和冷冻品的船舱、集装箱等运输工具，承运人、装箱单位或者其代理人，必须要在装运以前，向检验检疫机构申请清洁、卫生、冷藏、密固等适载检验，经过检验检疫机构检验合格后，才可进行装运。对外贸易关系人及仲裁、司法等机构，对于海运进口商品，可以向检验检疫机构申请办理监视、残损鉴定、监视卸载等鉴定工作。

检验检疫机构可以根据国家质检总局，同外国有关机构签订的协议，或者接受外国有关机构的委托，进行进出口商品的质量认证工作，准许有关单位在认证合格的进出口商品上使用质量认证标志。

Section 3

第三节　进出口商品检验检疫的工作程序

国家法律、法规规定，对于出入境货物、运输工具、集装箱、邮寄物、人员及其携带物等，要进行检验检疫、鉴定和监督管理。检验检疫工作的具体内容有很多，工作程序也比较复杂。

“三检合一”同进出口商品检验、动植物检疫和卫生检疫工作合并在一起，实行“一次报检、一次抽（采）样、一次检验检疫、一次卫生除害处理、一次计收费、一次发证放行”的工作模式。检验检疫要与海关密切配合，实行“先报检、后报关”的工作程序，这使得出入境货物的检验检疫和放行通关程序得到了极大的简化，通关的效率大大提高，检验检疫机构对出入境货物的监管力度得到了极大的增强。

一、出入境检验检疫工作的流程

出入境检验检疫工作流程，是指报检／申报、计／收费、抽样／采样、检验检疫、卫生除害处理、签证放行的全过程。

（一）报检／申报

报检／申报，是指申请人按照法律、法规或规章的规定，向检验检疫机构申报检验检疫工作的手续。检验检疫机构工作人员，要审核报检人提交的报检单内容，填写是否完整、规范，应附的单据资料是否齐全、符合规定，索赔或出运是否超过有效期等。经过审核无误的，才可以受理报检。

对于报检人提交的材料不齐全或不符合有关规定的，检验检疫机构将不予受理报检。因此，报检人应当及时了解掌握检验检疫的有关政策，在报检之时，按照检验检疫机构的有关规定和要求，提交有关资料。

（二）计／收费

对于已经受理报检的，检验检疫机构的工作人员要按照《出入境检验检疫收费办法》

的规定计费并且收费。

（三）抽样／采样

对于需要检验检疫并且出具结果的出入境货物，检验检疫人员需要现场抽取（采取）样品。所抽取（采取）的样品，有的并不能直接进行检验，因此，需要对样品进行一定的加工，这被称为制样。

样品及制备的小样，经过检验检疫之后重新封识，超过样品保存期后的要销毁。

（四）检验检疫

检验检疫机构对于已经报检的出入境货物，通过感观、物理、化学、微生物等方法来进行检验检疫，以判定所检对象的各项指标，是否符合有关强制性标准或合同及买方所在国官方机构的有关规定。

目前，检验检疫的方式包括全数检验、抽样检验、型式试验、过程检验、登记备案、符合性验证、符合性评估、合格保证和免于检验共九种。

（五）卫生除害处理

按照《中华人民共和国国境卫生检疫法》及其实施细则，《中华人民共和国进出境动植物检疫法》及其实施条例的有关规定，检验检疫机构对有关出入境货物、动植物、运输工具、交通工具等，需要实施卫生除害处理。

（六）签证放行

出境货物，经过检验检疫合格的，由检验检疫机构签发出境货物通关单，作为海关核放货物的依据；经过检验检疫不合格的，签发出境货物不合格通知单。

对于入境货物，检验检疫机构受理报检并且进行必要的卫生除害处理之后，或检验检疫后签发入境货物通关单，海关据以验放货物后，经过检验检疫机构检验检疫合格的，签发入境货物检验检疫证明。不合格的，要签发检验检疫证书，供有关方面对外索赔。

二、入境报检

（一）报检分类

入境货物报检可以分为进境一般报检、进境流向报检和异地施检报检。

1. 进境一般报检

进境一般报检是指法定检验检疫入境货物的货主或代理人，持有关单证向卸货口岸检验检疫机构申请取得入境货物通关单，并且对货物进行检验检疫的报检。

在进境一般报检业务中，签发入境货物通关单和对货物的检验检疫，都是由口岸的检验检疫机构来完成，货主或代理人在办理完通关手续以后，应当主动与货物目的地的检验检疫机构来落实检验检疫工作。

2. 进境流向报检

进境流向报检又称为口岸清关转异地进行检验检疫的报检，指法定检验检疫货物的收货人或代理人，持有关单证在卸货口岸向口岸检验检疫机构进行报检，在获取入境货物通关单之后，由进境口岸的检验检疫机构进行必要的处理，货物调往目的地以后，再由目的地的检验检疫机构进行检验检疫监管。申请进境流向报检货物的通关地，与目的地属于不同的辖区。

3. 异地施检报检

异地施检报检是指在口岸完成进境流向报检，货物到达目的地以后，该批进境货物的货主或代理人，在规定的时间内向目的地检验检疫机构申请进行检验检疫的报检。异地施检报检之时，应当提供口岸检验检疫机构签发的入境货物调离通知单。

（二）报检的时限与地点

1. 报检的时限

（1）输入微生物、人体组织、生物制品、血液及其制品或种畜、禽及其精液、胚胎的，应当在入境以前30天报检。

（2）输入其他动物的，应当在入境前15天报检。

（3）输入植物、种子、种苗，以及其他繁殖材料的，应当在入境前7天报检。

（4）入境货物需要对外索赔出证的，应当在索赔有效期前不少于20天以内，向到货口岸或到达地的检验检疫机构报检。

2. 报检的地点

（1）审批、许可证等有关政府批文当中，规定检验检疫地点的，应当在规定的地点报检。

（2）大宗散装商品、易腐烂变质商品、废旧物品及在卸货之时发现包装破损、重数量短缺的商品，必须要在卸货口岸检验检疫机构报检。

（3）需要结合安装调试，来进行检验的成套设备、机电仪器产品以及在口岸开件后难以恢复包装的商品，应当在收货人所在地报检。

（4）其他入境货物，应当在入境前或入境之时，向报关地检验检疫机构报检。

（5）入境的运输工具及人员，应当在入境以前或入境之时，向入境口岸的检验检疫机构报检。

（三）报检应当提供的单据

1. 入境报检之时，应当填写入境货物报检单，并且提供外贸合同、发票、提（运）单、装箱单等有关的单证。

2. 按照检验检疫的要求，提供其他的特殊单证。

三、出境报检

（一）报检分类

出境报检可以分为出境一般报检、出境换证报检和出境预检报检。

1. 出境一般报检

出境一般报检，是指法定检验检疫出境货物的货主或代理人，持有关单证向产地检验检疫机构申请检验检疫，以取得出境放行证明及其他证单的报检。对于出境一般报检的货物，检验检疫合格以后，由报关地的检验检疫机构签发出境货物通关单，货主或其代理人持出境货物通关单向当地海关报关。

2. 出境换证报检

出境换证报检，是指经过产地检验检疫机构进行检验检疫后，合格的法定检验检疫出境货物的货主或代理人，持产地检验检疫机构签发的《出境货物换证凭单》或“换证凭条”，向报关地检验检疫机构申请换发出境货物通关单的报检。对于出境换证报检的货物，报关地检验检疫机构要按照国家质检总局规定的抽查比例进行查验。

3. 出境预检报检

出境预检报检，是指货主或其代理人，持有关单证向产地检验检疫机构，申请对暂时不能出口的货物预先实施检验检疫的报检。预检报检的货物，经过检验检疫合格的，检验检疫机构要签发出境货物换证凭单，正式出口之时，货主或代理人可以在检验检疫的有效期内，持此单向检验检疫机构申请办理放行手续。申请预检报检的货物，是经常出口的、非易腐烂变质、非易燃易爆的商品。

（二）报检的时限与地点

1. 出境货物最迟应当在出口报关或装运前7天报检，对于个别检验检疫周期比较长的货物，应当留有相应的检验检疫时间。

2. 需要隔离检疫的出境动物，要在出境之前60天预报，隔离的前7天报检。

3. 法定的检验检疫货物，除了活动物需要由口岸检验检疫机构进行检验检疫外，原则上是实施产地检验检疫。

4. 出境动物产品不做熏蒸消毒处理的，在装运的前7天报检；需要做熏蒸消毒处理的，要在装运前的15天报检。

（三）报检应当提供的单据

1. 出境货物报检时，应当填写出境货物报检单，并且提供外贸合同或销售确认书或订单；信用证、有关函电；生产经营部门出具的厂检结果单原件；检验检疫机构签发的出境货物运输包装性能检验结果单（正本）。

2. 凭样品成交的，需要提供样品。

3. 经过预检的货物，在向检验检疫机构办理换证手续时，应当提供该检验检疫机构签发的出境货物换证凭单（正本）。

4. 产地与报关地不一致的出境货物，在向报关地检验检疫机构申请出境货物通关单时，应当提交产地检验检疫机构签发的出境货物换证凭单（正本）或“换证凭条”。

5. 在出口危险货物时，必须要提供出境货物运输包装性能检验结果单正本与出境危险货物运输包装使用鉴定结果单（正本）。

6. 进行预检报检的，还应当提供货物生产企业与出口企业鉴定的贸易合同。无合同的，需在报检单上注明检验检疫的项目和要求。

7. 按照验检检疫的要求，提供其他特殊单证。

复习思考与讨论

1. 出入境检验检疫制度情况是怎样的？包括哪些制度在内？

2. 出入境检验检疫机构及其职责情况是怎样的？

3. 法定检验的检疫相关规定是怎样的？

4. 怎样进行进出口商品的报检？

5. 动植物的检疫有哪些规定？

6. 卫生检疫与处理怎样进行？

7. 进口废物原料、旧机电产品装运前的检验是如何实现的？

8. 进口商品的认证管理怎样进行？

9. 出入境检验检疫工作的流程有哪些？

CHAPTER 7

第七章

保税物流的运作

本章学习目标

1. 自由经济区的概述
2. 保税物流园区与保税港区
3. 我国保税区的优势与运作方式
4. 保税物流与保税区物流的概念
5. 保税物流的运作模式

本章核心内容

自由经济区　自由港　自由贸易区　保税区
指定保税区　保税货栈　保税仓库　保税工厂　保税展厅
出口加工区　保税物流园区　保税港区　保税物流
保税区物流　物流模式

Section 1

第一节　自由经济区概述

第二次世界大战以后，许多国家为了加强本国的经济实力和扩大对外贸易，不仅在本国的经济特区内放宽了对外国投资的限制，而且增设了更多的自由经济区（在此，我们可以称为保税经济区），以促进贸易的进一步发展。

所谓的自由经济区（Free Economic Zone），是指某一国家或地区，在其关境以外所划出的一定范围以内，建筑或扩建码头、仓库、厂房等基础设施，并且实行免除关税的优惠待遇，以此来吸引外国企业在此从事贸易与出口加工工业等业务活动的区域。各国或地区设置的自由经济区，名目繁多，规模不一，主要包括如下几种：自由港或自由贸易区、保税区、出口加工区、过境区、自由边境区等。

一、自由港或自由贸易区

自由港（Free Port）有的也被称为自由口岸，自由贸易区（Free Trade Zone）也被称为对外贸易区、自由区、工商业自由贸易区等。自由港或自由贸易区，都划在关境以外，对于进出口商品全部或大部分免征关税，并且准许在港内或区内，开展商品的自由储存、展览、拆散、改装、重新包装、整理、加工和制造等业务活动，以便于本地区的经济和对外贸易的发展，从而增加财政收入和外汇收入。

自由贸易区是国际物流当中多功能的综合物流节点，在自由贸易区以内，可以提供仓储、再加工、展示及各种服务，未售出的各种商品可以前来储存，或针对市场需要，对商品进行分类、分级和改装，或进行商品展销，以便于选择有利时机，就地销售或改运临近的市场销售。

许多自由贸易区都直接经营转口贸易，因为其具有优越的地理位置和各种方便及优惠的条件，所以大量货物是在流经自由贸易区之后投放到世界市场的。最重要的是，各国的自由贸易区普遍豁免关税和减免其他税收，还在土地使用、仓库、厂房租金、水电供应、劳动工资等各方面采取低收费的优惠政策，这便是大量商品、物品聚集于此的重要原因。

自由贸易极尽各种功能的发挥，促进了国际贸易的发展。自由贸易区的方便商品进出、储存及整理的条件，以及可以降低产品成本增加市场竞争力的优惠措施，吸引了广大的投资者，极大地促进了国际贸易与国际物流的发展。

（一）自由贸易区的分类

一般说来，自由港或自由贸易区可以分为两种类型。一种是将港口或设区的所在城市都划为自由港或自由贸易区，比如香港，整个城市就是自由港。在香港，除了个别的商品外，绝大多数商品都可以自由地进出，免征关税，甚至允许任何外国商人在那里兴办工厂或企业。

另一种就是将港口或设区的所在城市的一部分划为自由港或自由贸易区。例如，汉堡自由贸易区，就是由汉堡市的两部分所组成，只有划在卡尔勃兰特（Kohlprand）航道以东的自由港和划在卡尔勃兰特航道以西的几个码头和邻近地区，才是汉堡的自由贸易区。这个自由贸易区位于港区的中心，占地5.6平方英里（约14.5平方公里）。外国商品只有运入这个区内，才能够享有免税等优惠待遇，不受到海关的监督。

（二）自由贸易区的分布

据新华网统计，截至2013年全世界大约有各种形式、各种名称的自由贸易区1200多个，遍及5大洲100多个国家与地区。其中约1/3是由发达国家和地区设立的，其余约2/3是由发展中国家和地区设立的。

1. 欧洲的自由贸易区

欧洲已经有20多个国家和地区，设立了100多个自由贸易区。其中，以南欧、中欧、西欧最为集中，东欧、北欧的密度比较低。南欧的西班牙、意大利、希腊、直布罗陀4个国家和地区，共设立了32个自由贸易区，其中西班牙最多，有18个；中欧的瑞士有28个自由贸易区；西欧的英国、法国、德国、爱尔兰和荷兰等国，共设有自由贸易区24个。

2. 美洲的自由贸易区

在北美洲，以美国的设区最多，到1990年已经超过200个，遍及全国各个地区。拉丁美洲的自由贸易区基本上呈从南到北的线状分布，截至2018年，已经发展到26个国家共100多个自由贸易区。其中，较为成功的主要有巴西的玛瑙斯自由贸易区、墨西哥的加利福尼亚自由边境区、巴拿马的科隆自由贸易区和海地的太子港自由区等。墨西哥在拉丁美洲当中设立了最多的自由贸易区。

3. 亚洲的自由贸易区

世界的自由贸易区，大多集中在亚太地区。其中，在东盟地区（菲律宾、马来西亚、新加坡、印度尼西亚和泰国等）的自由贸易区密度很高，在世界自由经济区当中占有重要地位。

4. 非洲的自由贸易区

自从20世纪70年代以来，非洲已有20多个国家设立了130多个自由经济区，主要集中在毛里求斯、突尼斯与埃及这3个国家。

5. 大洋洲的自由贸易区

1986年6月，澳大利亚政府在达尔文市创办了大洋洲的第一个自由贸易区；1988年，斐济宣布设立自由贸易区。目前，自由贸易区在大洋洲正蓬勃发展。

我国的自由贸易区起步比较晚，自从改革开放以来，相继建立了经济特区、经济技术开发区等，但是这些区域在运作和形式上，与国际上通行的自由贸易区还有着很大的差别；1990年，我国开始设立了严格意义上的保税区，至2018年已经发展到了几十个。根据党中央和国务院的战略部署，上海国际航运中心将在2020年建成，而上海航运中心建设的重要内容，就是建设上海的自由港——芦洋航运特区，其特征是拥有能够全天候接纳第五、第六代集装箱船舶的深水航道与深水泊位，并且要建设成为亚洲一流的航运交易中心、航运信息中心与亚洲最大的物流转运中心。

（三）自由贸易区的一般规定

许多国家对于自由港或自由贸易区的规定都大同小异，归纳起来，主要包括如下这几点。

1. 关税方面的规定

对于允许自由进出自由港或自由贸易区的外国商品，无须办理报关手续，免征关税。少数已经征收进口税的商品，比如烟、酒等再出口，可以退还进口税。但是，如果港内或区内的外国商品转运入所在国的国内市场销售的，则必须办理报关手续，缴纳进口税。这些报关的商品，既可以是原来货物的全部，也可以是一部分；既可以是原样，也可以是改样；既可以是未加工的，也可以是加工品。

有些国家对于在港内或区内进行加工的外国商品，往往会有着特定的征税规定。例如，美国政府的规定，是用美国的零配件与外国的原材料装配或加工的产品，进入美国市场之时，只对该产品所包含的外国原材料的数量或金额征收关税。同时，对于该产品的增值部分，也可免征关税。又比如，奥地利政府规定，外国商品在其自由贸易区内进行装配或加工之后，商品增值1/3以上者，即可以取得奥地利原产地证明书，可以免税进入奥地利市场；增值1/2以上者，即可以取得欧洲自由贸易联盟原产地证明书，可以免税进入奥地利市场与其他欧洲自由贸易联盟成员国的市场。

2. 业务活动的规定

对于允许进入自由港或自由贸易区的外国商品，可以进行储存、展览、拆散、分类、分级、修理、改装、重新包装、重新贴标签、清洗、整理、加工和制造、销毁、与外国的原材料或所在国的原材料混合、再出口或向所在国国内市场出售。

由于各国的情况各不同，有些规定也有所不同。例如，在加工与制造方面，瑞士政府规定储存在区内的外国商品不得进行加工和制造。如果要从事这项业务，必须取得设立在伯尔尼的瑞士联邦海关厅的特别许可。但是，在第二次世界大战之后，许多国家为了促进经济与对外贸易的发展，都在放宽或废除这类规定。

3. 禁止和特别限制的规定

许多国家通常对武器、弹药、爆炸品、毒品和其他危险品，以及国家专卖品比如烟草、酒、盐等，禁止输入或凭特种进口许可证才能输入；有些国家对少数消费品的进口要征收高关税，有些国家规定在港内或区内使用的某些生产资料也应当缴纳关税，例如意大利规定的在里雅斯特自由贸易区内使用的外国建筑器材、生产资料等。此外，有些国家比如西班牙等，还禁止在区内进行零售。

二、保税区

有些国家，比如日本、荷兰等，没有设立自由港或自由贸易区，但是实行保税区制度。保税区（Bonded Area）又称为保税仓库区，是海关所设置的或经过海关批准注册的，受到海关监督的特定地区与仓库。外国商品存入保税区以内，可以暂时不缴纳进口税，如果再出口，不必缴纳出口税，如果要运进所在国的国内市场，则需要办理报关手续，缴纳进口税。运入区内的外国商品，可以进行储存、改装、分类、混合、展览、加工和制造等。此外，有的保税区还允许在区内经营金融、保险、房地产、展销和旅游业务。

因此，许多国家对于保税区的规定与自由港、自由贸易区的规定基本相同，保税区起到类似于自由港或自由贸易区的作用。

西方国家在保税区的仓库，有的是公营的，有的是私营的，有的货物的储存期限为1个月到半年，有的期限可以达3年。有的允许进行加工和制造，有的不允许进行加工和制造。

保税区可以分为如下这几种形式。

（一）指定保税区（Designated Bonded Area）

指定保税区是指为了在海港或国际机场能够简便、迅速地办理报关手续，为外国货物所提供的装卸、搬运和临时储存的场所。货物在该区内储存的期限比较短，限制比较严，运入的货物不得超过1个月，指定保税区是公营性质的。

（二）保税货栈（Bonded Shed）

保税货栈是指经过海关批准，由私营企业设置的用于装卸、搬运或暂时储存进口货物的场所。保税货栈的职能与上述的指定保税区相同，是指定保税区的补充。两者的区别在于指定保税区是公营性质的，而保税货栈是私营性质的。

（三）保税仓库（Bonded Warehouse）

保税仓库是指经过海关批准，外国货物可以连续长时间储存的场所。保税仓库便于货主把握交易的时机出售货物，有利于业务的顺利进行与转口贸易的发展。在保税仓库内储存货物的期限为2年，如果有特殊需要，还可以延长。

（四）保税工厂（Bonded Factory）

保税工厂是指经过海关批准，可以对外国货物进行加工、制造、分类以及检修等业务活动的场所。保税工厂的外国货物储存期限为2年，必要时也可以延长，这一点与保税仓库相同，它相对于保税仓库的优点在于还可以进行加工和制造。

（五）保税展厅（Bonded Exhibition）

保税展厅是指经过海关批准，在一定期限以内，用于陈列外国货物进行展览的保税场所。保税展厅通常设置在本国政府或外国政府、本国企业或外国企业等直接举办或资助举办的博览会、展览会上。它除了具有保税货栈的功能以外，还可以展览商品，加强广告宣传，促进贸易的发展。

1990年，经过国务院的批准，我国借鉴国际通行的做法，按照自由贸易区模式建立了中国第一个保税区——上海外高桥保税区，随后又先后建立了天津港、深圳福田、深圳沙头角、大连、广州、江苏张家港、青岛、汕头、宁波、福州、厦门、海口、深圳盐田港与珠海保税区，使得保税区的总数达到了15个。我国的保税区为海关监管区域，不完全等同于国外的自由贸易区（自由港）、出口加工区。

对其政策的制定，主要是根据中国的国情，同时，也参考和借鉴了上述国外类似区域的有关政策和通行做法。我国的保税区在发挥招商引资、出口加工、国际贸易、转口贸易和仓储等功能，以及带动区域经济发展等方面，都显示出了独特作用。

三、出口加工区

出口加工区（Export Processing Zone）是指专为发展加工贸易而开辟的经济特区。出口加工区的产生和发展，是国际分工的必然结果，是全球经济一体化的重要表现。第二次世界大战以后，西方工业国家的经济出现了相对稳定的发展时期，特别是科学技术的巨大进步促使西方工业国家的生产力和对外贸易有了空前发展，并且导致了资本与技术过剩现象。

同时，国际分工从过去的产业间分工，发展为产业内部的分工，劳动密集型产业从发达国家逐步向发展中国家（地区）转移。一些工业发达国家和地区，开始由输出商品转而输出资本，进而发展到在东道国开办工厂。20世纪60年代前后，不少发展中国家（地区）大力发展出口加工制造业，以增加外汇收入，出口加工区由此应运而生。

1959年，爱尔兰在香农国际机场创建了世界上第一个出口加工区。此后的50多年来，出口加工区在全球范围内遍地开花，成为所在国或地区吸引外资最多、对外贸易最为活跃的区域，有力地促进了各国家或地区经济的发展。

出口加工区脱胎于自由港与自由贸易区，采用了自由港与自由贸易区的一些做法，但是它与自由港和自由贸易区有所不同。一般来说，自由港和自由贸易区，是以发展转口贸易、取得商业方面的收益为主，是面向商业的。而出口加工区，是以发展出口加工工业、取得工业方面的收益为主，是面向工业的。

自从20世纪80年代以来，全球的出口加工区出现了新的发展趋势。部分出口加工区的出口加工业，由劳动密集型转向了技术密集型，纷纷建立新的科技型的出口加工区。部分出口加工区的企业和高等院校、科研机构之间密切结合，形成了雄厚的科技力量，以科技为先导，大力开发技术、知识密集型的新兴产业与高附加值的尖端产品，成为引起世界注目的知识型出口加工区——科学工业园区。

科学工业园区与出口加工区一样，通过划出一个地区，提供多方面的优惠待遇，吸引外国的资本与技术。但是，科学工业园区从事的是高技术产品的研制，促进技术、知识密集型产品的发展和出口。

我国为促进加工贸易的发展，规范加工贸易的管理，将加工贸易从分散型向相对集中型管理的方向转变，给企业提供了更宽松的经营环境，鼓励扩大外贸出口。2000年4月27日，国务院正式批准设立了出口加工区。我国的出口加工区是经过国务院批准，由海关监管的特殊封闭区域，其功能比较单一，仅限于产品外销的加工贸易，区内设置出口加工企业，及其相关的仓储、运输企业。出口加工区实行封闭式的区域管理模式，海关在实行24

小时监管的同时，简化现行手续，为守法出口加工企业提供更加宽松的经营环境，提供更快捷的通关便利，实现出口加工货物在主管海关“一次申报、一次审单、一次查验”的通关要求。

四、保税物流园区与保税港区

保税物流园区是“区港联动”的产物。所谓的“区港联动”，是指在毗邻保税区的港区，划出专门供发展仓储物流产业的区域（不含码头泊位），为了充分发挥保税区的政策优势与港口的区位优势，形成“前港后区”格局的一种紧密联系的经济区域，就其内涵而言，可以说是一种优势互补与政策叠加。

保税物流园区作为具有口岸功能的海关特殊监管区域，是为了充分发挥保税区的政策优势和港口的区位优势，形成“前港后区”格局的一种联系紧密的经济区域形式。区内主要是发展仓储和物流产业，包括国际中转、国际采购、国际配送、国际贸易这四大功能，但是不能够发展出口加工功能。保税物流园区的出现，是保税区在多年发展的基础上，政策功能完善与转型的重大一步。

保税港区或保税港，是近几年才出现的“区港一体化”经济区域，它叠加了保税区、出口加工区和保税物流园区等功能在内。在我国，保税港区是指经过国务院批准，设立在国家对外开放的口岸港区和与之相连的特定区域以内，具有口岸、物流、加工等功能的海关特殊监管区域，享受保税区、出口加工区、保税物流园区相关的税收和外汇管理政策。

保税港区的功能，具体包括仓储物流，对外贸易，国际采购、分销和配送，国际中转，检测和售后服务维修，商品展示，研发、加工、制造，港口作业等。至2017年底，我国已经设立上海洋山、天津东疆、大连大窑湾、海南洋浦、宁波梅山、厦门海沧、广西钦州等15个保税港区。到目前为止，保税港区是保税物流的最高层次，近似于自由港。

Section 2

第二节　我国保税区的优势与运作方式

在我国，保税区是继经济特区、经济技术开发区、国家高新技术产业开发区之后，经由国务院批准设立的新的经济性区域。保税区具有保税仓储、进出口加工、国际贸易、商品展示等功能，享有“免证、免税、保税”政策，实行“境内关外”的运作方式，是中国对外开放程度最高、运作机制最便捷、政策最优惠的经济区域之一。我们通常所说的保税物流，便是在该区域的基础上所展开的物流活动。

一、保税区的优势

我国保税区有两个突出的优势：政策优势与区位优势。

（一）保税区的政策优势

我国保税区的政策可以概括为“免证、免税、保税”政策，具体内容包括如下各项。

1. 加工企业生产的产品，除了国家另有规定以外，免领出口许可证，免征出口关税和出口增值税。

2. 区内生产性的基础设施建设项目所需要的机器、设备和其他基建物资，予以免税。

3. 区内企业自用的生产、管理设备和自用合理数量的办公用品，及其所需要的维修零配件，生产用燃料，以及建设生产厂房、仓储设施，所需要的物资、设备，予以免税；保税区行政管理机构，自用合理数量的管理设备和办公用品，及其所需要的维修配件，予以免税。

4. 区内企业为加工出口产品，所需要的原材料、零部件、元器件、包装物件，予以免税。前款第1项至第4项规定范围以外的货物或者物品，从境外进入保税区的，应当依法纳税，转口货物和在保税区内储存的货物，要按照保税货物管理。

5. 区内企业从境外进口的原材料、零部件、元器件、包装物料，予以保税。从事保税性质加工、其加工产品全部出口的，免征加工环节增值税。

保税区是中国内地具有“境内关外”性质的、开放度最大的特殊经济区域，除了具有“免证、免税、保税”的政策以外，还具备一些独特的政策优势，具体包括如下各项。

1. 境内外企业、组织及个人，都可以在保税区以内从事国际贸易及相关业务。

2. 从境外进入保税区储存的货物，不征收关税及进口环节增值税、消费税，不实行配额、许可证管理，仓储的时间不受限制。

3. 国外货物在保税区与境外可以自由地进出。

4. 保税区的中外资企业，都可以开立外汇现汇账户，实现意愿结汇，从事保税区与境外之间的贸易，不办理收付汇核销手续。

5. 区内的货物，可以在保税的状态下，进行分级、包装、挑选、分装、改装、刷贴商标或标志等商业性的加工活动。

6. 境外企业的货物，可以委托保税区企业在区内储存，并且由其代理进口销售等。

（二）保税区的区位优势

所谓的区位优势，从经济的角度来说，是指设定的区域在走向国际市场，实现生产要素、产品、技术等，在国际之间的自由流动的过程当中，其地理位置所显示出的独特的优越条件。利用区位优势设置的特殊经济区域，辅之以优惠政策与良好的基础设施，来创造该地区的竞争优势，是一国政府强化对于外来资金和技术吸引力、出口贸易扩散力、走向世界经济一体化能力的优势再造。

这种优越条件，主要包括如下三种情况。

1. 具有天然生成的相当便利的交通，使得这一地区在国际交往、资金、人员、商品等经济上的交流十分方便。具有这种优越地理位置条件的地区，一般都是靠近沿海，那里具有良好的港口条件。沿海地区的海上交通不仅便利、畅通，而且海运的成本要低于任何一种陆上运输的成本，能够很方便地实现与全球各国各地区经济上的交往。

2. 因与经济上比较发达的国家或地区相邻而产生的经济联动效应。两地毗邻，发达地区或国家在经济上会对落后地区产生较强的示范和带动效应，而且也容易使得落后地区的经济运行方式与邻近发达地区相对接，形成一定空间以内的超政治制度的经济联动或一体化圈带。

3. 具有丰富的自然资源，可以大量地引进外来资金、先进技术，可以加强海内外经济的交往。

我国15个保税区都分布在沿海的发达地区，交通与区位优势突出，并且具有广泛的辐射效应。

1. 我国保税区从地理位置上来说，都位于港口城市，或在港口的附近，或在港内。

2. 保税区所在地海、陆、空、铁交通网络发达，像天津港保税区，位居亚欧大陆桥的起点，京津塘、津塘等高速公路，将其与天津港、天津滨海国际机场直接连通；区内的铁路与京山线等国家级铁路网络相连。

3. 腹地广阔，作为城市经济的最前沿，保税区拥有广阔的腹地资源。

二、保税区的运作方式

基于海关和外汇的特殊管理机制，我国保税区形成了特殊的围绕四大基本功能的基本运作形式。

（一）保税仓储等保税物流运作形式

保税区内实行“境内关外”的政策，这样一来在保税区以内便形成了相当宽松优惠的保税政策，即货物从海外进入保税区时，不视同进口，只有从保税区再进入国内其他区域之时，才视同进口。货物从国内到保税区时，视同出口，这样就形成了以保税仓储为核心内容的保税物流运作形式。

三资加工贸易企业可以利用保税区的物流功能，从保税区进口原材料，将半成品或成品出口到保税区，完成加工贸易的核销工作，将各种转厂手续变成进出口手续，从而大大提高物流效率，节省物流成本。此外，可以将出口的产品进行内销，而没有内销比例等的审批限制。

在中国采购的国际企业，可以将采购出口货物的配送中心设在保税区内，直接对国外市场进行货物配送，从而解决了销售地高成本配送的问题。

销售中国市场的进口货物，可以先保税仓储在保税区以内，再根据实际的销售数量与形式，进行货物清关工作。一方面可以减少供应链维系的资金积压的成本（海关税金占用流动资金），另一方面可以适应中国企业的不同销售形式（免税销售与完税销售）。

（二）出口加工等加工运作形式

保税区内的加工贸易企业，不实行银行保证金台账，不实行外汇核销制度，因而非常有利于企业开展出口加工工作。

保税区内加工贸易企业使用的进口设备，全部实行免税，不受项目内容与投资总额的限制。

（三）国际贸易等贸易运作形式

目前，中国国内还不允许外资独资成立单纯贸易性的企业，但是在保税区内，可以成立并可以取得一般纳税人的权利，拥有人民币账户，可以开增值税发票，实际上已经拥有在国内从事纯贸易活动的权利，这是保税区的国内贸易功能。

目前，国内的贸易性公司无法从事转口贸易，但是保税区内的企业有外币的现汇账号的，可以从事外币结算货物的贸易活动，实际上，是拥有了国际转口贸易的功能。

保税区内的贸易性企业，同时拥有国内贸易和转口贸易双重身份的权利，这便构成了保税区的贸易功能的多样化形式。

（四）商品保税展示等展示运作形式

由于保税区实行的是国际自由贸易区的模式，因此国际商品的保税展示，便成为一项重要的保税区功能运作形式。

从国外运往中国的货物，可以在保税区内进行商品展示，可以设立相应的展览场馆，安装模拟使用国际的各种产品，如此一来，便非常有利于国际产品在中国的销售，一方面大大降低了展览成本，简化了展览产品的通关手续，另一方面缩短了考察的时间，相应降低了国内企业的采购成本。

目前，在全国的保税区内主力展示的商品是保税汽车和大型工程机械成套设备，由于这些产品国内展示的成本非常高，保税区的展示优势便非常突出了。

Section 3

第三节　保税物流

一、保税物流与保税区物流的概念

目前，对于保税物流还没有正式的、统一的定义。保税是滞后纳税或滞后核销，是海关对于特定区域、特定范围的应税进口货物暂缓征税，当货物离开该特定区域、特定范围时，再根据货物的真实流向，决定征税与否。对于货物的保税，可减少经营者的流动资金占用，有利于加速资金的周转。

根据《海关法》，保税是对于货物来说的，一般说的保税货物，是指经过海关批准的，未办理纳税手续进境，在境内储存、加工、装配之后复运出境的货物。从这个意义上来看，保税物流是指保税货物的流动过程，它是伴随着保税区的各项功能活动的展开而产生的物流活动。保税物流形式是由保税区功能活动所决定的，保税物流是发生在保税区之内的。

保税区物流是发生在保税区以内的物流活动，“保税”是保税区政策功能的基本特征，却不是唯一的特征，除此之外，还具有“免税”特征。所以发生在保税区的物流活动，不仅仅是保税物流，还包括免税物流（国际中转物流、较大型保税区的区内自用免税物流）与已税物流。

从上面的分析来看，保税区物流的范畴要比保税物流更广一些。联系保税区的四种基本运作形式，可以看出这些运作形式当中所涉及的货物都是保税货物，所以这里主要介绍保税物流。

二、保税物流的运作模式

我国保税物流是伴随着保税区的改革与发展而发展的，其物流运作模式也是不断发展变化的。保税区的发展，主要经历了两个阶段：一是从1990年上海外高桥保税区设立开始，到2003年国务院正式批复同意“上海外高桥保税区港区联动试点”为止，此为传统的保税区阶段；二是从2003年至今，保税区进入了一个新的发展阶段，即保税区区港联动与保税港区阶段。

相应的，保税物流的运作模式，也经历了两个阶段，即传统保税物流阶段、保税区区港联动与保税港区的保税物流阶段。依据保税物流的发展过程，主要的物流运作模式包括如下这几类。

（一）贸易与仓储类物流模式

该模式是我国传统保税物流阶段当中最早期的运作形式。1990年4月，国务院正式批准设立上海外高桥保税区。按照1990年《上海市外高桥保税区管理办法》的规定，“保税区主要发展对外贸易和转口贸易、港口、仓储、出口加厂以及金融服务等业务。”但是在实际发展中，各保税区的主要功能，还只是局限在保税仓储和国际贸易上。

所以这个时候的保税物流形式，主要包括以国际贸易、保税仓储为主要贸易方式的贸易、仓储类物流。这类货物一般在保税区进行仓储之后，经过保税区进／出境，货物本身不发生性质、形态、用途等的变化。

这类形式在保税物流方面，有如下这六种模式，如图7-1所示。

图7-1　贸易与仓储类保税物流

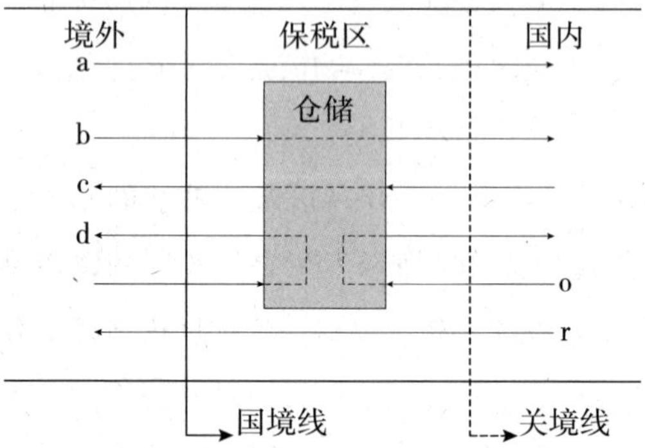

1. 直通进口

货物从境外发运，经过保税区直接进口（不仓储）。

2. 仓储进口

货物从境外发运，经过保税区仓储一段时间以后，正式进口。

3. 仓储出口

货物从国内发运，经过保税区仓储一段时间以后，正式出口。

4. 仓储转口

货物从境外发运，经过保税区过境或仓储之后，转口至消费国。

5. 出口复进口

货物从国内发运至保税区，仓储或不经过仓储复进口国内。

6. 直通出口

货物从国内发运，经过保税区直接出口。

（二）加工贸易类物流与展示、采购类物流模式

该模式是我国保税区发展到一定时期（大约1994年至1998年）出现的保税物流主要运作形式。

1994年6月，我国在天津召开了全国保税区工作座谈会（简称“天津会议”），提出了我国建设和发展保税区的根本目标是改善我国的投资、建设软环境，特别是利用海关保税的独特条件，最大限度地利用国外资金、技术发展外向型经济，使得保税区真正成为新的经济增长点，从而带动区域经济的发展。在此基础上，还明确地提出了保税区的三大功能——出口加工、国际贸易、保税仓库与商品展示，要求各个保税区围绕着这三大功能来开发，并且旗帜鲜明地提出，保税区要首先发挥其出口加工的功能，以推动外向型经济的发展。

在这一时期，各地区虽然在保税区功能的开发方面各有侧重，但是均把出口加工和商品展示作为主流。保税物流主要包括如下这两种，第一，是以加工贸易为主要贸易方式的加工贸易类物流，这类货物（主要指原材料与制成品）一般是由保税区内的生产加工企业输出／入；第二，是由保税区内政府机关、企业引进，用于展示或为办公生产所需，从国内／外采购的机器设备、办公物资的展示、采购类物流，这类货物进入保税区之后，暂时不再流动。

图7-2　加工贸易类保税物流

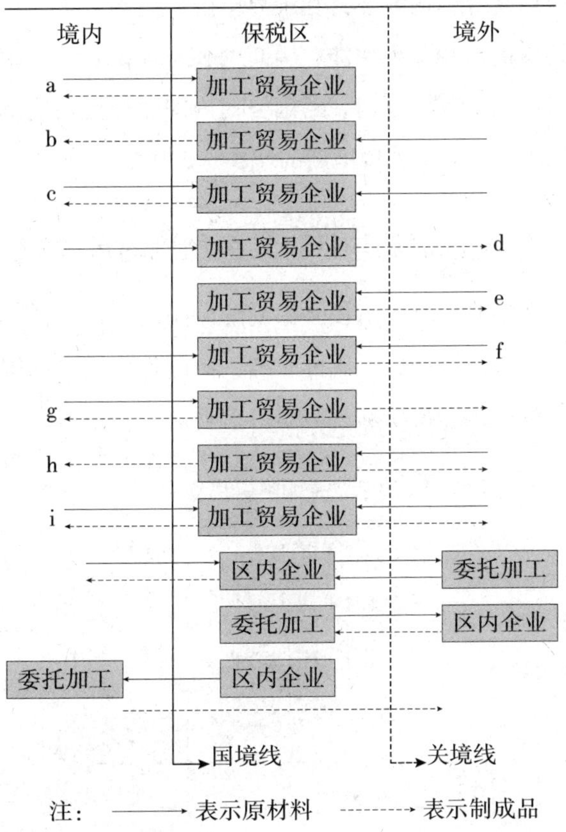

1. 加工贸易类保税物流

以制成品的流向为导向，有四种常见的模式，如图7-2所示。

（1）加工出境

a. 100%原材料来自境外；b. 100%原材料来自国内；c. 原材料分别来自境外和国内。

（2）加工进口

d. 100%原材料来自境外；e. 100%原材料来自国内；f. 原材料分别来自境外和国内。

（3）部分进口，部分出境

g. 100% 原材料来自境外；h. 100% 原材料来自国内；i. 原材料分别来自境外和国内。

（4）委托加工

j. 区内企业委托区外加工（原材料来自境外，制成品返回境外）；k. 区外企业委托区内加工（原材料来自国内，制成品返回国内）；l. 区内企业委托境外加工（出料加工，原材料来自国内，制成品返销到国内）。

（三）展示、采购类保税物流

展示、采购类保税物流，有三种常见的模式，如图7-3所示。

1. 100%来自境外，在保税区内展示、使用；

2. 100%来自国内，在保税区内展示、使用；

3. 部分来自境外，部分来自国内，在保税区内展示、使用。

（四）物流分拨中心运作模式

从1998年至2003年这一阶段，物流分拨成为我国保税区的主要功能，并且取得了长足的发展。自从20世纪后期以来，国际直接投资真正成为世界经济的推动者，跨国公司根据其全球化经营的需要，在世界范围以内整合资源，进行国际化生产与销售。而我国的保税区特殊的保税免税功能，为跨国公司提供了介入中国市场的最佳平台，伴随着跨国公司的抢滩，国际物流公司、跨国公司内部的分拨物流部分，以及专业物流公司纷纷入驻到保税区，成了这几年保税区新的增长点。

（五）区港联动与保税港区物流的运作模式

区港联动，是指设立保税物流园区进行保税物流运作。保税物流园区的主要功能，可以概括为国际配送、国际采购、国际转口贸易和国际中转。在区港联动的基础上，进一步整合保税区、出口加工区与港口功能，实现区港一体化，即是我国的保税港区。根据区港联动及保税港区的功能，其保税物流的主要运作模式，包括如下四种。

图7-3　展示、采购类保税物流

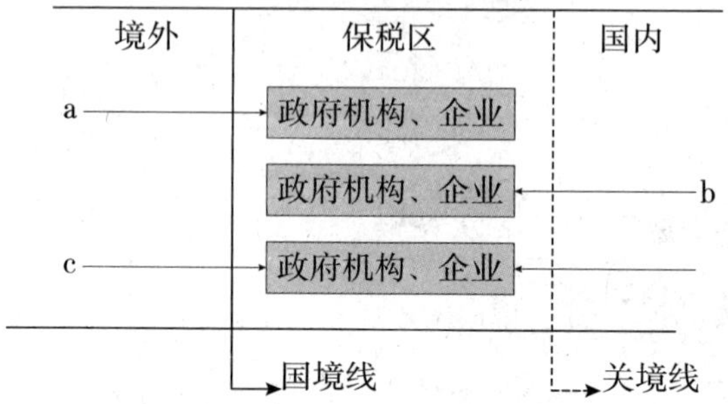

1. 基于国外大宗进口商品向国内市场分销的物流业务运作

国外大宗进口的商品，利用保税物流园区作为物流分拨基地，面向国内市场开展分销活动，是目前一些跨国公司与具有较强专业性国际企业的一种主要运作方式。利用保税物流园区或保税港区作为物流分拨基地，其物流运作的特点：一是进口环节“大批量，小批次”，而进入国内市场则采用“多批次，小批量”；二是物流运作的主体比较多元化，既有跨国公司与专业化国际企业在保税物流园区设立的分支机构，也可以由其在中国的代理商负责，或委托保税物流园区内的物流企业，进行物流运作。利用保税物流园区作为物流分拨基地，可以从整体上降低进口商品的销售成本，提高服务质量，如图7-4所示。

图7-4 国外大宗进口商品向国内市场分销的物流模式

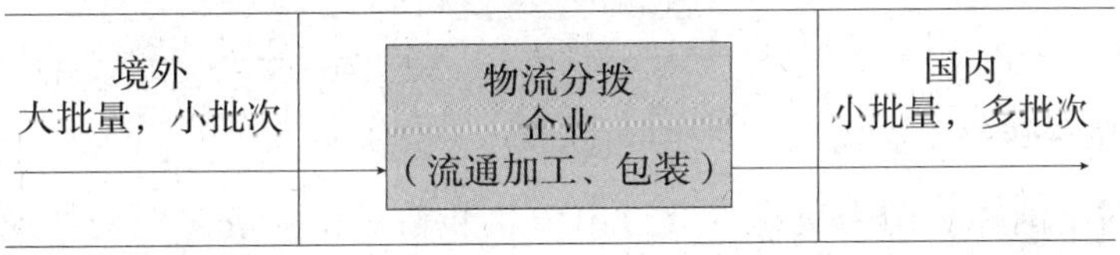

2. 基于国内出口商品在保税物流园区集结和处理的物流业务运作模式

随着全球经济一体化进程的加快和中国商品国际竞争力的提高，跨国采购活动已经日益频繁地出现在中国市场当中，许多生产性跨国公司、国际大型零售企业和专业化国际采购公司的国际采购网络正在向中国延伸。在保税物流园区或保税港区建立国际采购中心，利用保税物流园区低成本的物流以及相关服务设施，降低集配活动的物流成本，将中国市场采购的商品输往世界各地，带动了我国出口的活跃与发展。

国内企业在开拓市场、整合出口渠道方面，应当重视利用保税物流园区的集配作用，根据国际市场的生产和销售需求，提供配套的商品与服务；出口企业能够在商品离境之前，享受到出口退税、结汇等政策，从而有利于加快资金周转，降低出口企业的市场风险，缩短理赔、补货以及调换商品的时间。

国内出口商品在保税物流园区或保税港区集结和处理的物流业务的主要特点：一是国内出口商品进入保税物流园区的是少品种、小批量的物流，而离境的物流则是经过集配和优化运输选择的多品种、大批量、多方向的物流；二是物流运作主体也比较多样化，如图7-5所示。

图7-5 国内出口商品在保税物流园区集结和处理的物流模式

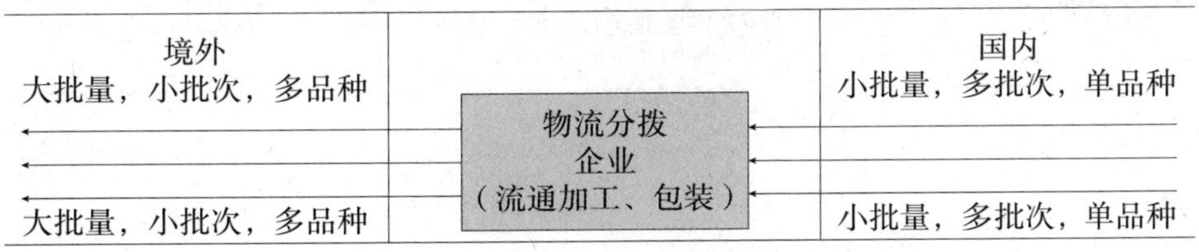

3. 基于转口贸易的物流运作模式

转口贸易的物流运作，是把区内第三方物流企业作为主体，其物流业务的主要内容，是为转口过境商品提供仓储、多式联运、向不同区域市场分拨以及物流信息服务等。保税物流园区或保税港区，是通过提供商品展示功能与交易服务功能，来促进区域贸易活动的开展，增加保税区域物流的流量，如图7–6所示。

图7–6　转口贸易的物流模式

4. 国际货物中转物流模式

国际中转对于国际、国内货物以及进出口集装箱货物，进入保税物流园区或保税港区，进行分拆、集拼、转运至境内关外的其他目的港。涉及国际中转功能，是为了更好地结合港口地缘优势和保税区优惠的政策优势，充分利用保税区所具有的“两头在外”的功能和港区航运资源，为货物快速集并、集散等提供便利条件，开展货物进口、出口、中转的集运，多国多地区的快速集并和国际联合快运等业务，加快货物在境内外的快速流动。

国际中转模式，主要分为整箱货转口与拼箱货转口，其流程如图7–7、图7–8、图7–9所示。

图7–7　整箱货进口中转物流模式

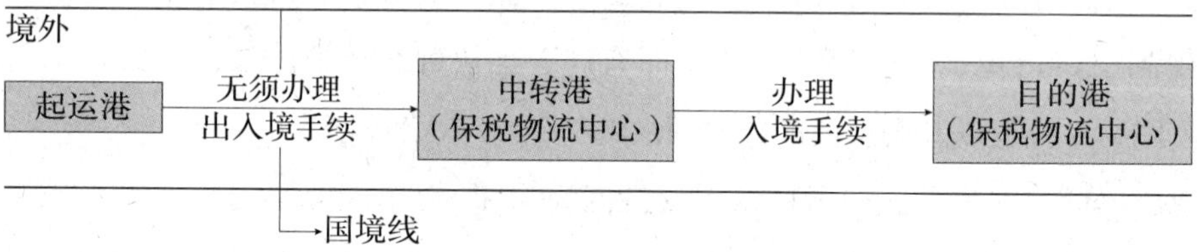

图7–8　整箱货进口中转物流模式

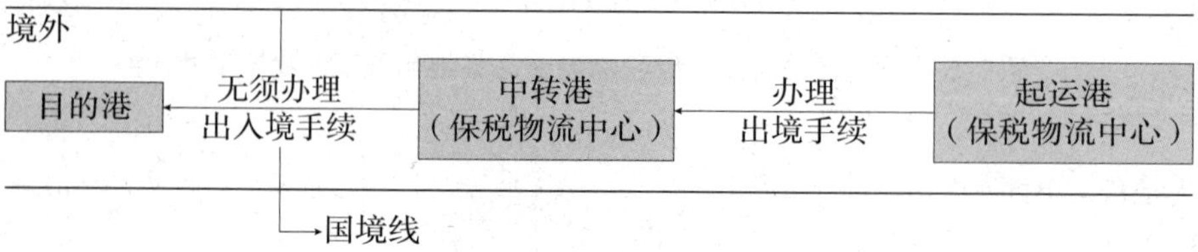

图7-9　拼箱货中转物流模式

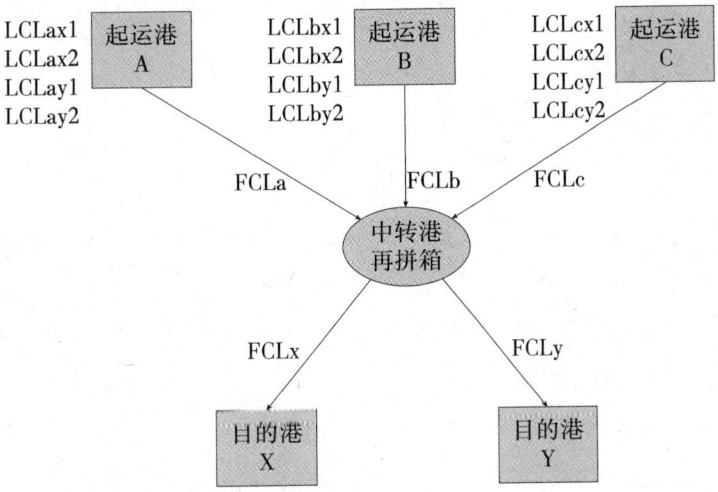

复习思考与讨论

1. 简述自由经济区的概念及分类。
2. 简述自由贸易区的分类。
3. 自由贸易区主要有哪些规定?
4. 保税区主要分为哪几种形式?
5. 简述出口加工区的发展历史与发展趋势。
6. 简述保税物流园区的功能。
7. 简述保税港区的功能
8. 我国保税区的优势有哪些?
9. 简述我国保税区的运作方式。
10. 简述保税物流与保税区物流的概念。
11. 保税物流的运作模式有哪些?

CHAPTER 8

第八章

国际物流信息系统与标准化

本章学习目标

1．国际物流信息系统概述

2．EDI在国际物流当中的应用

3．条码技术在国际物流当中的应用

4．射频识别技术在国际物流当中的应用

5．全球卫星定位系统在国际物流当中的应用

6．地理信息系统在国际物流当中的应用

7．国际物流标准化

本章核心内容

物流信息　国际物流信息系统　作业信息处理系统

控制信息处理系统　决策支持系统　EDI的概念　条码技术

一维条码　二维条码　射频识别技术　运输跟踪　物流配送

全球卫星定位系统　地理信息系统　国际物流标准化

Section 1

第一节　国际物流信息系统概述

一、物流信息

（一）物流信息的概念

物流信息是物流活动所必需的信息，是由物流活动引起的，并且能反映物流活动实际状况、特征及发展变化，是被人们处理了的，对于物流有用的数据、情报、消息等的统称。但是，数据、情报、消息等，并不能简单等同于物流信息。

物流数据是记录下来的可以鉴别的符号，是以数字、符号、图表、文字等，对物流运动中的数量关系的客观描述。信息是对数据的解释，数据被处理之后仍然是数据。物流数据只有经过处理与解释，才能够被人们接受和理解，才能成为物流信息。

物流情报是物流信息的一部分，物流情报是指那些有一定目的性，具有很强的时效性，经过特殊方式和渠道加以传送的最新的情况报导。

物流消息是物流信息的外壳和形式，物流信息是物流消息的核心内容，物流消息当中所包含的信息量大小是各不相同的。

（二）物流信息的作用

对于物流活动来说，物流信息承担着类似于神经细胞的作用。在制订物流的战略计划、进行物流管理、开展物流业务、制定物流方针等各方面，都不能缺少了物流信息。

1．信息在物流计划阶段当中的作用

物流战略计划制订的成功与否，关键在于是否有正确的内部信息与外部信息。如果缺乏必要的信息，或者信息的准确性不高，计划便无法做出，甚至会做出脱离实际的计划决策。可以说若是信息不畅，便会造成物流活动的混乱。对于整个物流计划的决策来说，缺乏信息或信息不可靠，将会造成全局性的失误。

物流信息是在建立长期战略计划的模型和掌握本期实绩的计算之中，在计划和实绩的对比当中发挥着重要作用。在物流预算方面，物流信息在预算的制定，以及通过预算和实绩的对比来控制预算等方面也起着重要的作用。物流信息在订货、库存管理、进货、仓库管理、装卸、包装、运输、配送等具体物流环节的计划阶段，比如安排物流结点，决定库存水平，确定运输方式，制订运输计划、发运计划的最佳搭配等各方面都发挥着重要的作用。

2. 物流信息在物流实施阶段当中的作用

（1）物流信息是物流活动的基础

物流信息是商业企业组织物流活动的基础，商业物流系统中各子系统是通过商品运输紧密联系在一起的。 个子系统的输出，就是另一个了系统的输入。要合理地组织商业企业的物流活动，使得运输、储存、装卸、包装、配送等各个环节，做到紧密衔接和协作配合，就要通过信息予以沟通，使得商业物流通达顺畅。在发运商品之时，必须要首先掌握货源的多少，了解运量、运能的大小，才能够加强车船的衔接工作。离开了车船和运能的正确信息，就无法准确、及时地将商品发运出去。

在安排商品储存时，也必须要掌握进仓商品的数量、品种以及商品的重量、体积等信息，同时还要了解各仓库的空余仓位情况，才能够做到合理地使用仓容，发挥仓库的使用效能。

在组织装卸活动时，只有了解了商品的品种、数量、到货方式以及商品的包装状况，才能做到及时地装卸。如果缺乏这些方面的信息，不但不能做到及时装卸，还会因商品体积过大，装卸机构不能适应，造成无法进仓、影响发运的被动局面。

为了使商业企业的物流活动正常而又有秩序地进行，必须要保证物流信息畅通。物流信息的任何阻塞，都将会导致物流的混乱，严重影响商业企业物流系统的效率。同时，信息也是物流控制的手段，在商业物流系统当中，应该使得商品库存保持适当的规模。若是规模过大，占压的流动资金过多，会不利于资金的周转；若是规模过小，既不能够充分地享受到价格折扣，又不利于满足零售店的需要。为了使得商品保持适当的水平，要利用市场信息、销售信息、库存信息、供应信息等信息控制物流规模，使得物流系统对于企业的供应保障及时，费用又低。

因此，组织商业物流活动之时，必须要以物流信息为基础，一刻也离不开物流信息。

（2）物流信息是进行物流调度指挥的必须手段

对于物流的管理是动态的管理，联系面广，情况多变，因此在物流活动之中，必须要加强正确而又灵活机动的调度和指挥。而正确的调度和指挥，又在于正确有效地运用信息，使得物流活动进行得更为顺利。同时，还必须要利用信息的反馈作用，通过利用执行过程当中产生的信息反馈，及时地进行调度或做出新的决策。

（三）物流信息的主要内容

物流信息包括伴随着物流活动而发生的信息，以及在物流活动以外发生的，但是对于物流有影响的信息。开展物流活动的涉及面很广。首先，是需要与商流的联系，由于货源来自商业购销业务部门，只有时刻掌握有关货源方面的信息，才能够做出开展物流活动的安排；其次，是需要与交通运输部门的联系，因为除了部分汽车短途运输之外，运输工具是由铁路、航运和港务等部门所掌握，只有随时了解车、船等的运输信息，才能使商品流通顺利地进行。

由此可见，物流信息不仅量大，而且来源分散。更多更广地掌握好物流信息，是开展物流活动的必要条件。

二、物流信息系统

（一）物流信息系统的概念

物流信息系统（Logistics Information System，简称LIS）与物流作业系统一样，都是物流系统的子系统。它是指由人员、设备和程序所组成，为后勤管理者执行计划、实施控制等职能，提供相关信息的交互系统。物流信息系统是通过灵活利用有关的物流信息，使得各个环节互相协调，以实现物流各项职能的圆满化与效率化，并且正确而迅速地传递和处理这些信息的系统。

物流信息系统是建立在物流信息的基础之上的，只有具备了大量物流信息，物流信息系统才能够发挥其应有的作用。在物流管理当中，人们要寻找最经济、最有效的方法来克服生产与消费之间的时间距离和空间距离，必须要传递和处理各种与物流相关的情报，这种情报便是物流信息。它与物流过程当中的订货、收货、库存管理、发货、配送及回收等职能有机地联系在一起，使整个物流活动得以顺利进行。

（二）物流信息系统产生的背景

随着物流供应链管理的不断发展，各种物流信息逐渐复杂化，各企业迫切地需要物流信息化，而计算机网络技术的盛行，又为物流信息化提供了技术方面的支持。因此，物流信息系统便在企业当中扎下了根基，并且为企业带来了更高的效率。企业是基于如下的背景，才大力开发物流信息系统的。

1. 市场的竞争日趋加剧

在当今世界中，基本上都是买方市场，消费者对购买哪个企业生产的产品基本上有着完全的决策自由。而市场上生产同一产品的企业，一般多如牛毛，企业要想在竞争当中胜出，就必须不断推陈出新，以较低的成本迅速地满足消费者时刻变化着的消费需求，而这些都需要快速反应的物流系统作为支撑。若要快速地反应，信息的反馈必须要及时，这必然就要求企业建立起自己的物流信息系统。

2. 供应链管理的发展

现代企业之间的竞争，在很大程度上表现为供应链之间的竞争。而在整个供应链当中，环节比较多，信息相对比较复杂，企业之间沟通起来困难得多。各环节要想自由沟通，达到信息共享，建立供应链物流信息系统就势在必行了。

3. 信息化的深入发展

电子计算机技术的迅速发展，网络的广泛延伸，促使整个社会进入了信息时代。在这个信息时代当中，只有融入信息社会，企业才可能有着较大的发展。更何况，信息技术的发展，已经为信息系统的开发打下了坚实的基础。企业作为社会的一员，物流作为一种社会服务行业，必然要建立属于物流业自己的信息系统。

（三）物流信息系统的功能

物流信息系统，可谓是物流系统的神经中枢，它作为整个物流系统的指挥与控制系统，可以分为多种子系统或者多种基本功能。通常情况下，可以将其基本功能归纳为如下这几个方面。

1. 物流数据的收集与输入

物流数据的收集，首先是将数据通过收集子系统，从系统内部或者外部收集到预处理系统之中，并且整理成为系统要求的格式和形式，然后再通过子系统输入到物流信息系统中。这一过程是其他功能发挥作用的前提和基础，如果在一开始收集和输入的信息就不完整或不正确，在接下来的过程当中，得到的结果就可能会与实际情况有所不符，这将会导致严重的不良后果。因此，在衡量一个信息系统的性能之时，应当要注意它收集数据的完善性、准确性，以及校验能力与预防及抵抗破坏能力等。

2. 物流信息的存储

物流数据经过收集与输入阶段以后，在其得到处理以前，必须要在系统中存储下来。即使在处理之后，若是信息还有利用的价值，也要将其保存下来，以供以后使用。

物流信息系统的存储功能，就是需要保证已经得到的物流信息不丢失、不走样、不外泄、整理得当、随时可用。无论哪一种物流信息系统，在涉及信息的存储问题之时，都要考虑到存储量、信息格式、存储方式、使用方式、存储时间、安全保密等问题。如果这些问题没有得到妥善的解决，那么，物流信息系统是不可能投入使用的。

3. 物流信息的传输

物流信息一定要准确、及时地传输到物流系统的各个职能环节当中，否则信息就会失去其使用价值。这就需要物流信息系统具有克服空间障碍的功能，物流信息系统在实际运行以前，必须要充分地考虑所要传递的信息种类、数量、频率、可靠性要求等各种因素。只有这些因素符合物流系统的实际需要时，物流信息系统才有实际使用价值。

4. 物流信息的处理

物流信息系统的最根本目的是要将输入的数据加工处理成为系统所需要的物流信息，数据与信息有所不同，数据是得到信息的基础，但是数据往往不能直接利用，而信息是从数据加工当中得到的，它是可以直接利用的。只有得到了具有实际使用价值的物流信息，物流信息系统的功能才算是得到了发挥。

5. 物流信息的输出

信息的输出是物流信息系统的最后一项功能，也只有在实现了这项功能以后，物流信息系统的任务才算是完成。信息的输出，必须要采用便于人或计算机理解的形式，在输出的形式上，要力求易读易懂，直观而醒目。

（四）物流信息系统的构成

物流信息系统根据不同企业的需要，可以有着不同层次、不同程度的应用，以及不同系统的划分。例如，有的企业由于规模小、业务少，可能使用的仅仅是单机系统或单功能系统，而另一些企业可能就会使用功能强大的多功能系统。一般来说，一个完整、典型的物流信息系统，可以由作业信息处理系统、控制信息处理系统、决策支持系统这三个子系统所组成。

1. 作业信息处理系统

作业信息处理系统一般包括电子自动订货系统（EOS）、销售时点信息系统（POS）、智能运输系统等类型。

电子自动订货系统，是指企业利用通讯网络（VAN或互联网）与终端设备，以在线连接的方式进行订货作业与订单信息交换的系统。电子订货系统，按照应用的范围，可以分为企业内的EOS（比如连锁经营企业各连锁分店与总部之间建立的EOS），零售商与批发商之间的EOS，以及零售商、批发商与生产商之间的EOS等。

及时准确地处理订单，是EOS的重要职能。其中的订单处理子系统，是为企业与客户之间接受、传递、处理订单服务。订单处理子系统是面向整个订货周期的系统，即企业从发出订单到收到货物的期间。在这一期间内，要相继完成这四项重要的活动：订单传递、订单处理、订货准备、订货运输。

其中，实物流动由前向后，信息流动由后向前。订货周期当中的任何一个环节缩短了时间，都可以为其他的环节争取时间或者缩短订货周期，从而保证了服务水平能有所提高。因为从客户的角度来看，评价企业对于客户需求的反应灵敏程度，是通过分析企业的订货周期的长短与稳定性来判断的。

销售时点信息系统（POS）是指通过自动读取设备在销售商品之时，直接读取到的商品销售信息，比如商品名、单价、销售数量、销售时间、购买顾客等，并且通过通讯网络与计算机系统，传送至有关部门，进行商品库存的数量分析、指定货位与调整库存，以提高经营效率的系统。

智能运输系统（ITS）是典型的发货与配送系统，它将信息技术贯穿于发货和配送的全过程，能够快捷准确地将货物运达目的地。

2. 控制信息处理系统

控制信息处理系统主要包括库存管理系统与配送管理系统。

库存管理系统是负责利用收集到的物流信息，制定出最优的库存方式、库存量、库存品种以及安全防范措施等。

配送管理系统则是将商品按照配送方向、配送要求进行分类，制订出科学、合理、经济的运输工具调配计划和配送路线计划等。

3. 决策支持系统

决策支持系统（LDSS）是为管理层提供的信息系统资源，它为决策过程提供所需要的信息、数据支持与方案选择支持，一般是应用于非常规、非结构化问题的决策。但是，决策支持系统只是一套计算机化的工具，可以帮助管理者更好地进行决策，但是不能代替管理者的决策。

Section 2

第二节　EDI在国际物流当中的应用

在国际物流领域当中，EDI（电子数据交换）的应用十分广泛。EDI是以电子化传输的报文来取代纸张单据，被人们认为是自集装箱发明以来最具有意义的、能够便利贸易和物流的技术，它使得为社会提供高质量的物流服务成为可能。

一、EDI的概念

由于EDI技术是一项比较新的技术，人们对它有着不同的理解，所以有关于EDI的定义，就会有多种。从国际物流的角度不定期看，EDI是将与贸易有关的运输、保险、银行和海关等行业的信息，用一种国际公认的标准格式进行编制，并且通过计算机通信网络，来实现各有关部门或公司与企业之间的数据传输与处理，并且完成以贸易为中心的全部业务过程。

EDI经常被简单地看作是用电子单据取代纸张单据的一种方法，用电子传输的方式取代传统的传输方式，比如邮寄、电话或工人投递等。实际上，EDI更是一种电子数据输入取代人工数据输入的一种方法，一种用电脑处理数据取代人工处理数据的方法。

EDI的目的，并不只是消除纸张，更主要的是要消除处理的延误以及数据的重复输入。根据国际数据交换协会（IDEA）给出的定义，基本上可以概括出EDI全部的特征：通过电子方式，采用约定的报文标准，从一台计算机向另一台计算机进行结构化数据的传输，就可以称为是EDI。

该定义基本上涉及了EDI概念的主要要素，它提到了“结构化数据”，实际上是指出了用于交换的数据，是处于一种可以运用电子计算机进行处理的格式，而非处于一种非结构化的、自由文本的格式。所谓的结构，就是指必须具有一定的框架，根据一定的标准进行组合，以达到利用某种方式可以对其进行操作的目的。

二、EDI的特点

1. EDI的使用对象，是不同的组织之间、EDI传输的企业之间的报文，是企业之间信息交流的一种方式。

2. EDI所传送的资料，是一般性的业务资料，比如发票、订单等，而不是指一般性的通知。

3. EDI传输的报文是格式化的，是符合国际标准的，这是计算机能够自动处理报文的基本前提。

4 EDI使用的数据通信网络， 般是增值网、专用网。

5. 数据传输是由收送双方的计算机系统，直接地传送、交换资料，不需要人工介入操作。

6. EDI与传真或电子邮件的区别在于，传真与电子邮件，需要人工的阅读判断处理才能够进入计算机系统。人工将资料重复输入计算机系统当中，既浪费人力资源，也容易发生错误，而EDI不需要再将有关资料人工重复输入系统的操作。

三、EDI的起源与发展

众所周知，运输业是商业发展的基石。在过去近100年间，运输业一直保持着相对稳定的发展趋势。而在20世纪60年代的末期，在强大的商业货运需求面前，运输业却出现了效率降低、利润率下降等问题，难以持续其必要的发展。

这并不是因为车辆短缺、公路不够，而是因为整理各种繁杂的文件单据占用了运输公司大量的精力。结果，造成发货人发货难，同所运货物有关的各方，谁也没有得到好处。美国首先遇到了这个问题,因而该国也最早开始着手研究使运输业摆脱繁杂单据业务的方法。

1968年美国运输业的许多公司联合成立了一个委员会，来研究开发电子通信标准的可行性，这个委员会就是TDCC（Transportation Data Coordinating Committee，运输数据协调委员会）。TDCC研究出的方案，为当今的EDI奠定了基础。

经过几年的努力后，TDCC 终于从工业界争取到了足够的资金，并且制定出了一种称为EDI 的通用数据语言。公司之间可以利用这种高度结构化的数据安排形式，来传递贸易信息。

1975年，TDCC发表了第一个EDI标准，从而开始了美国运输业的EDI的形式。同年，世界上第一个EDI交易系统（应用于铁路的提单管理系统）投入运行，41个其他商业交易系统，例如订单和发票等，改为EDI传送并且投入运行。到1976年末，已经有100多家公司使用EDI电子数据系统，大大地减少了日常管理的支出，提高了经营效率。在这个阶段当中，对于EDI网络的开发也开始了。

20世纪70年代后期，随着全国性委员会——ANSIX12委员会的成立，建立美国全国EDI标准及网络的工作，有了显著的进展。ANSIX12委员会成立于1978年，1979年被美国国家标准研究院（American National Standard lnstitute）批准为"信用标准委员会"，从此，ANSIX12委员会开始从事跨行业使用的EDI标准的开发。

1981年，ANSIX12委员会出版了第一套标准。1982年，美国杂货业用UCS标准进行了第一次EDI的传递，一个全行业范围的UCS系统的先行项目计划，也从此开始推行。与此同时，美国的汽车制造业成立了汽车工业行动小组，开始执行整个汽车制造业的EDI计划，其目的在于增强美国汽车制造商与国外汽车制造商的竞争力。

在20世纪80年代中期，EDI的应用得到了迅速发展，除了ANSIX12委员会出版的标准以外，TDCC和UCS也相继出版了标准。大量的大企业、大集团，尤其是那些从事汽车制造业的大企业，开始宣布他们的供货商应当采用EDI。在这段时间以内，开发国际EDI标准的工作也开始了。德国、加拿大、英国、法国、澳大利亚、新加坡、香港等国家和地区，都纷纷制定了本国的EDI标准，由于这些标准互相不统一，无法进行国际EDI的运行。因此，美国ANSIX12委员会与欧洲的同行们，开始联合研究国际标准。

20世纪80年代，为了实现使用不同标准体系的公司之间的EDI，人们研制出了多种商用软件，来支持多个标准，国家性的和国际性的增值网络（VAN）开始出现，为EDI用户提供了更广泛的服务。这十年当中，汽车工业、化学工业与电子工业，采用EDI的用户迅速增多。稳定的通用标准，加快了跨行业EDI的应用，在国际贸易当中，应用EDI的公司也显著增加了。

20世纪90年代，建立在开放系统互联（OSI）坚实技术基础上的文电作业系统（MHS）的完善的应用平台，为EDI提供了网络结构、信息结构、通信协议、管理域、安全服务和存储转发的支持，使得跨国公司企业的竞争能力有了明显的提高，加强了"及时"供应／分销技术，降低了存货成本，增强了对运输方式、路线、时间等的优化选择余地，并且大大加速了现金流通。

四、EDI对企业的作用

EDI的快速、精确等特性，为用户带来了实质性的好处。其好处可以分为三类：直接的好处，这可以从EDI的快速、精确方面，直接得到；间接的好处，这可以从EDI改进了企业内部的管理实践当中得到；战略的好处，可以从EDI改善了用户的市场地位得到。

（一）EDI 正在成为企业生存的支柱

在美国，EDI在许多行业很受欢迎，比如在汽车制造业、石油和天然气、化工、铁路、仓储、海运、医药、零售、杂货等行业当中，一般的企业都希望贸易伙伴采用EDI方式，并且这种发展的势头还在继续，在某些行业当中，它已经成为一种必备条件、一种行业规范，特别是国际物流业之中。

因此，许多公司开始明白，他们除了开通EDI以外，已经别无选择。当EDI应用在这些行业当中持续增长的时候，这些行业当中还没有使用EDI的公司所开展业务的能力必然就会大大减弱，这就促使他们为了维持与行业当中其他公司的业务联系而想办法赶紧采用EDI。

从EDI的发展史中可以发现，自从EDI被采用以来，EDI的用户（通常是一些大企业）就一直在对他们的贸易伙伴施加着压力，要求他们加入到EDI的潮流中来。随着EDI应用的发展，这种压力也越来越大了，同时从应用EDI得到的好处，也在持续增长着。

这种趋势表明，如果哪家公司现在还没有被贸易伙伴要求开通EDI的话，那么在不久的将来，就必然会受到影响。这就是说，尚未开通EDI的公司只有两种选择，一种是主动地开通EDI，或者是被动地开通EDI。采用第一种选择，可以使得开通工作受到的阻力减少，也使得其能够从EDI当中，得到最大的好处。而被动地开通，往往会受到时间的限制，以至于不能考虑怎样有效地与其他系统联结EDI，从而也限制了从EDI得到的好处。一般来说，EDI要求公司内部处理程序变化，这就需要时间来使得职工接受这些变化，因此按照自己的日程表来开通EDI，必然要比按照别人规定的日程来安排要好。

综上所述，在EDI迅猛发展的今天，它已经成为企业赖以生存的支柱，若是没有EDI，企业必将会被市场淘汰。有了EDI，将能够大大改善企业在激烈的市场竞争中的地位，使得企业处于主动有利的形势当中。

（二）为企业节省成本

EDI帮助企业节约成本，是通过如下这几个途径来进行的。

1. 降低单据的处理成本

EDI主要是通过减少或消除以下的工作，来降低单据处理成本的。

（1）重复输入大量繁冗的信息；

（2）人工核对不同的单据（比如订单、收据、发票）；

（3）纠正由于不正确的数据输入所导致的差错；

（4）单据的排序、分类与归档；

（5）单据的邮寄。

2. 降低了人事成本

由于采用EDI之后，不用重复地输入数据，消除了人工核对，降低了纠正错误所耗的时间，免去了管理岗位上的专职人员，因而会减少公司的人员，或重新安排人事，由此降低了人事成本。

3. 降低了库存成本

通过EDI的应用，可以节省的另一种成本是库存成本。EDI缩短了交易的时间和订货的周期，同时减少了订货周期当中的不确定性。

4. 其他成本的降低

由于EDI可以迅速提供精确的信息，因此可以更好地进行运输管理，从而达到降低运输成本的目的，特别是可以减少加急货运的成本。例如，美国一家公司在开通EDI的头两年当中，每年可降低货物运费5%，减少加急货物运费50%。

EDI还通过减少含有差错的商业单据与遗失单据的数量，来降低差错成本。一般来说，商业单据的一个差错，便会导致出现巨大的经济损失，特别是在国际贸易当中的损失更大。由于EDI减少了同一信息被输入不同计算机系统的次数，从而减少了产生差错的可能性，不需要重新输入，也就没有新的差错产生。

EDI软件中的编辑检验功能，能在数据输入的阶段就发现产生的差错。EDI的功能性Data会自动地传递“已接收”给发送信息的一方，这就让发送方及早地了解单据已经被接收，这样就不会产生因为单据遗失而导致整条生产线关闭的现象。尽管EDI不会消除所有的差错，但是它可以更早、更经济地更正差错。

（三）改进企业内部的操作

在开通EDI之前，必定要对公司现行的操作过程进行总结。也就是说，在用电子数据交换系统取代纸张单据流通之前，对纸张单据流通的过程与原理，必须先搞清楚。因此这就提供了一个总结与检查现行操作的机会。这一步经常使得许多公司第一次严谨地审视自己，在这一总结与检查的过程当中，往往会发现一些不合理的程序、一些操作管理当中的漏洞或者潜在的危险。这样，就可以重新设计业务流程，改进内部操作，堵塞漏洞。

EDI的使用，不仅改善了内部的管理与操作，也提高了人的工作效率。这是因为EDI消除了大量通常用在准备单据方面的管理工作，为人们腾出了时间，用于更有效的工作。例如，一个采购部经理过去要花80%的时间用于纸张单据的操作，而只有20%的时间能够用于采购。现在，他可以将绝大部分的时间用于真正的采购、找货源和谈判等方面了。EDI消除了许多订单当中的问题（比如不正确的信息、单据遗失等），使得买卖双方都可以有效地节省许多管理方面的时间与精力。

（四）改善客户关系

通过EDI，用户可以极大地提高对于客户的服务水平，而且由于EDI的快速响应能力，实实在在地提高了销售量及EDI快速传递订单的能力，又使得用户能够迅速地调整在市场中的位置。现在，许多有远见的企业家都认为，EDI实际上延伸了组织的界线，将贸易伙伴也包括进来了。这种由EDI产生的联系，是非常有利于加强贸易伙伴之间关系的。

（五）提高企业国际市场竞争力

EDI可以帮助企业适应当今全球市场的需要，有效地提高企业在国际市场当中的竞争力。旧的通信方式，限制了公司的竞争能力，它们不能够提供公司所需要的高效率，不能够适应全球商务与物流的快节奏需要。而EDI可以使得公司与制造商的关系更加紧密，同时改善了国际贸易单据的流通，有效地帮助公司适应了这种快节奏。

由于市场分割的增加，产品生命周期的缩短，制造商们有必要对快速变化的市场做出响应。现在有了EDI以后，国际上流行起了一种叫产品／工序同时开发的方式，这种方式就是采购、营销工程、制造等部门，能够迅速对报价的询问、工程草图、模型及生产图纸等做出反应，产品的设计与工序的开发，可以同步进行，这便大大地缩短了产品的生产周期。

五、EDI在应用当中面临的问题

尽管EDI的使用具有诸多的优势与广阔的前景，但是，这并不意味着这项技术已经发展成熟了。在具体的应用当中，仍然面临很多的问题，这制约着它使用范围的进一步扩大。

（一）法律问题

以纸张单据为基础的现行的法律体系能否接受电子单据，是推广EDI面临的主要问题。例如，“签字”是目前法律当中最常见的认证形式，国际结算中的单据，要求谁经手的谁签字，采用EDI交易是很难满足这项法律要求的。从国际结算的实际工作经验来看，没有签字的文件，是很难获得对方认可的。

（二）风险问题

EDI技术并非是完美无缺的，在使用当中也会存在一些危险因素，比如设备的故障、失灵等，对于企业来说，一个小小的技术问题所造成的损失完全可能会达到天文数字。

Section 3

第三节 条码技术在国际物流当中的应用

条形码与 EDI 一样，都属于高科技的产物，是现代信息科学发展的又一个重要的技术服务手段。条形码自动识别技术（简称条码技术），以简便、快速、准确、成本低、可靠等特点，为 EDI 提供了一种清晰、简便、国际通用、标准化的信息识别手段，被称为 EDI 的眼睛。

条码技术工作组为EDI提供了技术上、组织上的保障。由此可见，EDI与条码技术二者相辅相成，二者的联手服务，为国际物流的发展提供了重要的技术手段。

条形码作为国内外商品流通的通用语言，是商品走向国际市场的“绿卡”之一，被认为是进出口商品的“身份证”。如今，它已经渗透到了生产管理、商业销售、仓储和运输的单据（单证）管理等领域的计算机应用之中。条形码的应用，大大地提高了经济工作的效率。

一、条形码的概念

条形码是一种信息代码，是由一组宽度不同，反射率不同的条和空，按照规定的编码规则组合起来，用以表示一组数据的符号。这种黑色的、粗细不同的线条，是表示一定的数据、字母信息和某些符号。条形码一词来源于英语的“Bar Code”。人们根据其构成图形的外观结构，称其为“条码”或“条形码”等，它是一种用光电扫描阅读设备识读并且使得数据输入计算机的特殊条码。

二、条形码的种类

（一）一维条码

一维条码只是在一个方向（一般是水平方向）表达信息，而在垂直方向则不表达任何信息，其一定的高度通常是为了便于扫描器对准。一维条码的应用，可以提高信息录入的速度，减少差错率，但是一维条码也存在一些不足之处，比如，数据容量比较小，一般为30个字符左右；只能包含字母与数字；条码尺寸相对比较大（空间利用率比较低）；条码遭到损坏后，无法被阅读。

（二）二维条码

所谓的二维条码，就是将一维条码存储信息的方式，在二维空间上进行扩展，从而存储更多的信息，从一维条码对于物品的“标识”，转为二维条码对于物品的“描述”。

使用二维条码，可以解决如下各种问题。

1. 表示包括汉字、照片、指纹、签字在内的小型数据文件；

2. 在有限的面积上，表示大量信息；

3. 对于“物品”进行精确的描述；

4. 防止各种证件、卡片及单证的仿造；

5. 在远离数据库与不便联网的地方，实现数据的采集。

美国Symbol公司于1991年正式推出的PDF417的二维条码，简称为PDF417条码，目前已经成为通用的国际标准。PDF417条码具有如下的技术特点。

1. 信息容量大

PDF417条码可以容纳1850个大写字母或2710个数字或1108个字节，比普通的条码信息容量高约几十倍。

2. 编码的范围广

该条码可以将图片、声音、文字、签字、指纹等可以数字化的信息进行编码，用条码表示出来。

3. 容错能力强

该条码采用世界上最先进的数学纠错理论与技术，可以有效地防止译码错误，提高译码的速度，复原受损的信息。

4. 译码可靠性高

普通条码译码错误率为百万分之二，而二维码的误码率不超过千万分之一。

5. 保密性、防伪性好

它具有多重防伪特性，其信息是按照密码的格式编码，采用软件加密，并且可以利用所包含的信息，比如指纹、图片等进行防伪。另外，还可以采用隐形条码防伪。

6. 易于制作，持久耐用

条码可以印在各种载体上，可以使用多种印刷技术，条码的阅读不需要物理接触，不受到读取次数的限制。

7. 成本低

它的成本远远低于磁带等存储介质，在网络连通情况不好时，可以通过传真方式将包含大量信息的二维条码传送给对方。

8. 条码的符号形状、尺寸大小比例可变

在保持条码所表示的信息不变的情况下，PDF417条码的形状、尺寸大小比例，可以根据载体面积、业务需要和美工设计来进行调整。

三、条形码的优势

条码技术与其他自动识别技术相对比，具有如下的优越性。

1. 可读性高。如果印刷的条码，不超过有关规定的误差范围，那么其首读率几乎可达到100%。

2. 可靠性高。如果增强软件的能力，条码识别的可靠性更高。

3. 经济性好。

4. 具有点对点性。用于不同过程当中的不同点上，条码技术可以被反复不断地扫描。

5. 信息对应性强。在社会生活当中和对外贸易的过程当中，大量的信息，是针对某一确定物品的。离开物品，信息本身就会失去意义，比如商品的尺寸、重量等。由于条码可以印刷在各种商品的包装物上，所以能使得物流信息和物流的对应性，得到比较完美的解决，而不会发生混乱。

6. 柔性强。条码具有特殊的灵活性，例如，条码标签可以用各种扫描装置识别，可以外购或由用户直接将条码印刷在加工件、运输包装件上；用户印刷条码标签，可以用点阵式、热传导式、热敏式、激光或喷墨等各种印刷机械实现，只需要配以简单的应用程序。

四、条码技术的应用

条码技术的优越性，促使条码近几年来的应用范围越来越广，主要包括如下各种场合。

（一）大型超级市场与购物中心

在超级市场当中，打上条码的商品经过光笔扫描，自动计价，并且同时做销售记录，公司可以用这些记录做出统计分析、预测未来需求和制订进货计划。条码技术的推广，使得我国的零售业，特别是贴近消费者生活的大型卖场、连锁超市和便利店，得到了极大的发展。由于这项技术的采用，产品的生产、配送和销售等供应链各环节之间，得到了有效的配合，逐步地完善了贯通整个物流全过程的数字化、信息化建设，使得大量繁杂的商品交换实现了有序化的管理，大大提高了各环节之间数据交换的准确性和可控性。

（二）生产制造领域

条码技术已经从物流当中的应用，进一步发展到了高层次的柔性制造系统当中。所谓的柔性制造系统，是指将市场信息分析、设计、制造、检验、库存、商务管理、包装运输、销售都包含在内的适应市场变化的，实现企业信息共享、全面提高效益的计算机一体化制造系统。

处理大量实时性、批处理方式的数据，是柔性制造系统顺利运转的基本要求。目前，能够满足这种信息处理要求的信息媒介，便是条码，随之产生的自动识别方法，就是条码技术。条码技术在柔性制造系统当中，主要是用于物质的储运、废次品运输与处理；工序控制与生产配装跟踪；机械手控制；再加工；检验测试与质量控制；工具跟踪管理；单据反馈控制；物品的识别与分类；库存的控制；市场信息分析以及经营决策；订货管理等。

（三）货物的分拣

铁路运输、航空运输、邮政运输等许多行业都存在货物的分拣搬运问题，大批量的货物，需要在很短的时间以内，准确无误地装到指定的车厢或航班。一个生产厂家如果生产上百个品种的产品，并且需要将其分门别类，以将其送到不同的目的地，那么就必须要扩大场地，增加人员，这就难免常常会出现人工错误。解决这些问题的办法，就是应用物流标识技术，使得包裹或产品自动分拣到不同的运输机上。

人们所要做的，只是将预先打印好的条码标签贴在发送的物品上，并且在每个分拣点装一台条码扫描器。

（四）机场通道的应用

当机场的规模达到一个终端，要在2小时内处理10个以上的航班时，就必须要实现自动化，否则会因为来不及处理行李而导致误机。当1小时必须要处理40个航班时，实现自动化就是必不可少的了。

在自动化系统当中，将条码标签按照需要打印出来，系在每件行李上。根据国际航空运输协会（IATA）标准的要求，条码应当包含航班号与目的地等信息。当运输系统将行李从登记处运到分拣系统时，一组通道式扫描器（通常是由8个扫描器所组成）包围了运输机的各个侧面：上下、前后、左右。

扫描器对准每一个可能放标签的位置，甚至是行李的底部。为了提高首读率，通常会印制两个相同的号码，互相垂直于标签上。当扫描器读到条码之时，会将数据传输到分拣控制器中，然后根据对照表，行李被自动地分拣到目的航班的传送带上。

（五）货物通道的应用

在美国，有三个最大的邮包投递公司：联邦快递、联合包裹服务和RPS。它们每天的包裹处理量之大令人难以置信，而且数量还在不断地增加，这使得运输机系统变得更复杂，处理的速度需要比以往更快。

包裹运输公司不能像制造厂家那样，自行决定条码的位置，因为包裹在传送带上的方向是随机的，并且以3m/s的速度运动。为了保证快件及时地送达，不可能采用降低处理速度的办法。人们所面临的问题，不是如何保持包裹的方向，使得条码对着扫描器，而是如何准确地阅读这些随机摆放的包裹上的条码，解决的办法，便是扫描通道的应用。

几乎与机场的通道一样，货物通道也是由一组扫描器所组成。全方位的扫描器可以识读任意方向、任意面上的条码，无论包裹有多大，无论运输机的速度有多快，无论包裹之间的距离有多小。所有的扫描器一起运作，决定当前哪些条码需要识读，然后将一个个的信息，传给主计算机或控制系统。

货物扫描通道为进一步采集包裹数据提供了极好的机会。新一代的货物通道，可以以很高的速度同时采集包裹上的唯一条码标识符、实际的包裹尺寸和包裹的重量信息，并且这个过程不需要人工的干预。因为包裹投递服务是按照尺寸和重量收费的，这些信息对于计算营业额十分重要。通过货物通道，可以准确高效地获取这些信息，以满足用户的需要。

（六）在国际贸易领域中的应用

由于条码技术的优势，其在国际贸易当中的应用范围十分广阔，也很复杂，具体包括如下各项。

1. 进出口货物的订货业务

出口商品进入仓库的检查验收处理、商品检查验收以及外发、商品在库内的保管等，都是采用条码技术进行识别、标签、定位入格等。

2. 大型国际配运／加工中心的货物分拣

采用条码技术进行识别分拣、贴签、存放、再出库。

3. 外贸商品检验

采用条码技术对于拣货单进行扫描，再检验。

4. 海关、银行

5. 国际出口单证业务

（七）在物料搬运业当中的应用

20世纪70年代，美国的Kellogg公司生产50多种产品，每天仅发送麦片就多达7万余箱。所有的产品，都是由生产地运送至仓库，再码成托盘，然后由铁路发送出去。随着公司的壮大，生产线增加到了70多条，如果对于70余种不同的产品进行人工码盘作业，就必须要扩大场地，增加人员。解决的办法，就是采用自动码盘系统，并且实现货物的自动分拣。

为了实现自动分拣，需要在货物包装箱上贴上打印好的条码，并且在每个分拣点安装一台条码扫描器，用以安装一台计数器，用以统计通过货物的数量。可见，采用条码技术是唯一可行的，也是一种极其简单的方法。

由上述可知，条码技术是一种通用性很强的技术，除了商品领域以外，还可以应用于工业自动化领域当中零部件的信息描述，以及加工指令的输入、邮件自动分拣、图书资料细目和借阅的自动化，以及仓储、货运、票证、医院和血库等其他的许多领域。

Section 4

第四节　射频识别技术在国际物流当中的应用

自从2004年起，全球范围以内掀起了一场无线射频识别技术的热潮，包括沃尔玛、宝洁、波音公司在内的商业巨头，无不积极地推动无线射频技术在制造、物流、零售、交通等行业的应用。RFID技术及其应用，正处于迅速上升的时期，被业界公认为是本世纪最具潜力的技术之一，它的发展、应用与推广，将是自动识别行业的一场技术革命。

一、射频识别技术的含义

RFID是射频识别技术的英文（Radio Frequency Identification）缩写，简称射频技术，又称为电子标签。射频识别技术是20世纪90年代开始兴起的一种自动识别技术，射频识别技术是一项利用射频信号，通过空间耦合（交变磁场或电磁场）实现无接触信息传递，并且通过所传递的信息，达到识别的技术。

二、射频技术的原理

射频技术的基本原理是电磁理论。其优点是不局限于视线，识别距离要比光学系统更远，射频识别卡具有读写能力，可以携带大量的数据，难以伪造，并且非常智能。

近年来，便携式数据终端（PDT）的应用增多了，它可以将那些采集到的有用数据存储起来，传送至一个管理信息系统中。便携式数据终端一般包括一个扫描器、一个体积小但功能很强，并且带有存储器的计算机、一个显示器与供人工输入的键盘。

在只读存储器当中，装有常驻内存的操作系统，用于控制数据的采集与传送。PDT存储器当中的数据可以随时通过射频技术传送到主计算机。操作之时，先扫描位置标签，货架号码、产品数量就都输入到了PDT，再通过RF技术将这些数据传送到计算机管理系统中，最后得到客户产品的清单、发票、发运标签、该地所存产品代码与数量等。

三、射频技术的应用

（一）商品的出库与入库

物资配送中心所派车队进入仓储中心之时，通过门禁、阅读器读取到射频标签信息，并且在仓储中心系统当中，显示此时车队所载的物资为空。车队装载物资完毕离开仓储中心之时，再次通过门禁，物流系统将出库物资的信息写入系统数据库当中，并上报给物资配送中心，这样就等于射频标签承载了其所运物资的相关信息，自动地完成了物资出库，此时运送物资的车辆和物资进入在途状态。

运输车队到达仓库之时再次通过门禁，阅读器读取到射频标签中的信息之后，传输给仓储中心系统，系统即会显示待入库物资的相关信息，并且写入数据库，自动地完成物资入库，并上报给物资配送中心，通知物资配送中心配送任务已经完成。

（二）存储与库存盘点

在仓库里，射频技术最广泛的应用是存取货物与库存盘点，它能用来实现自动化的登记、存货和取货等操作。在仓储管理当中，通过将供应计划系统与射频识别技术相结合，能够高效地完成各种操作。比如，可以增强作业的准确性与快捷性，提高服务质量，降低成本，减少物流当中由于偷窃、损害、出货错误等造成的损耗，实现快速供货并且最大限度地减少储存成本。

（三）运输跟踪

在运输管理当中，通过在货物与车辆上贴RFID标签，完成设备的跟踪控制。接收装置在收到RFID标签信息之后，连同接收地的位置信息，上传至通信卫星，再由卫星传送给运输调度中心，送入数据库当中。利用射频技术可以准确、迅速地完成配送任务，并且实现对在途物资的跟踪。在物资运输期间，物资配送中心根据发／收物仓储中心上报的数据，获取在途物资的名称、品种与数量等信息，达到在途物资的可见性。

（四）物流配送

在配送环节，采用射频技术能够大大加快配送的速度与提高拣选与分发过程的效率与准确率，并且能够减少人工，降低配送成本。到达中央配送中心的所有商品，都贴有RFID标签，在进入中央配送中心之时，通过一个阅读器，读取托盘上所有货箱上的标签内容。

系统将这些信息与发货记录进行核对，以检测出可能的错误，然后将RFID标签更新为最新的商品存放地点和状态。

这样一来，就确保了精确的库存控制，甚至可以确切地了解目前有多少货箱处于转运途中、转运的始发地和目的地，以及预期的到达时间等信息。RFID技术可以实现合理的产品库存控制与智能物流技术。借助电子标签，可以实现商品对于原料、半成品、成品、运输、仓储、配送、上架、最终销售，甚至是退货处理等环节，进行实时监控，使得整个供应链管理过程，变得透明而高效。

四、射频技术的应用案例

香港国际机场（HKIA）客流量非常大，机场每天处理的行李也非常多，现在这些行李100%都使用了RFID标签。HKIA花费了650万美元，采用RFID系统替换了原有的条码系统。

RFID系统的读取率要比条码系统更高，处理的容量更大。香港机场局（AAHK）公关部在邮件当中称：机场的处理效率、稳定性与容量都得到了提高，乘客、航空公司和机场都从这项RFID应用当中获利。

RFID行李标签，使得机场行李处理的过程更加简化。现在，行李送往飞机装载之前，机场工作的人员无须再手工扫描每件物品，行李只需要经过传送带，沿途多台固定阅读器便可完成行李的登记过程。

香港机场的RFID项目始于2004年，机场与摩托罗拉及其合作伙伴Avery Dennison和Print-O-Tape，签订了一份为期三年的合同。Avery Dennison将为行李标签提供AD-833 UHF EPC Gen 2嵌体，而Print-O-Tape负责将嵌体封装成为21英寸长的自粘行李标签。

HKIA 所有 70 家航空公司都参与了这个项目，对于他们各自通道的行李进行打印和扫描标签。当一个行李被登记之时，标签的 RFID 嵌体被编入一个唯一的 ID 码和 Julian 日期（代表日期和时间）。航班号、代表终点站的三个字母代码和标签 ID 码，以文本或条码的形式，打印在标签的正面。RFID 的 ID 码与 HKIA 后端行李处理系统的数据相对应，比如乘客的姓名、航班号和终点机场。标签完成打印与编码之后，贴在行李的手柄上，与条码标签一样。

Matrics是一家被摩托罗拉收购的EPC RFID硬件开发商与制造商，是最早参与香港机场RFID项目的合作方之一。Matrics在2005年，为HKIA初期RFID项目供应软硬件。目前，HKIA采用了300多个Motorola XR400和AR400固定RFID阅读器，安装在登机点与机场传送带沿边。

此外，如果行李传送出错，需要重新识别的，工作人员还可以采用摩托罗拉MC9090-G RFID手持阅读器读取行李标签。

自从引进RFID系统，AAHK公关部声称，机场行李处理系统的整体读取精确度，从之前的80%提高到了97%。行李处理的时间大大减少，这对高峰期减少行李装载的负担显得尤为重要。

HKIA是全球最好的机场之一，HKIA致力于为乘客提供稳定与高效的服务，HKIA公关部声称，RFID技术的应用是一个最好的案例，很好地体现了HKIA的先进性。

Section 5

第五节　全球卫星定位系统在国际物流当中的应用

一、全球卫星定位系统

全球卫星定位系统（Global Positioning System，GPS）是利用分布在距地面约2万千米高空的多颗卫星，对地面目标的状况进行精确测定，以进行定位、导航的系统。它主要用于船舶与飞机导航、对地面目标的精确定时与精确定位、地面以及空中交通管制、空间与地面灾害的监测等。

自从20世纪90年代以来，全球卫星定位系统在物流领域得到了越来越广泛的应用。从1957年10月世界上第一颗人造地球卫星升空至今，世界各国与有关国际组织相继建成了多个全球卫星定位系统，主要有美国国防部（Department of Defence，简称DoD）的GPS系统、俄罗斯的GLONASS系统、欧盟的“伽利略”系统以及中国的“北斗”系统等。

（一）美国国防部的 GPS 系统

GPS由空间部分和地面部分所组成，空间部分是由分布在6个等间隔轨道上的24颗卫星秘组成，卫星距离地球为2万多千米，这种分布可以保证在任何时刻、全球的任何地区，都会被4颗卫星覆盖，GPS的卫星的星座，可以全天候、连续地向无限多的用户提供任何覆盖区域内目标的高精度的三维速度、位置与时间信息。GPS的地面部分，是由1个主控站、5个全球监控站与3个地面天线所组成。

GPS的用户，必须要具备GPS接收机，才能够使用GPS系统。GPS接收机的主要功能是接收卫星发射的信号，以获得必要的导航定位信息，并且据此进行导航与定位。

（二）俄罗斯的 GLONASS 系统

GLONASS系统计划，始于20世纪70年代，由俄罗斯独自开发。这一系统需要至少18颗卫星，才能够确保向俄罗斯全境提供导航定位服务；如果要提供全球定位服务，则需要24颗卫星。20世纪90时代，系统所含卫星的数量曾一度达标，但是由于经费短缺，部分失效卫星未获得更新。

GLONASS系统的卫星星座计划，是由24颗卫星所组成，均匀地分布在3个近圆形的轨道平面上，每个轨道面有8颗卫星，轨道的高度为19100千米，运行周期为11小时15分，轨道倾角64.8°。

与美国的GPS系统不同之处在于，GLONASS系统是采用频分多址（FDMA）的方式，根据载波频率来区分不同卫星（GPS是采用码分多址CDMA的方式，根据调制码来区分卫星）。每颗GLONASS卫星发出的两种载波的频率，分别为L1=1602+0.5625k（MHz）和L2=1246+0.4375k（MHz），其中k=1～24，为每颗卫星频率编号。所有的GPS卫星的载波频率是相同的，都为L1=1575.42MHz与L2=1227.6MHz。

（三）欧盟的“伽利略”系统

“伽利略”系统，是一种中高度圆轨道卫星定位方案。“伽利略”系统于2007年底建成，2008年投入使用，总共发射了30颗卫星，其中27颗卫星为工作卫星，3颗为候补卫星。卫星的高度为24126公里，位于3个倾角都为56度的轨道平面内。该系统除了30颗中高度圆轨道卫星以外，还有2个地面控制中心。

“伽利略”系统是欧洲自主、独立的全球多模式卫星定位导航系统，能够提供高精度、高可靠性的定位服务，实现完全非军方的控制、管理，可以进行覆盖全球的导航与定位功能。“伽利略”系统还能够与美国的GPS、俄罗斯的GLONASS系统之间，实现多系统内的相互合作，任何用户在将来都可以用一个多系统接收机，采集各个系统的数据或者各系统数据的组合，来实现定位导航的需要。

“伽利略”系统可以发送实时的高精度定位信息，同时能够保证在许多特殊情况之下提供服务，如果失败，也能够在几秒钟以内通知客户。与美国的GPS系统相对比，“伽利略”系统更加先进，也更加可靠。美国的GPS系统向别国提供的卫星信号，只能发现地面大约10米长的物体，而“伽利略”的卫星则能够发现1米长的目标。

（四）中国的“北斗”系统

据报道，2020年中国将会推出自己的全球导航定位系统，这套系统被命名为“北斗”。中国航天科技集团负责人介绍，“北斗”系统将会有助于提升我国的卫星产业链，并且拓展多元化的附加值，比如“北斗”系统能够用于测绘、电信以及救灾领域，其经济效益与社会效益都比较可观。在下一个10年，中国将会成为拥有全球定位系统的国家。预计到2020年左右，“北斗”系统将实现全球导航定位服务，为全球客户提供一定精度的导航和定位。

目前，“北斗”系统正在部署区域导航并且组网测试，在轨运行的卫星数量为20颗左右。按照中国的计划，2020年“北斗”系统建成之后，将会有5颗地球静止轨道卫星以及30颗非地球静止轨道卫星，能够提供高精度的定位与导航、授时服务。“北斗”系统已经开始为亚太地区的客户提供定位等方面的服务，因此在2020年时“北斗”系统的覆盖面会更广。

俄罗斯的“GLONASS”系统，也在近几年进行了补网发射，根据“GLONASS”系统方面的相关负责人表示，“北斗”系统有望与“GLONASS”系统共享地面监控站，这是因为“北斗”系统目前的定位精度为10米级，当前较为先进的定位系统需要达到米级，因此俄罗斯“GLONASS”系统，希望与“北斗”系统合作共享基础设施，并且实现更高精度的定位服务。“GLONASS”系统目前是由29颗卫星所组成，其中24颗是工作卫星，能够提供定位、速度服务。

二、全球卫星定位系统在物流管理当中的应用

（一）汽车自定位、跟踪调度、陆地救援

三维导航是GPS的首要功能，飞机、船舶、地面车辆以及步行者，都可以利用GPS导航接收器进行导航。汽车导航系统，是在全球定位系统GPS基础上发展起来的一门新型技术。汽车导航系统由GPS导航、自律导航、微处理器、车速传感器、陀螺传感器、CD-ROM驱动器、LCD显示器所组成。利用GPS和电子地图，可以实时显示出车辆的实际位置，并且可以任意放大、缩小、还原、换图，还可以随着目标移动，使得目标始终保持在屏幕当中。另外，还可实现多窗口、多车辆、多屏幕同时跟踪目标。

利用该功能，可以对重要车辆与货物进行跟踪。此外，通过GPS定位和监控管理系统，还可以对遇有险情或发生事故的车辆进行紧急援助。由监控台的电子地图，显示求助信息与报警目标，规划最优援助方案，并且以报警声光提醒值班人员进行应急处理。

根据丰田汽车公司的统计，日本公司在利用全球卫星定位系统开发车载导航系统的市场，在1995年到2000年间，平均每年增长35%以上，全世界在车辆导航方面的投资，平均每年增长60.8%。因此，车辆导航将会成为未来全球卫星定位系统应用的主要领域之一。目前，我国已经有数十家公司在开发和销售车载导航系统。比如，中远、中外运等大型国际物流服务企业，都建立了装载有卫星定位系统的车队。

（二）铁路运输管理

我国铁路开发的基于GPS的计算机管理信息系统，可以通过GPS与计算机网络，实时收集全路列车、机车、车辆、集装箱及所运货物的动态信息，可以实现列车、货物的追踪管理。只要知道货车的车种、车型、车号，便可以立即从近10万千米的铁路网里流动着的几十万辆货车当中，找到该货车的位置，还能够得知这辆货车在何处运行或停在何处，以及所有的车载货物的发货信息。铁路部门运用这项技术，可以大大提高路网及其运营的透明度，有利于为货主提供更高质量的服务。

（三）远洋运输管理

在我国，全球卫星定位系统是最先使用远洋运输的船舶导航。我国跨世纪的三峡工程，已经规划利用全球卫星定位系统来改善航运条件，提高航运能力。

（四）空中交通控制

空中交通控制，简单来说，就是让飞机在一定的指挥与控制之下能够安全、有效地飞行。飞机一旦失事，多数都会导致机毁人亡。况且，随着空中交通运况的日益繁忙，天上的飞机越来越多，航线越来越密，航线会通过更加危险的地方。这样就会使得飞机之间相互干扰的机会增多，遇到危险的概率也增加。

如此一来，有效的空中交通控制就显得格外重要了。空中交通控制任务，就是在地面采用对于飞机的程序间隔或雷达进行间隔，以防止空中飞机的相撞发生。地面雷达监视和自动相关监视，都是有效的措施。飞行当中遵守最低安全高度和着陆时规定的最低下降高度，以及机场的净空要求，都是避免飞机和地面相撞的有效方法。

此外，机场对于场面的交通监视能够防止飞机在地面活动之时，飞机之间和飞机与车辆之间的相撞，还能够避免近着陆过程当中，其他飞机或车辆侵入跑道的潜在事故。所有这些措施的实现，都需要提供空中交通环境信息。目前，基本上都是依靠雷达和GPS（全球卫星定位系统）来做精确的定位而获取空中交通环境信息。

在目前，GPS只能是作为民用导航的补充手段，待完好性监控报警问题解决以后，将会成为唯一的导航手段。该系统的使用，可以缩短机场的飞机起降时间的间隔，使得起降路线灵活多变，更多的飞机以最佳航线和高度飞行，还可以减少飞机误点问题，增加飞机起降的安全系数。

Section 6

第六节　地理信息系统在国际物流当中的应用

一、地理信息系统的含义

地理信息系统（Geographic Information System，GIS）把地理空间数据作为基础，采用地理模型的分析方法，适时地提供多种空间的和动态的地理信息，对于各种地理空间信息进行收集、存储、分析与可视化表达，是一种为地理研究和地理决策服务的计算机技术系统。

二、地理信息系统的功能

GIS的基本功能，是将表格型数据（无论它来自数据库、电子表格文件，还是直接在程序当中输入）转换为地理图形显示，然后对于显示的结果进行浏览、操作与分析。其显示的范围，可以从洲际地图到非常详细的街区地图；显示的对象，包括人口、销售情况、运输路线以及其他的内容。

GIS技术包括数据库管理、图形图像处理、地理信息处理等多方面的基础技术在内，在计算机软件与硬件的支持下，运用系统工程和信息科学的理论，科学管理和综合分析具有空间内涵的地理数据，为各行业提供规划、管理、研究、决策等方面的解决方案。GIS物流分析软件，集成了车辆路线模型、最短路径模型、网络物流模型、分配集合模型和设施定位模型等。

（一）车辆路线模型

用于解决一个起始点、多个终点的货物运输当中如何降低物流作业的费用，并且保证服务质量的问题，包括决定使用多少辆车，每辆车的行驶路线等。

（二）网络物流模型

用于解决寻求最有效的分配货物路径问题，也就是物流网点的布局问题。

（三）分配集合模型

可以根据各个要素的相似点，将同一层上的所有或部分要素，分为几个组，用以解决确定服务范围与销售市场范围等问题。

（四）设施定位模型

用于确定一个或多个设施的位置。在物流系统当中，仓库与运输线共同组成了物流网络。仓库处于网络的结点上，结点决定着线路如何根据供求的实际需要，并且结合经济效益等原则，在既定区域内设立多少个仓库，每个仓库的位置，每个仓库的规模，以及仓库之间的物流关系等。运用此模型能够很容易地解决上述问题。

三、地理信息系统的应用

地理信息系统在最近的30多年取得了惊人的发展，广泛地应用于资源调查、环境评估、灾害预测、国土管理、城市规划、邮电通讯、交通运输、军事公安、水利电力、公共设施管理、农林牧业、统计、商业金融等几乎所有的领域当中。

地理信息系统技术，源于机助制图。地理信息系统（GIS）技术与遥感（RS）、全球定位系统（GPS）技术在测绘界的广泛应用，为测绘与地图制图带来了一场革命性的变化。集中体现在：地图数据获取与成图的技术流程，发生了根本性的改变；地图的成图周期大大缩短；地图的成图精度大幅度提高；地图的品种大大丰富。数字地图、网络地图、电子地图等一批崭新的地图形式为广大用户带来了巨大的应用便利。测绘与地图制图进入了一个崭新的时代。

地理信息系统区别于其他信息系统之处在于具有空间分析功能。地理信息系统所提供的空间分析功能，对于公路交通运输指挥与组织决策，具有重要的意义。

（一）地理信息系统的基本功能

地理信息系统的基本功能也就是地理信息系统所能提供的通用功能，包括地图显示、缩放、漫游、鹰眼、距离量测等，为系统提供背景地图与交通图层的显示、缩放、任意漫游等一系列控制地图的功能。

（二）数据图层的处理功能

地理信息系统的叠加分析，是将有关主题层组成的数据层面进行叠加，产生一个新数据层面的操作，其结果综合了原来两层或多层要素所具有的属性。例如，将地理数据库中的道路层与水系层进行叠加分析，可以获得道路层原来没有的桥梁、渡口等重要信息，为运输指挥提供重要的决策信息。或者是将交通层与居民地层相叠加，既可以确定居民沿着交通网分布的特征，又可以为战时人员疏散线路与隐蔽地域的选择提供决策的依据。

（三）统计分析功能

主要是针对交通网及其交通专题数据进行统计分析。交通网基本信息，包括道路的等级、类别，交通网当中各种运输线路的分布特征、路网的密度、交通设施配置分布以及民用汽车运力的分布等，这些需要统计或是分类的数据可以采用专题图的形式来表示，也可以通过数值的计算来表示。为了考虑交通网及其地理背景要素的空间分布，对汽车运力的疏散与转移等实际问题提供了分析依据。

（四）保障范围分析功能

主要是围绕着空间目标（点状、线状、面状），建立一定宽度范围的缓冲区多边形，然后从缓冲区域当中，获取或查找分布特征的情况。缓冲区的分析，可以有效地应用于对交通目标打击破坏影响范围的统计分析，比如对于车场、油库、弹药库这些遭敌打击损伤范围的分析，进而采取合适的防护措施来降低破坏成本。缓冲区的分析，也适用于交通设施的配置和保障点的设置选择。因为在战时，除了要考虑遭受打击的破坏因素以外，还有运输“快速、精确”的要求，运力保障能力的限制等，所以涉及保障距离和保障范围的考虑，实际上也是一个确定缓冲区的过程。

一般在设置一些重要交通设施点或保障点之时，应当保证保障距离（点到保障范围周边的最远距离）要在一定安全度的范围以内达到某种合理的长度，同时保障面应当尽量覆盖保障目标，即保障目标应当在保障半径之内。

（五）路径分析功能

路径分析是指通过网络为资源寻找的最佳路径，其核心在于求解最佳的路径，而不是求解最短的距离。因为运输不仅会受到交通网络各种阻碍因素的影响，还要受到地理环境的各种因素的影响，作为指挥员应当全面地考虑到影响因素，为了达到快速、高效的保障目的，而选择一条最佳的行进路线。

（六）网络资源分配分析功能

网络资源分配是根据中心的容量以及网线与结点的需求，将网线和结点分配给最近的中心，分配过程中阻力的计算，是沿着最佳路径来进行的。资源分配可以模拟资源如何在中心和其周围的网络元素之间流动。比如，可用来进行交通枢纽中心、保障基地中心的吸引范围分析，以寻找交通物流资源的范围，并且进行合理的配置。

（七）网络选址分析功能

网络选址分析是为确定机构设施的最佳地理位置，对于运输保障活动来说，其需求点和保障点（即供给点）的分布，总是存在一定差异的，因此需要考虑到需求与供给的相互作用力，据此选择二者的合理位置，以求获得最大的经济效益。网络选址问题一般限定设施必须是位于某个结点或某条路线上，或者限定在若干的候选地点，从而会降低问题求解的难度。

（八）公路网通行分析能

公路网的通行能力，是指某一线路在单位时间以内通过的最大量，可以通过公式进行估算。

Section 7

第七节　国际物流标准化

一、国际物流标准化的含义

标准化是对产品、工作、工程或服务等活动普遍规定的统一标准，并且对这个标准进行贯彻实施的整个过程。标准化的内容，就是经过优选之后的共同规则，为了推行这种共同规则，世界上的大多数国家都有标准化组织，例如英国的标准化协会（BSI）、我国的国家技术监督局等。在国际中，日内瓦的国际标准化组织（ISO），专门负责协调全世界范围内的标准化问题。

国际物流标准化，指的是把国际物流作为一个大系统，制定出系统内部的设施、机械装置、专用工具等，各个分系统的技术标准；制定系统内的各分领域（比如包装、装卸、运输等方面）的工作标准，把整个系统作为出发点，研究各分系统与分领域当中，技术标准与工作标准的配合性，再按照配合性的要求，统一整个国际物流系统的标准。研究国际物流系统与相关其他系统的配合性，进一步谋求国际物流大系统的标准统一。

近年来，我国的对外贸易与交流，有了大幅度上升，国际交往、对外贸易活动，对于我国经济发展的作用，已经越来越重要，而所有的国际贸易又最终是靠着国际物流来完成的，如今，全世界的各个国家，都很重视本国物流与国际物流的衔接。在本国物流管理发展的初期，就力求使得本国物流标准与国际物流标准化体系相一致，否则，不仅会加大国际交往的技术难度，更重要的是，在本来就很高的关税以及运费基础上，又会增加因为标准化系统不统一所造成的效益损失，使得外贸成本有所增加。因此，物流标准化的国际性也是其不同于一般产品标准的一个重要特点。

二、物流标准化的特点

物流标准化的主要特点，包括如下这几方面。

（一）物流标准化属于二次系统，或称为后标准化系统

这是由于物流及物流管理思想的诞生比较晚，组成物流大系统的各个分系统，在过去没有归入物流系统之前，早已经分别实现了本系统的标准化，并且经过多年应用后，得到了不断的发展和巩固，已经很难再改变。在推行物流标准化时，必须要以此为依据，个别情况固然可以将有关的旧标准化体系推翻，按照物流系统所提出的要求，重建新的标准化系统，这就必然要从适应及协调的角度，建立新的物流标准化系统，而不可能全部都创新。

（二）物流标准化要求体现出科学性、民主性和经济性

这是标准的“三性”要求，由于物流标准化的特殊性，必须要非常突出体现出这“三性”，才能够做好这一标准化。科学性的要求，是指要体现出现代科技成果，以科学实验为基础，在物流当中，则还要求与物流的现代化（包括现代技术及管理）相互适应，要求能够将现代科技成果联结成为物流大系统。

否则，尽管各种具体的硬技术标准化水平颇高，十分先进，但是如果不能够与系统相协调，单项技术再高也是无效的，甚至还会起到反作用。民主性指标的制定，需要采用协商一致的办法，广泛地考虑各种现实条件，广泛地听取意见，使得标准更具权威，更易于贯彻执行。经济性是标准化的主要目的之一，也是标准化生命力的决定性因素，物流过程不像深加工那样，会引起产品的大幅度增值，即使通过流通加工等方式，其增值也是有限的。所以，物流费用多开支一分，就要影响到一分的效益。但是，物流过程又必须要大量地投入消耗，如果不注重标准的经济性，片面地强调反映现代科技水平，片面地顺从物流的习惯及现状，必然会引起物流成本的增加，自然会使标准失去生命力。

（三）具有较强的国际性

改革开放的事实表明，对外贸易和交流对我国经济发展的促进作用已经越来越大，而所有的对外贸易又都是靠国际物流来完成的。因此，我国的物流标准化，在运输工具、包装、装卸搬运工具、流通加工等方面，都需要与国际物流标准相互一致，积极采用国际标准，完善国内标准体系，提高运输效率，缩短交货期限，保证物流质量，从而有利于促进对外贸易，降低成本，增加外汇的收入。

三、物流标准化发展所面临的主要问题

物流标准化的工作复杂，难度大，其主要原因包括如下各方面。

1. 涉及面广。物流包含了从运输、保管到搬运、包装、信息处理等多方面的内容，因此要实现物流的标准化会牵涉到很多方面的问题。

2. 物流标准化系统属于二次系统，或称后标准化系统（物流系统的思想形成晚，子系统已经实现了各自的标准化）。由于在不同国家、地区，不同行业之间已经有了存在多年的自身的经营标准，因此，连接这些方面的物流等于要将这些标准统一起来，可想而知其中存在的困难。

3. 要求更好地体现科学性、民主性与经济性。

4. 有着非常强的国际性，要求与国际物流标准化体系相互一致。因为，随着世界经济一体化的到来，地球变为了地球村，物流必然会在整个国际当中大量地流通，最终实现国际物流的标准化。

四、制定物流标准化的形式

制定物流标准化，要通过如下的形式来实现。

（一）简　化

简化是指在一定的范围以内，缩减物流标准化对象的类型数目，使之在一定的时间以内，满足一般的需要。如果对于产品生产的多样化趋势不加限制地任其发展，就会出现多余、无用和低功能的产品品种，造成社会资源与生产力的极大浪费。

（二）统一化

统一化是指将同类事物的若干表现形式，归并为一种或限定在一个范围内。统一化的目的在于消除混乱。物流标准化要求对各种编码、符号、代号、标志、名称、单位、包装运输中机具的品种规格系列以及使用特性等实现统一。

（三）系列化

系列化是指按照用途和结构，将同类型产品归并在一起，使得产品的品种典型化；把同类型的产品的主要参数、尺寸，按照优先数理论合理地分级，以协调同类产品和配套产品及包装之间的关系。

系列化是指使得某一类产品的系统结构、功能标准化，形成最佳的形式。系列化是改善物流、促进物流技术发展最为明智而有效的方法。比如，按照ISO标准制造的集装箱系列，可以广泛地适用于各类货物，大大提高了运输能力，还为计算船舶的载运量、港口码头的吞吐量和公路与桥梁的载荷能力等，提供了依据。

（四）通用化

通用化是指在互相独立的系统当中，选择与确定具有功能互换性或尺寸互换性的子系统或功能单元的标准化形式。互换性是通用化的前提，通用的程度越高，对市场的适应性就会越强。

（五）组合化

组合化是按照标准化原则，设计制造出若干组通用化比较强的单元，再根据需要进行合并的标准化形式。对于物品编码系统和相应的计算机程序，同样可以通过组合化使之更加合理。

五、物流标准化的现实意义

物流标准化包括物流设施标准化，比如托盘标准化、集装箱标准化等；物流作业标准化，比如包装标准化、装卸／搬运标准化、运输作业标准化、存储标准化等，物流信息标准化，包括EDI/XML电子报文标准化、物流单元编码标准化、物流结点编码标准化、物流单证编码标准化、物流设施与装备编码标准化、物流作业编码标准化等。

只有实现了物流标准化，才能够在国际经济一体化的条件下，有效地实施物流系统的科学管理，加快物流系统的建设，促进物流系统与国际系统和其他系统的衔接，有效地降低物流费用，提高物流系统的经济效益与社会效益。物流标准化的重要性，具体体现在如下各方面。

（一）物流标准化是实现物流管理现代化的重要手段与必要条件

物料从原料供应、产品生产，经过市场流通到消费环节，再到回收再生，可见它是一个综合的大系统。由于社会分工的日益细化，物流系统的高度社会化便显得更加重要。为了实现整个物流系统的高度协调统一，提高物流系统的管理水平，必须要在物流系统的各个环节当中制定标准，并且严格地贯彻执行。在我国，以往同一物品在生产领域和流通领域的名称和计算方法是互不统一的，由此严重影响了我国的物资流通。国家标准《全国工农业产品（商品、物资）分类与代码》的发布，使全国物品名称及其标识代码有了统一的依据和标准，从而有利于建立全国性的经济联系，为物流系统的信息交换提供了所需的便利的条件。2001年发布的《物流术语》成为国内物流的第一个基础性的标准。

（二）物流标准化是物流产品的质量保证

物流活动的根本任务，是将工厂生产的合格产品保质保量地，并且及时地送到用户手中。物流标准化对运输、保管、配送、包装、装卸等各个子系统都制定了相应的标准，形成了物流质量的保证体系，只要严格地执行这些标准，就能够将合格的物品送到用户的手中。

（三）物流标准化是降低物流成本、提高物流效益的有效措施

物流的高度标准化，可以加快物流过程当中运输、装卸的速度，降低保管的费用，减少中间损失，提高工作效率，因而，可以获得直接或间接的物流效益，否则就会造成经济损失。我国铁路与公路在使用集装箱统一标准之前，运输转换之时要进行“倒箱”，全国的“倒箱”数量很高，为此造成的经济损失巨大。

（四）物流标准化是我国物流企业进军国际物流市场的通行证

物流标准化已经是全球物流企业提高国际竞争力的一个有力武器，我国物流企业在物流标准化方面，仍然十分落后，面临加入WTO带来的物流国际化挑战，实现物流标准的国际化，已经成为我国物流企业开展国际竞争的必备资格与条件。

（五）物流标准化是消除贸易壁垒、促进国际贸易发展的重要保障

在国际经济交往当中，各国或地区标准不一，是一个重要的技术贸易壁垒，严重影响国际进出口贸易的发展。因此，要使得国际贸易更快地发展，各国或地区必需要在运输、保管、配送、包装、装卸、信息，甚至资金结算等各方面，采用国际统一标准，实现国际物流标准的统一化。

复习思考与讨论

1. 简述物流信息的概念。
2. 简述物流信息系统的概念。
3. 简述EDI的概念。
4. EDI的特点有哪些?
5. EDI的起源与发展是怎样的?
6. EDI对企业的作用有哪些?

7. EDI在应用当中面临的问题有哪些?

8. 简述条形码的概念。

9. 条形码的种类有哪些?

10. 条形码的优势有哪些?

11. 条码技术的应用有哪些?

12. 射频识别技术的含义是什么?

13. 全球卫星定位系统在物流管理当中的应用有哪些?

14. 地理信息系统在国际物流当中的应用有哪些?

15. 国际物流标准化的含义是什么?

CHAPTER 9

第九章

国际货物运输保险

本章学习目标

1. 海上货物运输保险承保的范围
2. 我国海运货物保险的条款
3. 我国海运货物保险的基本险别
4. 我国海运货物保险的附加险别
5. 陆运、空运与邮包货运保险
6. 保险单据

本章核心内容

货物运输保险　海洋货运保险　海上风检　外来风险

海上损失　全部损失　部分损失　共同海损　单独海损

海上费用　施救费用　救助费用　基本险别　平安险

水渍险　一切险　附加险别　一般附加险　特殊附加险

责任起讫　索赔期限　除外责任　陆上货物运输保险

航空货物运输保险　邮政包裹运输保险　保险单

保险凭证　联合凭证　保险通知书　批单

Section 1

第一节 海上货物运输保险承保的范围

国际物流中的货物，往往需要经过长途的运输，涉及多个环节、多种运输方式，货物在从供方所在地，到需方所在地的整个运输、装卸及存储过程当中，由于自然灾害、意外事故和其他外来风险的客观存在，可能会遭受各种损失。为在货物遭受风险受损之后能够得到一定的经济补偿，供方或需方就需要按照约定的条件，来办理货物运输保险。

货物运输保险是被保险人或投保人（买方或卖方），把运输过程的各种货物作为保险标的，向保险人或承保人（保险公司）投保运输险，投保人按照投保金额、投保险别及保险费率，向保险人支付保险费并且取得保险单证。保险标的货物若是在运输的过程中，遭到了承保范围以内的风险，造成了一定的损失，保险人需要按照投保金额以及损失程度，向保险单证持有人做出相应的赔偿。

国际货物运输保险可以根据运输方式的不同，分为海洋运输货物保险、陆上运输货物保险和航空运输货物保险这三种主要类型。海上货物运输保险的起源最早，历史最为悠久，其他类型的保险，都是在海上货物运输保险的基础上发展起来的。国际货物运输保险属于财产保险的范畴，被保险人与保险人，都需要订立保险合同并且共同遵循保险当中的可保利益原则、最大诚信原则、补偿原则与近因原则。

海洋货运保险的保障范围，包括海上风险、遭受海上风险所造成的损失以及引起的费用。但是，保险人并不是对所有的“风险、损失和费用”都予以赔偿，保险业务当中所使用的术语，都具有特定的含义。保险人为了明确责任，会将其承保的各类风险、损失和费用的赔偿责任，都在不同的险别条款当中加以规定。

一、海上货物运输风险

海运货物承保的风险，分为海上风险与外来风险这两种。

（一）海上风险

海上风险包括自然灾害和意外事故这两种。

1. 自然灾害

一般情况下，自然灾害是指因为自然现象的力量所造成的灾害，即人力不可抗拒的灾害。根据我国现行的《海洋运输货物保险条款》规定，自然灾害仅是指恶劣气候、雷电、地震、海啸、洪水、火山爆发等灾害。

2. 意外事故

意外事故是指由于偶然的非意料之中的原因所造成的事故。按照我国《海洋运输货物保险条款》的规定，它仅是指运输工具的搁浅、触礁、沉没、失火、爆炸、与浮冰或其他物体的碰撞等现象。

（二）外来风险

这是指海上风险以外的其他原因所引起的风险。保险业所说的外来原因，是指事先难以预料的、致使货物受损的某些外部因素，货物由于自身的内部缺陷和自然属性而引起的自然损耗或变质等，属于必然损失。这种损失称为非事故性损耗，而不属于外来风险的范围。外来风险可以分为一般外来风险和特殊外来风险这两种。

1. 一般外来风险

一般外来风险是指由于一般外来原因，所引起风险而造成的损失。例如，被保险货物在运输途中，由于盗窃、雨淋、短量、沾污、破碎、受潮、受热、渗漏、串味、锈损、钩损、包装破裂等一般性原因招致的风险与损失。

2. 特殊外来风险

特殊外来风险是指由于国家的政策、法令，行政命令、军事等原因，所造成的风险与损失。通常是指战争、罢工、交货不到、拒收、舱面等风险所导致的损失。

二、海上损失

海上损失一般是指海运保险货物在海洋运输当中，由于海上风险所造成的损失与灭失。海上损失可以分为全部损失与部分损失。

（一）全部损失

全部损失简称为全损，是指运输中的整批货物或不可分割的一批货物遭受全部损失。

全损又可以分为实际全损和推定全损这两种。

1. 实际全损

实际全损是指被保险的货物全部灭失或全部变质，或者货物全部不能归原货主所有等情形。构成货物实际全损的情况，主要包括如下几种。

（1）保险标的物全部灭失

例如，船只遭到海损之后沉没，货物与船只同时沉入海底。

（2）保险标的丧失

例如，船舶被海盗劫走，货物被全部掠去，或全部被敌方扣押。货物遭受的损失，使得被保险人完全丧失了这些财产，无法再复得。

（3）保险标的物发霉质变，失去原有的使用价值

例如，茶叶在遭到水泡后，虽没有灭失，但是已经不能再饮用，失去了其使用价值。

（4）船舶失踪达到一定时期

例如，船舶失踪之后半年，仍然无消息，按照有关的规定，则视为该船舶及其所载货物已经全部灭失。

2. 推定全损

推定全损一般是指保险标的物在受损之后，并未全部灭失，但是若进行施救、整理、修复所需的费用，或者这些费用加上续运至目的地的费用总和，估计要超过货物在目的地的完好状态的价值。构成推定全损的具体情况，主要包括如下这几种。

（1）保险标的实际全损，已经无法避免，或者是为了避免实际全损，需要花费的施救等费用，将会超过获救之后标的价值。

（2）保险标的发生的保险事故，使得被保险人失去标的所有权，而收回这一所有权所需要花费的费用，将会超过收回后的标的价值。

（3）保险标的受损之后，整理和续运到目的地的费用，会超过货物本身到达目的地的价值。

（4）保险标的受损之后，修理的费用超过货物修复后的价值。

（二）部分损失

这是指凡保险标的物的损失，未达到上述情况之一者，都属于部分损失的范围，即未达到全损的程度。部分损失可以分为共同海损和单独海损这两种。

1. 共同海损

这是指载货的船舶，在海上遇到灾害、事故、威胁到船货等各方面的共同安全事故，为了解除这种威胁，维护船货安全，使得航程得以继续完成，船方有意识地、合理地采取

措施，造成的某些特殊损失或者支出的特殊额外费用。

构成共同海损，必须要具备如下各项条件。

（1）共同海损的危险，必须是实际存在的，或者是不可避免而产生的，而不是主观臆测的。

（2）消除船、货共同危险而采取的措施，必须是有意的与合理的。所谓的有意，是指共同海损的行为是人为的，即明知所采取的措施将会使得船或货造成一些损失，或增加一些额外的费用支出，但是却仍然要义无反顾地去做。

（3）必须是属于非正常性质的损失。例如载货船发生搁浅之后，船位的个别部位的船板产生裂缝，急需补漏，为了修船，又需要将部分货物卸到岸上并且存仓，卸货过程当中有部分货物受损。所发生的卸货费、存仓费以及货物损失，都是属于非正常性质的损失。

（4）费用支撑是额外的。例如，为了使得搁浅或触礁的船舶脱离险境，而求救于第三者，由此而支付的费用，属于额外费用。

共同海损的牺牲与费用，都是为了船舶、货物和运费免于遭受损失而支出的，因而无论其损失与费用大小，都应该由船主、货主和付运费方，按照最后获救的价值，共同按照比例分摊，这种分摊称为共同海损的分摊。

2. 单独海损

这是指共同海损以外的部分损失，这种损失仅属于特定方面的特定利益方，并不涉及其他的货主和船方，该损失是仅由各受损者单独负担的一种损失。例如，某外贸公司出口茶叶 80 吨，在海运途中遭到了暴风雨，海水涌入舱内，茶叶受水泡后发霉变质。这种损失只是使得该公司一家受损，与同船所装其他货物的货主和船方的利益无关，因而属于单独受损。

共同海损与单独海损，都属于部分损失的范围，但是二者却有区别，主要表现在如下各方面。

（1）导致损失的原因不同

单独海损是由所承保的风险直接导致的船、货受损；而共同海损则是为了解除或减轻风险，人为地、有意识地造成的损失。

（2）损失的承担者不同

单独海损的损失，是由受损者自己承担；而共同海损的损失，则是由受益的各方，根据获救利益的大小，按照比例进行分摊。

三、海上费用

海上货物运输保险承保所涉及的费用，主要有如下这两种。

（一）施救费用

施救费用是按照当被保险标的遭到责任范围以内的灾害事故时，由被保险人或其代理人、雇佣人员和受让人等采取措施，抢救保险标的，以防止扩大损失，由实施此种抢救行为所支出的合理费用。此项费用，应由保险人给予补偿。

（二）救助费用

救助费用是指被保险标的遭到保险责任范围以内的灾害事故时，由保险人和被保险人以外的第三者采取救助的行为。对于此种救助行为，按照国际的相关法规，获救方应当向救助方支付相应的报酬，所支付的该项费用，被称为救助费用，它属于保险赔付的范围。海上救助行为，往往是与共同海损联系在一起的，构成共同海损的费用支出。

Section 2

第二节　我国海运货物保险的条款

一、我国海运货物保险的基本险别

保险险别，是指保险人对于风险和损失的承保责任范围。在保险业务当中，各种险别的承保责任，是通过各种不同的保险条款进行规定的。为了适应国际货物海运保险的需要，中国人民保险公司根据我国保险的实际情况，并且参照国际保险市场的习惯做法，分别制定出了各种条款，总称为《中国保险条款》（C. I. C. ），其中包括《海洋运输货物保险条款》《海洋运输货物战争保险条款》《陆上运输货物保险条款》《航空运输货物保险条款》等专门条款。按照《中国保险条款》的规定，投保人可以根据货物的特点、航线及港口的实际情况，自行选择投保适当的险别。本节专门介绍海洋运输的货物保险。

（一）平安险（Free from Particular Average，FPA）

根据中国人民保险公司《海洋运输货物保险条款》的规定，平安险的责任范围主要包括如下这几项。

1. 被保险货物在运输途中，由于遭受恶劣气候、雷电、海啸、地震、洪水等自然灾害，造成整批货物的全部损失或推定全损。

2. 由于运输工具遭到搁浅、沉没、触礁、互撞、与浮冰或其他的物体碰撞，以及失火、爆炸等意外事故，所造成货物的全部或部分损失。

3. 运输工具遭到搁浅、沉没、触礁、焚毁等意外事故的情况下，货物在此前后又在海上遭受到了恶劣气候、雷电、海啸等自然灾害所造成的部分损失。

4. 在卸装或转运之时，由于一件或数件整件货物落海，所造成的全部或部分损失。

5. 被保险人对遭受承保责任以内危险的货物采取抢救措施，防止或减少货损的措施而支付的合理费用，但是以不超过该批被救货物的保险金额为限。

6. 运输工具遭遇海难之后，在避难港由于卸货所引起的损失，以及在中途港、避难港由于卸货、存仓以及运送货物所产生的特别费用。

7. 共同海损的牺牲、分摊与救助费用。

8. 运输契约订有“船舶互撞责任”条款，根据该条款的规定，应当由货方偿还船方的损失。

（二）水渍险（With Particular Average，WPA 或 WA）

水渍险承保的责任范围，除了包括平安险的各项责任以外，还负责被保险货物由于恶劣气候、雷电、海啸、地震、洪水等自然灾害，所造成的部分损失。

（三）一切险（All Risks，AR）

一切险的责任范围，除了包括平安险与水渍险的各项责任以外，还负责货物在运输的过程中，由于一般外来原因所造成的全部或部分损失。在这里应当指出的是，一切险并不是承保一切风险所造成的，被保险货物的一切损失，比如战争、罢工等引起的损失，就不在其承保的范围之内。

由于上述三个险别都属于基本险的范围，故而被保险人在办理保险之时，可以选择其中的一种进行投保。

二、我国海运货物保险的附加险别

投保平安险或水渍险的货物，在运输的过程中，可能会受到非自然灾害与海上意外事故引起的损失，比如偷窃、雨淋等。投保一切险的货物，也可能会发生险别承保范围以外的损失，比如战争、拒收等危险。为了使得货物在运输当中获得更多的保障，可以在投保平安险或水渍险的基础上，另行加保一种或若干种一般附加险和特殊附加险。在投保一切险的基础上，则可以加保特殊附加险。

（一）一般附加险

这是指由于一般的外来原因所引起的一般风险而造成的各种损失的险别。目前，中国人民保险公司承保的一般附加险，包括偷窃提货不着险、淡水雨淋险、短量险、混杂沾污险、渗漏险、碰损破碎险、串味险、受潮受热险、钩损险、包装破裂险与锈损险等。这些附加险别，只能在投保一种基本险的基础上进行加保，而不能单独投保。

（二）特殊附加险

这是指由于特殊的外来原因引起风险而造成损失的险别。它所承保的风险与损失，主要是由于政治、军事、国家政策法令、行政措施等特定的外来原因所造成的，该险别与一般的附加险一样，也不能单独地投保，必须要依附于主险而加保。在我国保险业务中的特殊附加险，主要有战争险、罢工险、交货不到险、进口关税险、舱面险、拒收险、黄曲霉素险等。

三、海上运输保险的责任起讫、索赔期限及除外责任

（一）责任起讫

责任起讫又称不保险期限。基本险的责任起讫，是采用国际保险业所惯用的“仓至仓”（Warehouse to Warehouse，W/W）条款的规定办法，基本险的“仓至仓”责任，自从被保险货物运离保险单所载明的起运地仓库或储存处所开始运输之时生效，包括正常运输过程当中的海上、陆上、内河和驳船运输在内，直至该项货物到达保险单所载明目的地——收货人的最后仓库或储存处所，或被保险人用作分配、分派或非正常运输的其他储存处所为止。如果未抵达上述仓库或储存处所，则以被保险货物在最后卸载港全部卸离海轮之后，满60天为限。如果在上述60天以内，被保险的货物需要转运到非保险单所载明的目的地之时，则以该项货物开始转运之时终止。

战争险的责任起讫，与平安险、水渍险和一切险的责任起讫有所不同，它不是采用“仓至仓”条款，战争险的保险期限仅限于水上危险或运输工具上的危险。

（二）保险索赔的期限

上述海运货物保险条款的规定，保险索赔的时效，从被保险货物在最后卸载港（地）全部卸离海轮或其他运输工具之日起算，最多不可超过两年。此外，根据有关规定的解释，向船方索赔的时效，规定为其编制货运记录之次日起180天以内。因为收货人的疏忽或其他原因，而丧失向有关方追索的货物损失，保险人可以不承担责任。

（三）除外责任

基本保险的除外责任，是指保险人不负责赔偿的损失或费用，是指在投保基本险别的条件之下，对于下列各项损失不需负责赔偿。

1. 被保险人的故意行为或过失，所造成的损失。

2. 属于发货人的责任所引起的损失。

3. 在保险责任开始承担以前，被保险货物已经存在品质不良或数量短少所造成的损失。

4. 被保险货物的自然损耗、本质缺陷、特性以及市价跌落、运输延迟，所引起的损失费用。

5. 战争险条款与罢工险条款所规定的责任及其除外责任。

四、被保险人的义务

我国现行的海洋运输货物保险条款，规定了被保险人的义务，在被保险人未履行这些义务而影响到保险人利益的情况下，保险人有权拒绝赔偿有关的损失。被保险人的义务包括如下各项。

（一）及时提货的义务

当被保险货物运抵保险单所载明的目的港（地）之后，被保险人有义务及时提货。当发现被保险货物遭到任何损失时，应当立即向保险单上规定的检验、理赔代理人申请检验，并且向有关当局（比如海关、港务局）索取货损货差的证明，比如涉及第三人责任的，应当以书面的方式向他们提出索赔，必要时，还需要取得延长索赔时效的凭证。

（二）施救义务

对于遭受承保风险的货物，被保险人有义务采取合理与必要的措施，避免或减少损失。同时，保险公司也可以采取相应的措施避免或减少损失。但是，不得认为是被保险人放弃了委付的表示，也不能认为是保险人接受委付的表示。保险人对被保险人因为采取此项措施而发生的费用，即施救费用，应当予以赔偿。

（三）更正保险单内容的义务

在航程变更的情况下，或者由于疏忽，被保险人向保险人申报的货物、船名或航程等保险单证内容，有遗漏或错误之时，被保险人有义务在发现之后，立即通知保险人进行更正，并且在必要之时加缴保险费，以维持保险单的效力。否则，可能会发生保险责任中断或者从未开始的严重法律后果。

（四）提供索赔单证的义务

被保险人在向保险人索赔之时，应当提供下列单证：保险单正本、提单、发票、检验报告、装箱单、磅码单、货损货差证明、索赔清单等。此外，比如货损涉及第三人责任，被保险人还需要提供向责任方追偿的有关函电，以及其他必要的单证或文件。

（五）被保险人在获悉有关运输契约中“双方有责碰撞”条款的实际责任时，需要及时通知保险人

这样做能够使得保险人在必要时自负费用，以被保险人的名义对于承运人的索赔进行抗辩。如果能够证明承运人没有尽到管货责任或者船舶不适航，承运人就不能免除对本船货损的责任。

Section 3

第三节 陆运、空运与邮包货运保险

一、陆上货物运输保险

陆上货物运输保险是国际货物运输保险中的一种，分为陆运险与陆运一切险两种，此外还有陆上运输战争险。

（一）陆运险

陆运险的责任范围包括被保险货物在运输途中，遭受暴雨、雷电、地震、洪水等自然灾害，或由于陆上运输工具（主要指火车、汽车）遭受碰撞、倾覆或出轨，比如有驳运工具搁浅、触礁、沉没或由于遭到隧道坍塌、崖崩或火灾、爆炸等意外事故所造成的全部损失或部分损失。保险人对于陆运险的承保范围，大致相当于海运险中的水渍险。

（二）陆运一切险

陆运一切险的责任范围除了包括上述陆运险的责任以外，保险人对于被保险货物在运输途中由于外来原因所造成的短少、短量、偷窃、渗漏、碰损、破碎、钩损、雨淋、生锈、受潮、受热、发霉、串味、沾污等全部或部分损失。保险人对于陆运一切险的承保范围，大致相当于海运险中的一切险。

陆运险和陆运一切险的责任范围，仅限于火车与汽车运输。在陆上运输货物保险当中，被保险的货物在投保陆运险或陆运一切险的基础上，经过协商还可以加保陆上运输货物保险的一种或多种附加险，比如陆运战争险等。

（三）陆上运输保险责任的起讫期限

保险责任的起讫期限与海洋运输货物保险的“仓至仓”条款，基本上相同，是从被保险货物运离保险单所载明的启运地发货人仓库或储存处所之时开始生效，包括正常陆运与有关水上驳运在内，直至该项货物交保险单所载明的目的地收货人仓库或储存处所，或被保险人用作分配、分派或非正常运输的其他储存处所为止。但是，如果未抵达上述仓库或储存处所，保险责任以被保险货物到达最后卸载的车站后60天为限。

在陆运保险业务当中，还有陆上运输冷藏货物险，它具有基本险的性质，责任范围除了包括陆运险的责任以外，还负责赔偿由于冷藏设备在运输途当中有损坏，而导致货物变质的损失。陆上运输货物的索赔时效，从被保险货物在最后目的地车站全部卸离车辆之后起算，最多不超过2年。

二、航空货物运输保险

我国现行航空运输货物保险的基本险别，有航空运输险和航空运输一切险两种，此外还有航空运输战争险。

（一）航空运输险

航空运输险的承保责任范围，是被保险货物在运输途中遭受雷电、火灾、爆炸或由于飞机遭受恶劣气候或其他危难事故所造成的被抛弃，或由于飞机遭到碰撞、倾覆、坠落或失踪等意外事故，所造成的全部损失或部分损失。对于保险责任范围以内的事故，所采取的抢救、防止或减少货损的措施，而支付的合理费用也要负责赔偿，但是，以不超过被救货物的保险金额为限。本险别的承保责任范围，与海运险当中的“水渍险”大致相同。

（二）航空运输一切险

航空运输一切险的承保责任范围，除了包括上述航空运输险的全部责任以外，还对被保险货物在运输途中，由于外来原因所造成的包括被偷窃、短少等的全部或部分损失，负有赔偿责任。

（三）航空运输货物战争险

航空运输货物战争险是一种附加险，在投保航空运输险与航空运输一切险的基础上，经过与保险人协商，还可以加保本附加险别。航空运输货物战争险的起讫责任，是自货物装上保险单所载明的启运地飞机之时开始，到卸离保险单所载明的目的地飞机为止，但是最长是以飞机到达目的地的当天午夜起，满15天为限。

航空运输险与航空运输一切险的保险责任期限，也是采用“仓至仓”的条款，但是与海运险条款当中的“仓至仓”条款有所不同。航空运输货物保险的责任，是从被保险货物运离保险单所载明的启运地仓库或储存处所开始生效，在正常运输的过程中继续有效，直至该项货物运抵保险单所载明的目的地，交到收货人仓库或储存处所，或是被保险人用作分配、分派或非正常运输的其他储存处所为止。如果保险货物未到达上述仓库或储存处所的，则以被保险货物在最后卸货地卸离飞机后满30天为止。

三、邮政包裹运输保险

由于邮政包裹（邮包）的运输，可能会通过海、陆、空这三种运输方式，因此其保险责任兼顾海、陆、空这三种运输工具可能会出现的因素在内。这是邮包运输保险的一个显著特点。邮包保险的险别，分为这两种：邮包险和邮包一切险。

（一）邮包险

邮包险的保险责任范围，包括被保险货物在邮运途中遭受恶劣气候、雷电、海啸、地震、洪水等自然灾害，由于运输工具遭受搁浅、触礁、沉没、碰撞、倾覆、出轨、坠落、失踪，或由于失火、爆炸等意外事故所造成的全损或部分损失。对于由于保险责任范围以内的事故所采取的，为抢救、防止或减少货损的措施，而支付的合理费用也要负责赔偿，但是以不超过被救货物的保险金额为限。

（二）邮包一切险

本险别的承保，除了包括上述邮包险的全部责任以外，还要负责赔偿被保险邮包在运输途中，由于外来原因所造成的（包括被偷窃、短少在内）的全部或部分损失。

（三）保险责任起讫

邮包险和邮包一切险的保险责任期限，是自从被保险邮包离开保险单所载的启运地点寄件人的处所，运往邮局之时开始生效，直至该项邮包运达保险单所载明的目的地邮局，自邮局发出到货通知给收件人的当日午夜起算，满15天为止。在此期限之内，邮包一经递交至收件人的处所，保险责任即告终止。

Section 4

第四节　保险单据

保险单据是保险人对被保险人的承保证明，又是规定双方各自权利与义务的法定契约。被保险的货物在遭受（承保范围以内的）损失之时，是被保险人向保险人索赔的主要依据，也是后者进行理赔的主要依据。

目前，在进出口业务实践当中所应用的海上保险单据的种类有很多，在这里，将介绍几种主要的、常见的种类。

一、保险单（Insurance Policy）

保险单，俗称为大保单，是一种正规的保险合同，除了载明被保险人名称、被保险货物名称、数量或重量、唛头、运输工具、保险起止地点、承保险别、保险金额与期限等项目以外，还有保险人的责任范围，以及保险人与被保险人各自的权利、义务等方面的详细条款，保险单经由被保险人背书后，随同物权的转移而转移，按照CIF条款订立出口合同之时，买方通常会要求卖方提供保险单。

二、保险凭证（Insurance Certificate）

保险凭证又称为小保单，它是一种简化了的保险合同。除在凭证上不印详细条款以外，其他的内容与保险单相同，并且与保险单具有同样的效力。但是，若信用证要求提供保险单之时，一般不能用保险凭证来代替。近年来，保险机构为了实现单据规范化，此类保险凭证在逐渐废弃，改为统一采用大保单。

三、联合凭证（Combined Certificate）

联合凭证是一种更为简化的保险凭证，在我国，保险机构在外资企业的商业发票上，要加注保险编号、险别、金额，并且要加盖保险机构印戳，即作为承保凭证，其余项目是以发票所列为准。此种凭证不能转让，目前，仅适用于香港地区一些中资银行，由华商开来的信用证。

四、保险通知书（Insurance Declaration）

保险通知书又称为保险声明书，在FOB、FCA、CFR等条件的出口交易当中，由买方自费办理保险。但是，有些进口商与国外的保险公司订有预保合同，因此他们经常在信用证当中，要求卖方在发运货物之时，向进口商指定的外国保险公司发出保险通知书，列明所运货物的名称、数量或重量、金额、运输工具、运输日期、进口商名称、预保合同号码等。

此项通知活动，是卖方为买方提供的装运后服务，其副本被列为议付单据之一，必须要在装运之前备妥。近些年来，为了简化手续，出口人征得银行的同意后，可以用商业发票代替上述通知书，但是必须在该发票上加注“Insurance Declaration”字样，以及信用证规定的内容。

五、批单（Endorsement）

批单是在保险单出具以后，因为保险的内容有变更，保险人应被保险人的要求而签发的批改保险内容的凭证，它具有补充、变更原保单内容的作用。保险单一经批改，保险人需要按批改之后的内容承担责任。批改的内容，如果涉及增加保险金额、扩大承保范围的，需要经过保险人的同意，被保险人才可以办理申请批改手续。被批准的批单，一般是被粘贴在保险单上，并且加盖骑缝章，作为保险单不可分割的组成部分。

复习思考与讨论

1. 海洋货运保险的保障范围包括哪些?
2. 海上货物运输风险的情况是怎样的?
3. 海上损失有哪些形式?
4. 海上费用包括哪些?
5. 我国海运货物保险的基本险别有哪些?
6. 我国海运货物保险的附加险别有哪些?
7. 海上运输保险的责任起讫、索赔期限及除外责任，分别有哪些内容?

8. 陆运、空运与邮包货运保险的情况，分别是怎样的?

9. 保险单据包括哪些种类?

主要参考资料

[1]柴庆春. 国际物流管理[M]. 北京：北京大学出版社，2017.

[2]陈言国，陈毅通，沈庆琼. 国际物流实务[M]. 北京：清华大学出版社，2016.

[3][美]Pierre A. David. 国际物流：国际贸易中的运作管理. 国际物流实务[M]. 北京：清华大学出版社，2014.

[4]杨长春，顾永才. 国际物流[M]. 北京：首都经济贸易大学出版社，2015.

[5]陈艳. 国际物流[M]. 北京：化学工业出版社，2016.

[6]逯宇铎. 国际物流[M]. 北京：科学出版社，2011.

[7]张海燕，吕明哲. 国际物流[M]. 大连：东北财经大学出版社，2010.

[8]苏振东，苏杭. 国际物流管理[M]. 大连：大连理工大学出版社，2010.

[9]王任祥. 国际物流[M]. 杭州：浙江大学出版社，2009.

[10]逯宇铎. 国际物流管理[M]. 北京：机械工业出版社，2010.

[11]白世贞，沈欣. 国际物流学[M]. 北京：科学出版社，2010.

[12]倪良新，吴万敏. 国际物流[M]. 合肥：合肥工业大学出版社，2010.

[13]《国际经济法学》编写组. 国际经济法学[M]. 北京：高等教育出版社，2016.

[14]朱金生. 国际贸易理论与实务[M]. 北京：人民邮电出版社，2011.

[15]张燕芳. 国际贸易实务[M]. 人民邮电出版社，2011.

[16]陈代芬，姜宏. 国际物流报关实务[M]. 北京：人民交通出版社，2002.

[17]郑俊田，徐晨，郜媛莹. 中国海关通关实务（第7版）[M]. 北京：中国商务出版社，2014.

[18]中国国际货运代理协会. 国际货运代理理论与实务[M]. 北京：中国商务出版社，2012.

[19]崔介何. 企业物流[M]. 北京：北京大学出版社，2008.

[20]纪红任,游战清. 物流经济学[M]. 北京：机械工业出版社，2007.

[21][美]戴夫·纳尔逊，帕特里夏，E.穆迪，乔纳森·斯特格纳. 供应链管理最佳实践[M]，刘祥亚等译. 北京：机械工业出版社，2003.

[22]周正柱. 我国保税区和国际物流发展的互动效应分析[J]. 现代物流，2007.

[23]代湘荣，戴正翔. 国际物流[M]. 北京：中国人民大学出版社，2016.